我国高等教育国际化理论研究与实践创新

祁娟 著

吉林大学出版社

·长春·

图书在版编目（CIP）数据

我国高等教育国际化理论研究与实践创新 / 祁娟著. --
长春：吉林大学出版社，2022. 9
ISBN 978-7-5768-0614-4

Ⅰ．①我… Ⅱ．①祁… Ⅲ．①高等教育 – 国际化 – 研
究 – 中国 Ⅳ．① G649. 2

中国版本图书馆 CIP 数据核字（2022）第 178263 号

书　　名　我国高等教育国际化理论研究与实践创新
　　　　　WO GUO GAODENG JIAOYU GUOJIHUA LILUN YANJIU YU SHIJIAN CHUANGXIN

作　　者　祁娟 著
策划编辑　矫正
责任编辑　殷丽爽
责任校对　田茂生
装帧设计　久利图文
出版发行　吉林大学出版社
社　　址　长春市人民大街 4059 号
邮政编码　130021
发行电话　0431-89580028/29/21
网　　址　http://www.jlup.com.cn
电子邮箱　jldxcbs@sina.com
印　　刷　天津和萱印刷有限公司
开　　本　787mm×1092mm　　1/16
印　　张　13
字　　数　200 千字
版　　次　2023年6月　　第 1 版
印　　次　2023年6月　　第 1 次
书　　号　ISBN 978-7-5768-0614-4
定　　价　78.00 元

前 言

20 世纪 80 年代以来，全球化的浪潮逐渐在世界范围蔓延开来，无论是政治经济还是社会文化都因为全球化而发生了巨大的变化。全球化超越地理与国界的限制，在世界范围内产生了巨大的影响，这成为人类历史自近代化以来所发生的又一次重大变革。全球化的影响遍及各个方面，而教育领域也因为全球化发生了根本性的变化，具体表现就是高等教育国际化在世界范围内的普及。

教育国际化既是经济全球化的必然产物，也是各国政府教育战略的重要目标。各国在人才培养目标、教育内容、教育手段和方法的选择上，不仅要以国内社会经济发展的需求为前提，还要适应国际产业分工、贸易互补等经济文化交流与合作的新形势。因此，教育国际化的本质，归根到底就是在经济全球化、贸易自由化的大背景下，充分利用全球资源，优化本国的教育资源和要素配置，在竞争中抢占世界教育资源，培养出在国际上有竞争力的高水平、高素质的国际化人才，为本国的国家利益服务。

伴随着各国对高素质、高质量、跨文化背景的国际型人才的迫切需求，各国对高等教育的国际化的需求也越来越大，高等教育国际化成为经济全球化发展的一个必然趋势。高等教育国际化越来越受到各个国家的重视。目前，中国在世界上的政治、经济地位不断上升，大国正在崛起，此时提升国际影响力，促进经济的进一步繁荣增长，提升国家的综合竞争实力成为我国的主要诉求。在此背景下，教育事业和高等教育国际化再次成为我国政策关注的重点。

高等教育国际化是我国高等教育观念转变与提升的催化剂，它不仅会影响到中国教育的外部形态和运作机制，更主要的是会对既有的高等教育观念产生深刻的影响。高等教育国际化带来了世界上先进的教育理念，给我国传统的教育理念注入了新鲜的血液，有利于我国教育观念的转变。观念的突破使得教育在理念上和实践上不断进行探索和创新，有助于教育界人士站在国际竞争的大框架下，进行我国高等教育国际化的实践与探索。高等教育对经济的发展起到了至关重要的作用，我国经济的发展依赖于高校人才的培养，满足经济发展需要的人才的培养要借助于高等教育的发展，高等教育国际化是我国高等教育实现发展的必要战略。国际化是中国高校提升国际竞争力、加快迈向世界一流水平的必经之路，只有坚持开放的办学理念，积极应对全球化的机遇和挑战，充分利用国际优质教育和创新资源，把国际化优势嵌入办学全过程，才能加快建设世界一流大学。在此基础上，对我国高等教育国际化的研究是非常有必要的。

本书立足于高等教育国际化的理论研究，探索其实践创新路径。梳理了关于高等教育国际化的相关研究与理论基础；阐述了高等教育国际化的历史进程；在深入剖析我国高等教育国际化发展中存在的问题及其原因和借鉴国内外高等教育国际化发展经验的基础上，从革新国际化办学理念、强化高校教师国际化能力建设、创新中外合作办学模式、创新国际化课程体系、创新国际化管理体系与协同机制，以及创新人才培养模式六个层面探讨我国高等教育国际化发展实践创新路径，为我国高等教育国际化发展提供建设性意见和参考。

高等教育国际化研究涉及诸多方面的理论与实践问题，由于笔者水平和精力的限制，本书尚存在许多不足之处，如案例的选取不够全面，对高等教育国际化存在的问题挖掘不够深入，等等。在今后的工作中，笔者会对高等教育国际化问题进行更加深入的研究。

目　录

第一章 高等教育国际化理论概述

　　随着经济全球化与国际化的不断发展，世界各国的高等教育逐渐开始依赖于自身的开放程度走向国际化，国际化成为影响高等教育发展的重要因素。作为高等教育现代化的基本目标，国际化是发达国家高等教育发展的普遍战略。我国高等教育也顺应国际化发展的潮流，积极学习世界上先进的教育理念，引进教育资源，输送人才，探索符合国情的国际化路径。

　　国际化是高等教育本质特征的重要体现，是培养高素质人才的重要条件，是迈向国内外知名高水平大学进而建成世界一流大学的重要途径。近年来，我国高等教育国际化的步伐随着建设世界一流大学的进程而不断加快。国际化是中国高校提升国际竞争力、加快迈向世界一流水平的必经之路，只有坚持开放的办学理念，积极应对全球化的机遇和挑战，充分利用国际优质教育和创新资源，把国际化优势嵌入办学全过程，才能加快建设世界一流大学。

　　本章主要探讨关于高等教育国际化的相关研究与理论分析、高等教育国际化的内容及影响因素、高等教育国际化的理论基础，为全书的研究奠定理论基础。

一、关于高等教育国际化的相关研究与理论分析

（一）关于高等教育国际化的研究

　　20 世纪 80 年代以来，随着世界格局由美俄两极向多极发展的变化，国际间的往来日趋密切，高等教育国际交流与合作的广度和深度得到极大拓展，高等教育国际化问题成为世界许多国家政府、大学和学者关注的焦点。20 世纪 90 年代后，高等教育国际化更是广为国际教育界热议和推崇，

不少国家和大学都把国际教育发展纳入自身发展战略，并组织实施。高等教育学术界的研究主要集中在国际化的概念和内涵、动因和作用、构成要素和发展评价、策略和途径、国别和类别大学国际化等方面。

1.高等教育国际化概念和内涵的研究

关于教育国际化的概念界定和其内涵的研究，学者至今都没有统一的定论，更多的是从不同时期的时代背景出发，从不同的侧面和角度去理解和定义，这恰好说明对教育国际化的认识是一个不断发展丰富的过程。从文献查找中知道，教育领域的国际化更多的是指高等教育国际化问题。高等教育国际化一般由大学教育国际化来实现，所以很多学者下定义时，往往对教育国际化、高等教育国际化、大学国际化等没有严格的区别。下面选取有代表性的知名专家和权威机构的观点进行阐述。

（1）国外的研究。一般认为最早提出高等教育国际化这个概念的学者是被称为"当代美国高等教育改革的设计师"的克拉克·克尔（Clark Kerr）。1980年，他曾明确指出："我们需要一种超越赠地学院传统的新的高等教育观念，这种观念实际上就是高等教育要面向世界，或者说是高等教育要国际化。"[1]1986年，喜多村和之教授（日本著名学者）提出"通用性、交流性和开放性"三条标准来衡量高等教育国际化的发展[2]。

20世纪80年代后期，教育国际化集中从院校层面和相关活动来定义。美国学者阿勒姆(W.Arum)和瓦特（Van de Water）研究认为高等教育国际化主要包括三种重要因素：一是课程的国际内容、二是师生的国际流动、三是国际技术援助与合作计划书。同时，对高等教育国际化下了定义：与国际研究、国际教育交流有关的国际学习、国际教育与技术合作中的有关活动、项目和服务"[3]。

加拿大高等教育国际化著名学者奈特（J.Knight）从整合和发展的过程定义院校层面的国际化，即"将国际维度与跨文化维度整合到大学的教学、

① 转引自陈学飞.当代美国高等教育思想研究[M].大连：辽宁师范大学出版社，1996.

② 喜多村和之.大学教育国际化[M].町田：玉川大学出版部，1984.

③ Arum, S., Van de Water, J., The Need for a Definition of Internationalziation in U.S.Universities, in Bridges To The Future: Strategies for Internationalizing Higher Education, E, Illinois: Association for International Education Administrators, 1992：191-203.

科研和服务职能之中的过程"①。这一概念将教育国际化与大学的职能相结合，对指导大学组织和实施国际化活动项目很有意义，也是学者引用较多的教育国际化的概念。

美国教授哈拉里（M.Harari）认为教育的国际化和国际教育应为同一概念，国际教育除了包括课程、学者和学生的国际交流，与社区的各种合作计划，培训及广泛的管理服务三个重要部分外，还应当包括"明确的赞同、积极的态度、全球的意识、超越本土的发展方向，并内化为学校的精神气质"②。

温德（Van der Wende）认为只从院校层面对教育国际化定义不够全面，应该考虑到院校要与外部环境要求相适应，即国际化是"让高等教育紧密结合社会、经济、劳动力市场全球化的需要所做出的持续性和系统性的努力"③。

德维特（Hans De Wit）认为随着高等教育国际化维度得到广泛的重视和认同，大家更倾向于以最符合他们目的的方式来使用这个概念。④

所以，人们越来越认识到国际化仅从院校层面上去理解是不够的，还应从国家、部门的层面来考察，应该把二者整合在一起，从更宏观的方面来定义。随着高等教育国际化的发展，简·奈特（J. Knight）对原来的概念进行了扩充，表达为："在院校与国家层面，把国际的、跨文化的、全球的维度整合进高等教育的目的、功能或传递的过程。"⑤这个概念体现了国际化的现实社会系统环境，把国际化的行动者、利益攸关方及国家、院校等在不同语境下有不同的目的和结果都兼顾到了，是比较全面有代表

---

① Knight，J.Internationalization：Management Strategies and Issues，International Education Magazine，1993（09）：21-22.

② 陈学飞.高等教育国际化—从历史到理论到策略 [[J].上海高教研究，1997（11）：59-63.

③ Van der Wende，M.，Missing Links：The Relationships between National Policies for Internationalization and Those for Higher Education in General，in National Policies for the Internationalization of Higher Education in Europe，Stockholm：National Agency for Higher Education，1997：19.

④ Hans De Wit.Internationalization of Higher Education in the United States of America and Europe a Historical：Comparative and Comceptual Analysis.Connecticut：Greenwood Press.2002.

⑤ 简.奈特.激流中的高等教育：国际化变革与发展 [M].刘东风，陈巧云，译.北京：北京大学出版社，2011.

性的概念。

（2）国际组织的研究。教育国际组织对教育国际化也给予了高度的关注，并对其进行了界定。欧洲国际教育协会（EAIE）就指出国际教育涉及范围非常广，可界定为所有与高等教育国际化有关的活动，"国际化是一个总体的过程，在这一过程中，高等教育更少地趋向于本国，更多地趋向于国际发展"[①]。加拿大大学和学院协会（AUCC）对大学国际化的解释是，大学国际化是一系列以提供国际视野的教育经验为目的的活动[②]。2000年，美国教育理事会（ACE）将美国高等教育国际化的内容确定为：大学中本土学生的外国语学习，出国留学生教育，大学课程的国际化，大学招生对国际学生的要求，高等教育机构的教育交流活动，政府及其他社会组织对高等教育国际化的支持和资助，劳动力市场对国际性人才的需求等。[③]联合国教科文组织所属的国际大学协会（IAU）对高等教育国际化定义为："高等教育国际化是跨国界和跨文化的观点和氛围与大学的教学、科研和社会服务等主要功能相结合的过程。"[④]

纵观高等教育国际化著名学者和世界主要的教育组织对教育国际化的定义可以看出，教育国际化的概念包含了阿勒姆和瓦特的活动论、奈特的过程论、温德的适应论和德维特的目的论的观点，在实施主体上包含了国家、部门和院校的层面，所以大家引用最多的奈特和德维特对国际化的定义来表达自身对大学国际化的理解，即"将跨国、跨文化的全球维度融入高等学校发展目标、大学职能（教学/学习、研究和服务）及提供高等教育的过程"[⑤]。这一定义与联合国教科文组织的定义基本吻合。

（3）国内的研究。国内学者对高等教育国际化的关注基本上是从20世纪80年代末开始，基本上是在借鉴国外知名学者和重要国际教育组织关于国际化的概念基础上，结合我国的实践和自身教育文化的角度来理解和

① 陈学飞. 高等教育国际化——从历史到理论到策略 [J]. 上海高教研究，1997（11）：59-63.

② Association of Universities and Colleges of Canada Guide to Establishing International Academic Links.Ottawa：The AUCC.，1993.

③ 张芹，朱莉英，高等教育国际化的内涵、标准与实施对策 [J]. 科教文汇，2007（2）：1；5.

④ 张芹. 高等教育国际化的内涵、标准与对策 [J]. 继续教育研究，2005（1）：86-89.

⑤ 国际大学协会网 [OL].http：//www.unesco.org/iau/internationalization/i_definitions.html.

定义。汪永铨主编的《教育大辞典：高等教育卷》中把高等教育国际化界定为"各国高等教育在面向国内的基础上面向世界的一种发展趋势"。陈学飞是国内较早研究高等教育国际化的学者，其也提出过类似的观点，就是指一国的高等教育注意并努力面向世界发展的状况和趋势[1]。同时，他还总结了世界上四种定义高等教育国际化的角度和方法，分别是活动方法、能力方法、精神气质方法、过程方法[2]。张应强从人才培养教育角度指出，高等教育国际化是为国家和社会培养具有国际视野能力和全球责任意识，追求平等、热爱和平的国际化人才[3]。胡亦武则认为在全球化背景下，高校以系列政策等为载体，以提高自身核心竞争力及培育学生国际视野和能力为主要目的，将国际视野融于大学的教学、科研与服务等诸职能中的一个过程[4]。陈昌贵、谢练高同时认为教育国际化是指服务于知识、政治、经济和文化等多个目的，学校在自身内力和国家对外发展需要的推动下，其内部国际性特质通过各个要素的活动显现出来的过程[5]。这一观点高度概括了教育国际化的目的、动因，并指出办学要素活动在渗透融合中显现国际性特质的过程。申超在引入著名分析教育哲学家舍弗勒（I.Scheffler）提出的"定义性陈述"（在教育学科领域中不按逻辑规则而仅仅通过语言陈述来进行定义的方式）的基础上，按照英语和现代汉语语法习惯的逻辑定义规则，将高等教育的国际化界定为使高等教育在关系、影响或范围上成为国际性的活动或过程。具体来说，就是使高等学校（或高等教育机构）的教育在关系、影响或范围上成为与两个或两个以上国家间交流有关的活动或过程[6]。

以上国内学者对高等教育国际化概念的界定，基本上采用过程论和趋势论的观点。这一结论可从中文语境中"国际化"的"化"字去理解和认识，在《辞海》和《新华字典》里都有"表示转变成某种性质或状态"的注解，里面的"转变成"就是一种过程或趋势。

① 陈学飞.谈谈美国高等教育国际化的若干基本要素 [J].比较教育研究，1997（2）：8-11.

② 陈学飞.高等教育国际化——从历史到理论到策略 [J].上海高教研究，1997（11）：59-63..

③ 刘自忍.美国高等教育国际化初探 [D].重庆：西南大学，2007.

④ 胡亦武.中国大学国际化评价及其机制研究 [M].广州：华南理工大学出版社，2009.

⑤ 陈昌贵，谢练高.走向国际化：中外教育交流与合作研究 [M].广州：广东教育出版社，2010.

⑥ 申超.高等教育国际化概念辨析 [J].全球教育展望，2014，43（6）：45-53.

2.高等教育国际化的动因和作用研究

动因是组织决策做某种事情的理由、驱动力和目的性指向。著名高等教育国际化专家奈特认为，"如果国际化没有一套清晰的动因，没有一系列目标和配套政策、计划、监测、评估系统的话，它就将是对数量巨大、情况驳杂的各种国际性机会的碎片式、临时性的简单回应。"① 所以，有不少学者投入对高等教育国际化动因的研究。

（1）国外的研究。20世纪90年代以来，随着世界经济全球化的推进，世界高等教育国际化的浪潮随之涌动，欧美日等发达国家纷纷关注高等教育国际化的发展，其他发展中国家的高等教育也不断跟进。不少学者也应时进行研究，试图建立高等教育国际化的动因理论，以便国家和各大学更好地决策推进高等教育的国际化。其间，奈特的动因理论影响最为广泛，引用于研究也最多。1997年奈特与其老师德维特通过梳理分类研究，提出了高等教育国际化较为系统化的动因理论。该理论包括社会／文化、政治、经济和学术四个维度十九种具体动因。其中，社会／文化维度包括了国家文化认同、文化间相互理解、公民身份发展、社会和社区团体发展；政治维度包括对外政策、国家安全、技术援助、和平与相互理解、国家认同、地区认同；经济维度包括经济增长与竞争、劳动力市场、财政动机；学术维度包括扩展学术视野、院校建设、形象与地位、提高质量、国际学术标准、科研与教学。若干年后，奈特认为在分类方面还存在政治、经济等方面动因不清晰的问题。在国家和院校层面上，这四种维度不能加以很好的辨别，但分辨恰恰非常的重要。所以，奈特称之为"传统高等教育国际化动因"分类方式。在此基础上，2005年奈特提出在国家与院校层面上用以分析重要动因的新的分析方式。在国家层面的国际化动因包括人力资源发展、战略联盟、创收／商业贸易、国家建设／院校建设、社会／文化的发展与相互理解。在院校层面，除了四个传统类别的动因再一次应用于院校外，新出现的影响重大的动因还包括：国际形象与声誉、质量提高／国际标准、

① Knight.J., Internationalization of Higher Education：New Directions, New Challenges[M].Paris：international Association of Universities，2006：16.

经济创收、学生和教职工的发展、战略联盟、科研与知识产品。^① 阿尔特巴赫（Philip G.Altbach）等在给《高等教育研究》撰写的专稿中指出，高等教育的动因包括追求利益，提供入学机会、满足高等教育需求，不断发展的跨国高等教育领域等三方面。^② 葛尼茨卡（Gornitzka）和朗弗蒂（Langfeldt）在 2008 年的一项研究中表明，驱动国际化的动力来源主要是四种变化：技术手段的变化、经济变化、政治—制度变化和文化变化。^③

（2）国内的研究。在我国，陈学飞是较早研究高等教育国际化的动力问题的学者之一，其认为推动高等教育国际化的力量主要包括：①全球化经济发展和经济利益的驱动方面，这是最直接的驱动力之一。^④②国家政治方面。教育可以提升国家地位和国际形象，属于国家外交政策的第四个层面。^⑤③文化交流与教育发展的自身内在要求方面。加拿大大学和学院协会（AUC）研究发现，高校推进教育国际化主要目的是拓宽和增加大学生国际性、跨文化的视野、知识、技能，进而促进全球各个国家在文化、经济、环境、政治等方面相互依存。^⑥另外，学者要获得本学科的最新发展动向，就得参与国际学术的交流；大学要提高自身的办学水平和影响力，也要不断向国内外同行学习和借鉴。④捍卫世界和平方面。世界和平发展的基本前提是国家之间的交流和人民之间的互相了解，而教育国际化就是达到这种目的的最佳和最有效的途径。⑤国际组织力量的推动方面。联合国教科文组织（UNESCO）等国际组织就世界各国共同关心的教育问题带头开展研究，并提出教育问题的解决办法和措施，对全球高等教育国际化发展有着

---

① 简．奈特．激流中的高等教育：国际化变革与发展 [M]. 刘东风，陈巧云，译．北京：北京大学出版社，2011.

② 菲利普·G．阿特巴赫，简·莱特，别敦荣，等．高等教育国际化的前景展望：动因与现实 [J]. 高等教育研究，2006，27（1）：12-21.

③ Gornitzka and Langfeldt .Borderless Knowledge：Understanding the "New" Internationalisation of Research and higher Education in Norway [M].dordrecht：Sprinter. 2008.

④ K., H.Hanson and J.W.Meyerson, Internationl Challenges to American Colleges and Universities. American Council on Education, 1995：20.

⑤ Hans de Wit.Strategies for Internationalization of Higher Education, Amsterdam：European Association for International Education, 1995：11.

⑥ Hans de Wit.Strategies for Internationalization of Higher Education, Amsterdam：European Association for International Education , 1995：12

良好的推动作用。⑥信息传播的全球化方面。这为高等教育国际化提供了物质和技术支持，同时也促使大学培养大批具有国际理解和交往能力的人才。

李晓梅等从大学本身出发探讨了大学国际化的动因：①社会经济形态的发展（知识经济）对高等教育的要求。②大学国际化是高等院校自身发展的迫切需要。这一点与陈学飞的第三点相似。③大学国际化对社会发展的推动作用。大学国际化在培养大批适应未来社会全球化对人才的需求的同时，也提高社会的开放程度，促进社会向前发展。[①]

杨启光则从主权国家作为教育国际化的主要行为体角度，来建构分析驱动不同国家教育国际化进程的多元动因理论体系。①国家利益：工具主义的教育国际化。其表现在维护国际政治安全和保障国家的经济发展利益等方面。②能力建设：教育主义的教育国际化。这种动因主要是通过国际化，提高教育学术品质和水准，让个体接受更好的教育，改善教育品质。③国际理解：文化主义的教育国际化。通过教育了解异国文化，促进人类文化的交流融合。[②]

从国内外各学者对高等教育国际化动力因素研究的结果可以看出：高等教育国际化最初的动因是大学文化和知识在学术上自在牵引发展到为国家政治服务，再到逐渐被经济利益所驱使，现在更是表现为综合的立体的因素，而我国大多数学校考虑国际化发展时主要是为了提升学校的核心竞争力。

3. 高等教育国际化的构成要素和发展评价研究

（1）关于高等教育国际化构成要素的研究。高等教育国际化构成要素或说其内容，涉及在具体国家和学校里的教育国际化应从何入手的问题，或说其从哪些方面呈现出来，这是高等教育国际化的基本问题。美国的阿勒姆和瓦特认为，构成教育国际化的三要素（课程、人员交流、国际技术

---

① 李晓梅，杨福玲，谭欣，覃捷. 大学国际化动因分析及途径研究 [M] // 中国高等教育学会引进国外智力工作分会编. 大学国际化理论与实践. 北京：北京大学出版社，2007：100-103.

② 杨启光. 教育国际化进程与发展模式 [M]. 北京：社会科学文献出版社，2011.

援助与合作计划）缺一不可。[①] 温德主要从宏观管理的过程层面说明高等教育国际化的三个要素：目标和策略、实施、效果。[②] 德国学者迪克（Dirk van Damme）对高等学校国际化的表现形式进行了梳理，归纳出了七种形式，即学生和教师的国际流动、课程和专业的国际化、相互认同协议、合作办学、大学合作研究、远程教育及大学交流网络。[③]

顾明远、薛理银分别从人员要素、财物要素、信息要素和结构要素等四个维度，对高等教育国际化的表现形式进行了研究分析。人员要素的国际化主要指学生、教师和学者在全球范围内的教育交流；财物要素的国际化主要指教育经费、教学、科研设施等方面的国际化；信息要素的国际化主要指在教育观念、教育目标、教育内容和课程设置等方面的国际化；结构要素的国际化主要指构建适当的教育制度与结构，其中包括国际化教育课程学分制度和国际合作与交流机构、国际问题研究机构设置等方面。[④]

陈学飞在研究了美国的高等教育国际化后得出，在美国大体得到公认的基本要素是大学生的国际交流、课程的国际化、教师的国际交流、国际研究和外语培训等四方面[⑤]，并在此基础上，拓展到世界高等教育领域。他在《高等教育国际化：跨世纪的大趋势》一书中指出，高等教育国际化的要素主要涵盖六个方面的内容：一是教育观念的国际化，教育改革和发展必须具有全球化的视野；二是人才培养目标的国际化，国际化人才培养需具有全球化视野、国际竞争力和综合能力；三是国际化的课程，开设体现国际观点的有关他国和国际问题的课程；四是人员的国际交流，包括学生和教师的国际交流；五是国际学术交流与合作研究，包括通过国际组织或校际的合作研究、参加国际学术会议、研究人员之间的交流等；六是教育

① 席酉民,郭菊娥,李怀祖.中国大学国际化发展特色与策略研究[M].北京: 中国人民大学出版社, 2010.

② Van der Wende. An innovation perspective on internationalization of higher education institutionalization：the critical phase[J].Journal of Studiesin International Education，1999（01）：3 - 22.

③ Van Damme.D.Quality issues in the Internationalizations of Higher Education[J]，Higher Education，2001（04）：15-441.

④ 顾明远，薛理银 . 比较教育导论 [M]. 北京：人民教育出版社，1996.

⑤ 陈学飞 . 谈谈美国高等教育国际化的若干基本要素 [J]. 比较教育研究，1997（2）：8-11.

资源的国际共享，包括通过国际组织协调协助发展中国家的教育和给予的援助。①

唐忠则以一位大学外事工作管理者的视角认为一个大学的国际化要素至少应该包括四方面：一是办学观念的国际化，大学的发展理念体现国际化，人才培养目标体现面向世界；二是教师和管理两支队伍的国际化，包括教师和管理人员的构成（外籍人员的比例），以及本国教师和管理者的国际经历和国际交流能力；三是学生的国际化，包括外籍学生的数量和本国学生的国际经历两个方面；四是研究的国际化，包括研究活动的国际化和研究成果的国际影响。②

另外，也有不少研究者对个别要素进行了深度研究，如王若梅的《解析高等教育课程国际化》③，王晓、柳长安的《关于高校教师队伍国际化建设的思考》④，等等。

（2）关于高等教育国际化发展评价的研究。当今世界高等教育国际化在蓬勃发展，大学都在或多或少地融入国际化的潮流，一个大学国际化发展程度如何，什么才是大学国际化的关键指标，如何进行正确评价，成为不少高等教育国际化学者研究的课题。日本广岛大学的喜多村和之在1984年出版的《大学教育国际化》一书中提出衡量"大学国际化"的三条标准：通用性、交流性和开放性。梅保（May Paw）以美国59所大学的国际化实践为样本，研究显示，尽管各大学的国际化程度不一，但是基本上是通过留学生、外国学者、国际赠款、体制性收入和支出等的多少来体现。⑤奥尔加（Olga）在对美国大学的国际化进程中的教职员工和学生及社区代表进行相关调查，发现领导的参与和支持、国际化课程、全球学习成果评估、

① 陈学飞.高等教育国际化：跨世纪的大趋势[M].福州：福建教育出版社，2002.

② 唐忠.对大学国际化与国际影响的一点理解[M]//中国高等教育学会引进国外智力工作分会/编.大学国际化理论与实践北京：北京大学出版社，2007：63.

③ 王若梅.解析高等教育课程国际化[J].江苏高教，2011（2）：74-77.

④ 王晓，柳长安.关于高校教师队伍国际化建设的思考[J].北华航天工业学院学报，2014，24（6）：5-55.

⑤ May Paw, Internationalization of United States Higher Education；A Quantitative Analysis of the International Dimension of Association of American Universities（AAU），State University of New York at Bffalo，2003.

资源分配、国际化的学院等都是国际化过程中必不可少的。①

以上对大学国际化的评价基本上是呈现大学国际化要素的状况描述，是观点和判断性的定性评价。精细的院校国际化评价指标体系是 1999 年由经济合作与发展组织（OECD）下属的高等教育院校管理委员会（IMHE）与学术合作协会（ACA）共同开发创建的，奈特和德维特主持建立的高等教育国际化质量评审程序（The Internationalisation Quality Review Process，简称 IQRP）。IQRP 是高等院校根据其既定的目的和目标来评估并提升其国际化水平的一种程序。IQRP 采用基准化分析法设计了院校国际化指标，该指标体系中，共设有 9 个一级指标，57 个二级指标。一级指标包括国际化规划和评价、教职员工参与和发展、院校的学术协议和合作、学生海外学术经历、本地校园的国际学生、课程与教学 / 学习过程、科研与学术活动、国际项目（跨境教育、培训和发展项目）、组织因素。他们运用国际化追踪方法，关注院校国际化的进展和质量，进而指导大学的国际化活动。②2007 年，德国高等教育发展研究中心（CHE），结合高校中教学、学术研究两项重要功能，根据输入、输出两个维度，研究提出涵盖教授、青年教师、学生、服务和管理、课程提供、毕业生，以及大学国际声誉等核心指标的高等教育国际化指标体系。③2010 年毕业于佛罗里达国际大学的弗拉维亚（Flavia Eleonora Iuspa）的博士论文《高等教育机构国际化绩效评价：以佛罗里达国际大学为例》④从学校国际化活动、师生员工对国际化的态度及学校对国际化的支持系统等方面建构了一套评价指标，对佛罗里达国际大学国际化做了绩效评价。

随着我国改革开放的不断深入，高等教育国际化的进程不断加快，大

---

① Olga.Educating Global Citizens：The Internationalization of Park University，Kansas City，Missouri，Union Intitute and University，2007.

② 简 . 奈特 . 激流中的高等教育：国际化变革与发展 [M]. 刘东风，陈巧云，译 . 北京：北京大学出版社，2011.

③ 王硕旺，洪成文 . 德国 C HE 大学国际性与国际化排名指标体系述评 [J]. 中国高教研究，2010（4）：55-58；81.

④ Flavia Eleonora Iuspa.Assessing the Effectiveness of the Internationalization Process in Higher Education Institions：a Case Study of Florida International University[D].Florida Internatianal University.2010.

学越来越成为国际化重要的践行者。随着世界高等教育对国际化评价的重视，国内学者也纷纷根据中国大学自身国际化的发展进行研究，期望建立适合自身发展的国际化运作规范，从 21 世纪初就陆续有学者进行了大学国际化的评价探索。李盛兵根据高等教育国际化指标体系的构成因素及权重，提出基本涵盖院校微观层面的国际化指标体系，其中包括国际化观念与规划、大学国际化机构设置、学生和教师结构国际化、课程内容国际化、科研项目国际化和中外合作办学等 7 个一级指标和 18 个二级指标。但其评价指标的权重系数的来源依据没有具体说明。胡亦武在总结西方发达国家大学国际化程度评价的一些通用指标基础上，构建了由大学国际化程度的 6 个核心评估指标（明确的任务表达、学术支持、组织结构、外部资助、院校对教师的投入、国际学生与学生课程项目计划）、大学国际化动因分析评估指标（刺激因素、阻碍因素）和中国大学国际化战略实施的重点三大方面组成的中国大学国际化程度评价指标体系，采用模糊熵评价方法较为系统地以中国大学为样本，按照"985"大学、"211 大学"、有研究生院的大学和其他一般大学四类进行国际化评价。对中国大学做过相似研究的还有陈昌贵等的《中国研究型大学国际化调查及评估指标构建》[1]，杨福玲博士论文《大学国际化发展与管理研究》[2] 和王文的博士论文《我国大学国际化评价研究》[3] 等。这些研究没有对具体的学校的国际化程度做出评价，在对大学划分类别上的评价也只是大体上的分类研究，没有从特色类别大学这个层面上去做评价，这为笔者开展此方面的研究留下空间。

目前对特色类型大学进行国际化评价指标体系研究的学者有余学锋、王芳等的《高等体育院校国际化评价指标体系构建研究》，从体育院校的角度对高等体育院校国际化评价指标体系提出 6 个一级评价指标：办学理念和发展战略、国际活动与国际交流、人员的国际化、教学国际化、科学研究国际化、国际化的保障因素。并依照一级指标延伸出 15 个二级指标，最终通过 52 个国际化观测点构建起高等体育院校国际化的三级评价指标体

① 陈昌贵，曾满超，文东茅，等 . 中国研究型大学国际化调查及评估指标构建 [J]. 北京大学教育评论，2009，7（4）：116-135；190-191.

② 杨福玲 . 大学国际化发展与管理研究 [D]. 天津：天津大学，2011.

③ 王文 . 我国大学国际化评价研究 [D]. 北京：中国矿业大学，2011.

系。^①对特色类型大学的国际化评价还有宁爱花的博士论文《山东省涉农院校国际化与组织系统活性问题研究》^②。这是目前发现的以体育和涉农为特色类型大学的国际化评价指标体系构建的研究。

除了部分研究者对教育国际化评价进行研究外，高等教育国际化管理者为推进所管辖地区的大学的国际化进程，往往也通过国际化评价这一杠杆，促进大学国际化的实践。有的省份也发布了有关国际化评估的官方指标体系。例如：云南省教育厅 2007 年发布了《云南省高校国际化评估体系》供省内高校参考自评；广东省教育厅更是从文本走向实践，2009 年就依据发布的《广东省高等教育国际化评价指标体系（试行）》，在省内高校通过自我申请和自评、教育厅组织专家审评的方式，促进高校的国际化工作。该项工作虽然只对少数高校做了评价试点，但这为以后政府层面推进高等教育国际化在实践层面上做了尝试和积累了宝贵的经验。当然，此类的区域性大学的国际化评价也有其局限性，还是没有分类型、分层次进行，而是较为大一统的评价，没有体现出院校的特色。

纵观大学的各种评价指标体系的组成，不论是泛泛的大学国际化的指标，还是按层次类型分类的指标，还是个别院校的评价指标体系的构建，都有几个突出的特点：一是设计较为烦琐、级数较多；二是以量性为主，定性较少；三是设置权重，进行赋值打分，但权重来源的客观性有待商榷。

4.教育国际化的国别、区域和类型类别大学研究

（1）教育国际化的国别研究方面。在 20 世纪 90 年代主要集中介绍西方几个典型发达国家的教育国际化的进程、做法和经验的文章为多。如陈洪捷的《德国高等教育的国际化趋势》^③，陈学飞的《谈谈美国高等教育国际化的若干基本要素》^④，冯军等的《澳大利亚积极推进本国高等教育国际

① 余学锋，王芳，赵京慧，等.高等体育院校国际化评价指标体系构建研究 [J].北京体育大学学报，2013，36（6）：17-21.

② 宁爱花.山东省涉农院校国际化与组织系统活性问题研究［D］.青岛：中国海洋大学，2013.

③ 陈洪捷.德国高等教育的国际化趋势 [J].欧洲，1994（1）：65-69.

④ 陈学飞.谈谈美国高等教育国际化的若干基本要素 [J].比较教育研究，1997（2）：8-11.

化的启示》①，张光的《日本高等教育国际化的进程》②，等等。21 世纪以来，高等教育国际化的国别研究不断扩展，几乎涉及西方绝大多数的发达国家，如加拿大、英国、法国，同时也关注到中等发展国家和地区，如东南亚地区的泰国、新加坡等国。其研究总体方向上更多是从介绍经验做法到结合国内实际如何借鉴发展；内容上更多是从宽泛的、总体上的把握到更具体、更微观的层面，如国际化的课程、学生流动、策略和风险等方面。比较有代表的论文有袁本涛等的《高等教育国际化与世界一流大学建设：清华大学的案例》③，王若梅的《解析高等教育课程国际化》④，范伟等的《广西—东盟高等教育国际化战略思路》⑤，聂名华等的《中国高等教育国际化风险及其对策研究》⑥。

（2）区域性高等教育国际化研究方面。主要有马万华等著的《首都高等教育国际化发展现状研究》⑦，该书制定了一个描述性的国际化评价指标，从院校的实践入手展开调查和研究，该体系对于提高我国高等教育国际化发展水平有一定的参考意义。张艳芳的《山东高等教育国际化问题研究》⑧，胡莎莎的硕士论文《区域高等教育国际化策略研究——以宁波市为例》⑨ 等也都从区域高等教育发展和特色层面研究本地的教育国际化发展。

（3）高等教育国际化大学研究方面。较有代表性的著作有陈昌贵、曾满超、文东茅著的《研究型大学国际化研究》。该研究立足于研究型大学的大量调查，用较为翔实的数据比较国内不同研究型大学之间国际化水平的差异，并在此基础上建构起我国研究型大学国际化评估指标体系；从个

---

① 冯军，褚晓丽.澳大利亚积极推进本国高等教育国际化的启示 [J].吉林教育科学，1997（9）：36-39.

② 张光.日本高等教育国际化的进程 [J].比较教育研究，1997（2）：12-15.

③ 袁本涛，潘一林.高等教育国际化与世界一流大学建设：清华大学的案例 [J].高等教育研究，2009，30（9）：23-28..

④ 王若梅.解析高等教育课程国际化 [J].江苏高教，2011（2）：74-77.

⑤ 范伟，唐拥军.广西—东盟高等教育国际化战略思路 [J].东南亚纵横，2003（11）：19-22.

⑥ 聂名华，付红，徐田柏.中国高等教育国际化风险及其对策研究 [J].河北学刊，2011，31（3）：187-190.

⑦ 马万华，李岩松.首都高等教育国际化发展现状研究 [M].北京：北京大学出版社，2014.

⑧ 张艳芳.山东高等教育国际化问题研究 [D].济南：山东师范大学，2013.

⑨ 胡莎莎.区域高等教育国际化策略研究——以宁波市为例 [D]，宁波：宁波大学，2013.

案研究的角度，在借鉴美、英、澳等国高等教育国际化成功经验的基础上提出加快我国研究型大学国际化发展的对策。[①] 此外，还有少量的高职院校和涉农院校方面的国际化研究，如赵一标等的《江苏高职院校国际化的现状与路径研究》[②]，翟研宁的《我国农业高等教育国际化的现状及实现策略》[③]，等等。

5. 师范院校和教师教育国际化的研究

早前的大学从诞生之日起，教师的聘请和学生的来源不分国别、区域、民族和种族，师生可以到各地大学"漫游"、学习，具有现在大学所积极倡导的"国际性"[④]。最早的大学大多与培养教师有关，因为教师是知识和技术的传承传播最为关键的因素，只有培养大批的高素质的教师，才能使以人才培养为首要功能的大学发展壮大。欧洲最早的博洛尼亚大学、巴黎大学，中国最早的京师大学堂莫不如此。1898 年成立的京师大学堂于 1902 年就成立了师范馆。1903 年京师大学堂派出我国第一批留学生中，师范馆的学生就有 31 人。所以，在我国早期师范教育中，就很注重师范教育人才国际化的培养。中华人民共和国成立后，更加重视师范教育，师范院校数量占据我国高校的三分之一。

教师教育是师范院校办学的主要组成部分，研究和推动师范院校教育国际化在一定程度上说主要是研究和推进教师教育国际化，两者虽然不能等同，但至少可以说教师教育国际化是师范院校国际化的最主要体现。教师教育国际化是伴随着国家的教育国际化发展而同步发展的，是国家教育国际化的重要组成部分。我国师范院校和教师教育国际化的研究主要表现在借鉴发达国家教师教育国际化的成功经验、探索教师教育国际化理论、我国师范院校国际化实践等几个方面，以期提升师范院校办学实力和教师教育的国际地位与国际竞争力。

---

① 陈昌贵，曾满超，文东茅 . 研究型大学国际化研究 [M]. 广州：世界图书出版广东有限公司，2014.

② 赵一标，单强，赵一强 . 江苏高职院校国际化的现状与路径研究 [J]. 高等工程教育研究，2010 （2）：97-100.

③ 翟研宁 . 我国农业高等教育国际化的现状及实现策略 [J]. 高等农业教育，2013（11）29-31.

④ 杨福玲，刘金兰，蔡晓军 . 大学发展的国际化辨析 [J]. 天津大学学报（社会科学版）.2009，11（6）：551-554.

（1）发达国家师范院校和教师教育国际化成功经验研究方面。较有代表性的研究是王文礼的《哥伦比亚大学教师学院学术卓越的生成逻辑和启示》①，王子悦的《加拿大教师教育国际化对我国地方师范院校的启示》②，温明丽、黄嘉莉的《美国师资培育推动国际教育与海外实习之历程与省思》③，张国蕾的《法国师资培育中的国际合作教育》④。王文礼在研究哥伦比亚大学教师学院学术卓越的生成过程中发现，国际化战略是该校教师学院可持续高质量发展的重要战略之一。一方面，学院倡导教师来源的国际化背景，体现教师的"生态多样性"。哥伦比亚大学教师学院教师大部分有海外教学、访学、科学研究等方面的经历，同时邀请全球著名大学的知名教授到校访学、讲学和开展科研学术等方面合作，进而增强学院教学、学术研究等方面在全球的知名度和竞争力。另一方面，学院一直持续增加国际化生源的比率，我国著名教育家陶行知、陈鹤琴、蒋梦麟等都毕业于该学院。王子悦把加拿大教师教育国际化的主要内容归纳为：加拿大政府对教师教育国际化政策的支持，教师教育办学理念的国际化，教师教育课程设置的国际化，等等，同时引进国外优质课程体系来不断优化地方师范院校的国际化发展。温明丽、黄嘉莉分析了美国在"二战"后的迅速崛起，成为世界移民的目的地国，校园里来自不同国家和文化背景的学生日趋增多，且随着全球化发展，美国在世界各地都有利益存在，国际相互依存和全球公民责任逐渐成为美国各级学校国际教育的重要目标，培养具备跨文化沟通能力和国际教育教学能力的教师，成为急需解决的问题。但那时的美国师资培养机构培养的教师未具备国际观或全球视野，无法理解多元差异，无法在教学中带入国际教育议题，无法理解自身在国际教育中的角色。⑤

① 王文礼. 哥伦比亚大学教师学院学术卓越的生成逻辑和启示 [J]. 学术论坛，2013, 36（9）：203-207.

② 王子悦. 加拿大教师教育国际化对我国地方师范院校的启示 [J]. 天津市教科院学报，2010（1）：44-46.

③ 温明丽、黄嘉莉. 美国师资培育推动国际教育与海外实习之历程与省思 [J]. 国际教育人才培育之策略研究. 2016（10）：85-90.

④ 张国蕾. 法国师资培育中的国际合作教育 [J]. 国际教育人才培育之策略研究. 2016（10）：111-120.

⑤ Longview Foundation.（2008）. Teacher preparation for the global age：The imperative for change. Retrieved from http：//www.longviewfdn.org/programs/internationalizing-teacher-prep/.

因而，美国师资职前培养的重点，是使师资生具备跨文化的经验，适应美国校园中族群、语言、文化的多元化。为此，美国师资培养机构主要采取以下两种方式实施国际教育。

　　一是国际教育课程。包括教学专业课程与外语课程两大类。教学专业课程包括：全球议题，且必须理解至少一个国家的文化或相关议题；教材编选的教学技能；异地文化体验，从亲身体验到深度理解异地文化。外语课程将外语语言能力作为毕业条件，促使师资生通过外语学习，更深层地认识不同语言及国家的文化，拓展其国际视野。二是海外教学实习课程。为了提高未来教师将跨文化内容恰当地纳入课程规划与教学设计的能力，美国师资培养机构积极强化师资生海外实习。师资生通过参与国际联盟开设的学程、大学自行建立海外合作学校联盟或成为国际交换学生的渠道，通过师资培养机构提供的跨文化学习场域，在沉浸式的文化体验、亲身的异文化接触中深入思考自己的信念与对文化的理解，在不同文化的生活经验中自我解决问题，形成多元的价值观和多样的视角，学习如何在教学中融入跨文化的经验，促使师资生的国际教育以多元文化视野的教学专业能力快速成长，更提升其在教学时对学生文化差异需求的反应能力。

　　张国蕾梳理了法国师培机构——师资及教育高等学院（ESPE）的国际合作教育的实施方式主要有"组织合作"和"人员互访"两种。"组织合作"主要是凭借欧盟的"苏格拉底／伊拉斯莫计划（100多个欧洲学校共同签署的关于互换学生的双边合作协议）"，以及众多法国与单一国家签订的"双边合作计划"，就读法国师资培养学校的学生在学期间拥有较多的出国实习交流的机会。几乎涵盖了所有欧盟国家、多所非欧盟成员国的欧洲国家，以及美国、加拿大、中国、阿根廷、阿尔及利亚等。[1] 在"人员互访"方面，对在校师资生来说，无论未来任教的学校等级（小学或中学），只要提出申请便可享有毕业前赴国外研习三个月的权利。[2]

　　对教师来说，学校要求每位 ESPE 的专任教师都必须接受校方的指派

---

[1] Formation Crois é e.http：//ESPE.univtoulouse.fr/accueil-/international/programmes-en-cours/programmeseurope/formation-croisee-118916.kjsp?RH=FR-05-RI-pro-Europe.

[2] Programme Érasmus.http：//ESPE.univtoulouse.fr/accueil-/international/programmes-en-cours/programmeseurope/programme-erasmus-116884.kjsp?RII=FR-05-RI-pro124.

出国服务。有意愿的教师也可主动向学校提出出国申请。教师交流的方式，包括赴国外大学演讲、参加研讨会、发表论文、洽谈合作计划等。[①]ESPE的国际合作教育项目主要包括三种：一是在国外的中小学实习，包括与英国签署的合作协议及"多边语言实习计划"[②]；二是非法语科目的合作，主要是针对特定的国家，进行非语言类科目的交流，包括数学专业、餐饮专业等；三是法语外语教学，法国师资生可以赴国外教法语或者到其他国家，以实习生的身份，担任法语助教并可支领薪水。另外，ESPE校内的国际交流活动丰富多彩，包括电影欣赏、国际学生日、文化节、外国及本地生共融会、国际生快递交流会等。[③]

（2）教师教育国际化的理论和政策研究方面。睦依凡是较早发表相关研究文章的学者，他在《师范教育国际化：人类未来利益的需要》一文中论述了师范教育国际化的必要性和实现途径，特别是对师范教育国际化在未来世界教育中的重要意义中指出，世界的未来图景最依赖于学校给予了未来人怎样的"绘画"教育。教师是未来人遏制世界未来的强有力影响者，因此师范教育国际化不仅是一种教育趋势，实质上它是实现人类共同利益的需要。[④]

李炳煌在《基于教育国际化的教师教育探略》中，提出教师教育国际化的四个特征：一是教师教育对外开展国际交流与合作体现出国际化特征。二是教师教育的质量、水平、效益与国际接轨的特征。三是教师教育在教育观念、教育思想、教育内容、教育方法等方面的国际化特征。四是教师教育的对外交流组织和机构设置方面的国际化特征。[⑤]根据资料统计，1934—1996年间，国际教育大会发表的60项建议书中，仅教师教育的建

① Mobilit é enseignante.http：//ESPE.univtoulouse.fr/accueil-/international/mobilite-enseignante.

② Projet multilateral Comenius-PRI-SEC-CO.http：//ESPE.univ-toulouse.fr/accueil-/international/ programmesen-cours/programmes-europe/projet-multilatera-comenius-pri-secco-119814.kjsp.

③ Mobilities.http：//www.ESPE.-lnf.fr/spip.php?rubrique40.

④ 睦依凡.师范教育国际化：人类未来利益的需要[J].未来与发展，1990（1）：21-24.

⑤ 李炳煌.基于教育国际化的教师教育探略[J].南华大学学报（社会科学版），2006（2）：101-103；107.

议书就占了 21 项[①]。2005 年 6 月，OECD 组织也发表 25 国教育政策议题报告《教师问题：吸引、发展和留住优质教师》[②]。2012 年 3 月，OECD 组织又发表了《为 21 世纪培育教师，提高学校领导力：来自世界的经验》[③]报告。国家教育政策在教师教育国际化实施中占重要作用，王立科在《我国教师教育政策发展三十年回顾与展望》中指出，教师的国际竞争力在很大程度上影响着人才培养的国际竞争力。在教师教育国际化的相关政策法规方面与国际接轨，将为国家培养出具有国际视野和国际竞争力的人才。[④]

（3）师范院校或教师教育国际化的实践探索方面。相关的研究主要集中在师范院校国际化的经验总结和实践策略上。金英的硕士论文《东盟一体化进程中高等师范教育的国际化研究》较为系统地总结了东盟国家高等师范教育的国际化历程和主要做法，提出了通过师生的国际交流、课程内容和教育理念的国际化，国际合作办学和东盟特色的华文教育来实现东盟高等师范教育国际化，同时也探索了中国高等师范教育国际化对东盟高等师范教育国际化的借鉴意义。[⑤]晏国祯的硕士论文《云南省高等师范院校教师教育国际化策略研究》探索构建教师教育国际化评定标准，对云南省 7 所高师院校教师教育发展进行量性评估，得出其发展水平程度的结论，并在分析发展各校存在的主客观局限性因素的基础上提出策略性的发展对策及建议。[⑥]金柄珉等的《教师教育国际化的几点思考——以中国朝鲜族教师教育为中心》探索了实施中国朝族教师教育国际化对延边大学改革发展的意义，通过树立教育国际化意识、认清教师教育国际化的内涵和实质、教师教育目标国际化、教师教育方式国际化、教师构成和学生来源国际化和参与在亚洲教育共同体框架下的教育交流、参与由联合国教科文组织倡导

① 赵中建. 全球教育发展的历史轨迹——国际教育大会 60 年建议书 [M]. 北京：教育科学出版社，1999：12.

② 丁钢，李梅. 中国高等师范院校师范生培养状况调查与政策分析报告 [J]. 教育研究，2014，35（11）：95-106.

③ 转引自邱超. 中国教师教育的过去、现在和未来——顾明远教授访谈 [J]. 教师教育研究，2014，26（1）：81-85.

④ 王立科. 我国教师教育政策发展三十年回顾与展望 [J]. 国家教育行政学院学报，2009（1）：30-35.

⑤ 金英. 东盟一体化进程中高等师范教育的国际化研究 [D]. 桂林：广西师范大学，2014.

⑥ 晏国祯. 云南省高等师范院校教师教育国际化策略研究 [D]. 昆明：云南师范大学，2014.

和实施的"大学结对计划"、参与"三网合一"全国教师教育网络联盟、积极争取承担我国对外教育援助的任务、注意教师教育国际化与民族化的关系等策略推进延边大学的教育国际化。[1] 帅欢欢的《以国际化推进地方师范院校发展——访乐山师范学院副院长杜学元》中,杜学元提出了教育国际化是西部院校加速发展的重要途径的观点,并采取提供有力的组织保障、创新外事工作理论、创新管理机制、强化外事人力资源保障、积极筹建孔子学院等有力措施,推进乐山师范学院国际化。[2]

6.高等教育国际化文献研究的述评

综上所述,国内对高等教育国际化问题的研究取得了丰硕的成果,不论是发表的相关学术论文,还是出版的有关著作来看,都颇为丰富。不过从收集的资料看,在20世纪90年代,每年发表相关的相关论文不超过五十篇,出版的论著更是凤毛麟角。进入21世纪后,特别是我国2001年加入世界贸易组织后,跨国教育成为服务贸易的内容,高等教育界日益关注教育国际化问题。从2001年起,每年发表的论文超过百篇,近几年硕士博士论文也有几十篇,出版的著作也陆续多起来。从开展教育国际化研究的涉及对象来看,从世界范围、区域联盟到个体高校,范围相当广泛;从研究的层面来看,从理论探索到实践操作、从政府宏观政策到学校微观运行、从学习消化到自主深入研究;从研究内容来看,20世纪90年代主要以介绍西方发达国家教育国际化的经验做法和我国的立场,以及要采取的对策建议为主,21世纪以来,研究的内容全面展开,除了继续探讨前面的内容外,更多的是探索高等教育国际化的内涵、WTO对我国高等教育的影响和应对、留学生问题、中外合作办学问题、国际化与本土化问题及高校的实践问题等。这些研究对我们学习借鉴发达国家高等教育先进经验和推进我国高等教育国际化发展等都具有非常重要的理论和实践意义。特别是近年来有些学者对国际教育课程、世界一流大学标准、与西方发达国家合作在国内办具有独立法人的大学,以及开展大学国际化的评价与推进的策略等问题的探讨,

---

① 金柄珉、朴泰洙.教师教育国际化的几点思考——以中国朝鲜族教师教育为中心 [J].东疆学刊,2007(3):80-85.

② 帅欢欢,郭伟.以国际化推进地方师范院校发展——访乐山师范学院副院长杜学元 [J].世界教育信息,2015,28(8):55-61.

虽然还不够完善，却意味着国内对高等教育国际化的研究更深入了一步。

但这些研究也存在一些问题，主要表现在以下方面：一是较为抽象，停留在认识和思辨层面上，引进介绍较多，缺少有针对性的实践课题的研究，也缺乏具体的研究方法，最终导致没有形成有价值、可操作的建议。例如，现在国内对国际合作办学，特别是我国走出去跨境办学的研究就需要进一步深挖，国内相关研究探讨的文献还不多。二是研究的对象大而泛。比如，研究对象都是一般意义上的大学，没有顾及我国大学类型广、层次多、地域宽等特点，大学与大学之间差别较大，只是泛泛地研究大学国际化不是很有针对性。三是研究的领域和内容还应不断深化和拓展。在《国家中长期教育改革和发展规划纲要（2010—2020年）》中明确提出要提高我国教育国际化水平后，可喜地看到近几年的高等教育国际化的研究更加深入，更加有针对性和引领性，不少高校把国际化发展战略纳入本校的整体发展战略。但如何提出科学的国际化发展战略和策略，相关的系统研究少之又少。这里面关系到学校基于自身发展特色的国际化发展定位问题、目前国际化现状的科学评价问题、国际化发展的条件支撑问题等。

（二）高等教育国际化相关理论分析

1.高等教育全球化与国际化辨析

全球化可以认为是一种概念，也可以认为是一种人类社会发展的现象。通常认为的全球化是指全球联系不断增强，人类生活在全球规模的基础上进一步发展，以及在政治、经济、文化乃至社会生活等领域内的全球意识的崛起。国与国之间在政治、经济贸易上相互联系并相互依存。同时，全球化也可以解释为世界的压缩和视全球为一个整体的理念。国际化以国家的存在为前提，以各国公民间的跨文化交流为基础，体现了国家占据主导地位的国际规则。区别于全球化的是，高等教育一直以来都存在国际主义精神，高等教育国际化早在很多年前就已渗透到了高等教育的发展过程中。早在17世纪，艺术、科学和教育领域中就已出现了跨文化合作现象，在中世纪的欧洲，大学生便可以从博洛尼亚到巴黎、牛津旅行，通过旅行产生的文化交流促使高等教育跨越国界。

从某种程度上来说，全球化与国际化概念提出的目的是相反的，前者淡化国家界限，后者却强调了国家这一概念。但从发展过程来看，全球化与国际化相互依存，且互相联系。在如今的世界发展进程中，经济全球化、人才竞争、知识流动这三者有着相辅相成的内在联系。经济全球化和人才国际化促进了知识在世界范围内的自由流动，在不断的流动中，人才平均的知识积累越来越高，职业专业化的要求也越来越高，这使得人才竞争的国际化程度也越来越大，又在一定程度上加速了经济全球化过程。经济基础决定上层建筑的社会发展规律决定了高等教育的发展必然随社会经济的发展而发展，高等教育国际化成为经济全球化和世界经济一体化的必然产物。由于各国的高等教育发展情况存在差异，高等教育资源的国际流动使各国教育面向国际市场开放，通过学生、师资、课程、科研等国际流动，利用全球化这个国际市场来壮大本国的高等教育，最终推动全球范围内高等教育的繁荣发展。

2. 高等教育国际化动因分析

高等教育国际化动因理论以简·奈特的动因理论的形成为标志。传统上认为高等教育国际化的动因可以从社会文化、政治、学术、经济四个维度进行分类，但是国家与高校在这四个层面的动因各有区别，这种分类方式显得过于模糊，无法满足当今发展的需要，因此近年来对动因理论的研究多按照国家层面、地域层面和高校层面进行分类。

（1）政府层面

政治上，不论国别，人类的生存与发展都依赖于和平安定的国际环境，人员流动有助于促进各国公民的相互交流和理解，从而提升全球意识，高等教育国际化对人员流动的需求有利于促进世界和平与发展。经济上，主要表现在国家建设和经济增长与竞争方面，国家通过各种跨国活动等赢得可观收入，许多国家大力招收留学生也有为产生经济收益的原因。美国作为最大的留学生流入国，留学生为美国的整体产值带来了巨大收益。学术上，国际化对国家学术水平的提高、科研产品质量的提升及科研与知识产品的增加具有重要现实意义，从近年来诺贝尔奖获得者的分布就能看出国际合作对于科研的重要性，另外学术与科研的无国界性是高等教育国际化的内在动因[①]。人力资源上，受过良好教育的公民或劳动者是一个国家建设

---

① 吴坚. 当代高等教育国际化发展 [M]. 北京：人民出版社，2009.

的关键因素,国家可以通过人才引进和输出来促进知识的增长、技能的提高,达到建设国家的目标。

（2）高校层面

高校的主要职能是教学、科研和社会服务,大多数高校将国际化作为提升职能效果、实现发展目标的手段。经济上,国际化可以为高校提升经济效益,如招收留学生、引进国外项目等都可为高校带来收入。社会文化上,人才的引进与派出促进不同国家之间的文化传播与交流,能够促进多文化间的交流与认同,实现文化多样性。学术上,国际化是学校提升国际声誉的重要途径,学校间可以通过学术会议、合作完成科研项目等形式促进科研与知识的国际交流与生产,促进各参与院校学术水平的提高。一般来说,世界高水平院校都会努力获得世界范围的声誉,以提升对最优秀学者、稳定的留学生数量及高级研究培训项目的吸引力。劳动力市场的流动性及工作场所中文化多样性的增加,都要求学生与工作者具有在国际环境中工作和生活的能力。人力资源上,高校可以通过人才输出与引智,促进学生和教师的流动,给予人才更大的发展空间。

3.高等教育国际化风险分析

推动高等教育国际化的因素多种多样,随之而来的是同样多样化的收益和风险。我国投入了大量的人力和财力,通过各种途径提升我国高等教育质量和全球声誉,资源风险蕴含其中,而且难以评估。

（1）经济资源风险

从政府及高校的角度来看,我国在推进高等教育国际化的过程中不计较成本的高低,为此支付了大量的经济资源,部分额外的付出实质上降低了教育的收益率,增加了风险的可能性,因为教育收益计量的难度,使得我们较难衡量资源风险的大小,但这一风险仍客观存在。就学生流动而言,学生选择留学的根本原因是期望国外高等教育能帮助其更容易获得就业机会,并获得较高的经济回报。作为投资的主体,追求最大利益化是促成学生国际流动的主要动因之一。随着留学生规模的扩大与随之而来的"证书贬值"现象,"海归"早期的巨大就业优势已经不复存在。近年来,媒体报道涉及境外学生学业安全等风险事件有所增加,反映出境外教育消费中存在诸多不确定因素,会导致留学结果远离个人预期。

（2）人才流失风险

另外，高等教育国际化可能导致我国流失人力资源。比如，大量的境外留学生在完成学业后会放弃回国工作，选择滞留国际市场。根据教育部发布的《2019年度我国出国留学人员情况》显示：改革开放至2019年底，我国各类出国留学人员累计达656.06万人，其中165.62万人正在国外进行相关阶段的学习或研究；490.44万人已完成学业，423.17万人在完成学业后选择回国发展，占已完成学业群体的86.28%。[①]虽说近两年来，由于新冠肺炎疫情的影响，出国留学与留学回国的比例有所降低，但总体来看，流失在海外的人数还是逐年增长的。中国一直是人才输出大国，高等教育国际化引起的国内人力资源短缺风险，随着中国人口结构的变化尤显突出。

（3）意识形态风险

高等教育国际化是现代中国参与世界竞争与合作的回应。在当前高等教育的竞争中，以美国为代表的西方发达国家在发展理念、师资力量及科研成果方面都位居前列，因此在合作过程中往往占据主导地位。这种形势使得我国在对外合作中容易产生依赖心理，从而产生价值信仰、经济利益追求和生产关系中思想意识观点等方面的冲突。在与西方国家进行的经济贸易和跨国合作中，我国难免会受到对方国家不同文化和意识形态的影响，国际化与民族化如何取舍，显示了国际交流过程中存在的内在价值矛盾。

二、高等教育国际化的内容及影响因素

（一）高等教育国际化的内容

1.高等教育国际化的判定标准

（1）高等教育国际化评价标准的梳理

国内外学界与教育界对于高等教育国际化的评价标准这一重要问题给予高度的重视，一系列相关成果集中论述了高等教育国际化的评价标准，既有从整体上对高等教育国际化包含要素的判断，也有针对高等教育的某一方面提出其实现国际化需要达到的要求。

---

① 2019 年度出国留学人员情况统计 _ 中华人民共和国教育部政府门户网站 [EB/OL]. http：//www.
　moe.gov.cn/jyb_xwfb/gzdt_gzdt/s5987/202012/t20201214_505447.html.

①对综合性指标的总结

高等教育国际化是一个系统的工程，其包含着诸多要素及诸多环节，因而评价高等教育国际化，不同的学者与研究人员给出了不同的回答，试图对高等教育国际化的评价标准总结出一套相对全面的指标。

《光明日报》刊发的一篇文章提出评价高等教育国际化的 16 项指标：管理团队与管理模式国际化；教学与科研队伍的国际化；学生和校友的国际化；课程的国际化；本校教师接受海外教育的比例；本国学生在校期间出国学习交流机会的多少；毕业生在海外留学、就业、发展情况及在国外的分布情况；与海外高校的合作伙伴关系、合作项目的多少；与跨国企业合作伙伴关系的多少；举办、承办和参与各类国际学术会议的情况；国际合作办学、联合办学、联合培养、合作科研等项目的多少；教育输出—海外办学、教师海外讲学的情况；教职员工出国、进修、访学情况；教学、科研人员在国际性学术刊物上发表论文及论文被引用的情况；科技创新、发明等重大科研成果和国际性学术奖项的获奖情况；实验室对外开放的程度。文章指出，在大学推行自身国际化的过程中，其应该在一个或几个指标上有重点突破。①

美国教育理事会也曾发表了一份关于美国高等教育发展情况的报告。其中，对高等教育国际化用了八个方面进行分析：学生的外语学习水平；学生与教师等人员出国留学的情况；高等教育课程的设置，需要体现国际性与世界性；招收留学生的标准，要求接纳的留学生需要具有国际化的特质；教育交流活动，包括学生、教师、校际合作与交流；政府、企业、社会对高等教育国际化给予的支持和帮助；劳动力市场的需求；社会民众的国际化意识，对高等教育国际化的支持态度。②

李新华、孙琦在《美国高等教育国际化的现状》一文中，列举了考察高等教育国际化的十项内容：外语在学习与教学中所占的比重；每年可以出国学习的学生比例；课程国际化与国际教育机会；学术要求；国际意识；外国留学生和外籍教师的人数比例及国家差别；院校对国际化的支持；政

① 高等教育国际化的指标 [EB/OL].http：//news.gmw.cn/2014-01/07/content_10040185.htm.

② 美国国际教育协会 IIE.http：//www.chea.org/zoom_search/search_template.asp？zoom_sort=0&zoom_query=&zoom_per_page=10&zm_and=0&zoom_cat%5B%5D=2.

府及基金会的支持程度；就业市场对高等教育的影响；态度及校园文化，从教职工、学生、行政人员及公众四方面来考察是否构建了国际化的氛围。[①]

从这些指标体系中可以发现，高等教育国际化所涵盖的内容几乎涉及高等教育的各个方面，这深刻说明了高等教育国际化是一个系统性的工程，并非是高等教育某一部分或某一方面实现国际化，而是高等教育从整体上向国际化迈进。

②针对部分指标的分析

在对高等教育国际化评价指标进行综合性梳理的同时，也有学者针对高等教育国际化的部分指标进行了深入研究，以期能够更有针对性地推动高等教育国际化的发展。

皮特·斯科特（Peter Scott）在《高等教育全球化理论与政策》中，重点从学生与高校两个角度来考察高等教育国际化，包括以下方面：留学生数量、高等教育国际化政策、教育价值与教育理念、语言问题等；将高等教育政策、教育课程设置、教育价值定位等方面作为分析高等教育国际化的评价标准。[②]菲利普·阿特巴赫及佩蒂·彼得森（Patti Mc Gill Peterson）在《新世纪高等教育全球化挑战与创新理念》一书中，将人才、项目、院校机构的交流与合作、课程设置与教学模式的更新等方面作为评价高等教育国际化的分析内容。[③]陈学飞在《关于高等教育国际化的若干基本问题》中，则是关注了教育观念、培养目标、课程内容、人员交流、学术交流与合作这五个方面。[④]汪霞、钱小龙在《美国高等教育国际化的现状、经验及中国对策》一文中则是重点分析学生、外语学习、出国学习、课程、政策这五个方面在高等教育国际化中的重要意义。[⑤]刘江南在《美国高等教育国际化

① 李新华，孙琦.美国高等教育国际化的现状 [J].湖南医科大学学报（社会科学版），2002（4）：50–57.

② 皮特·斯科特.高等教育全球化理论与政策 [M].周倩，高耀丽，译.北京：北京大学出版社，2009.

③ 菲利普·G.阿特巴赫，佩蒂·M.彼得森.新世纪高等教育全球化挑战与创新理念 [M].陈艺波，别敦荣，译.青岛：中国海洋大学出版社，2009.

④ 陈学飞.关于高等教育国际化的若干基本问题 [C].北京高校引进国外智力工作文集（第一辑）.北京大学，2004.

⑤ 汪霞，钱小龙.美国高等教育国际化的现状、经验及中国对策 [J].全球教育展望，2010，39（11）：57–64.

动向及其战略意图》一文中，提出培养定位、国际学生、国际游学、语言与课程、研究视野、师资结构六项指标来分析高等教育国际化的发展水平。[①]

从这些学者和研究人员的研究可以看出，高等教育国际化不仅是一个庞大的系统工程，涵盖了诸多要素，同时也是一项需要深入展开的长期任务。从单一要素的分析可以发现，每一要素在高等教育国际化的进程中都发挥着不同程度的作用，对高等教育国际化的效果与成败产生着影响。

（2）高等教育国际化的核心指标

通过对高等教育国际化评价指标的梳理，我们可以发现，虽然这些指标关注的视角、内容千差万别，但是有一些指标在大多数评价体系中都存在，受到学界、教育界的普遍重视，是评价高等教育国际化的核心指标，主要有以下几个方面。

①理念与目标的国际化

在发展高等教育的过程中，秉持何种理念，意图实现何种目标，将会直接影响高等教育的发展方向，所以理念与目标是评价高等教育国际化首先应当考虑的问题。

高等教育国际化的前提是国际化的教育理念，即应该超越本土或区域的视角，从全球、整个国际社会的视角来看待教育发展的问题。教育并不应该仅仅关注知识的传递，而是应该关注整个世界的发展与变化。只有在教育上坚持国际化的理念，才会在行动上寻求实现教育国际化的道路。同时，高等教育不仅仅是大学的一项活动，也是全社会共同的责任，因而除了学校的决策层需要具有国际化的教育理念外，社会民众也需要具有国际化的意识，充分认识到高等教育国际化的长久意义，只有政府、社会、学校三者都坚持国际化的意识，形成一种国际化的氛围，才能给高等教育国际化的发展筑起坚实的基础。因而，高等教育的发展理念首先需要实现国际化。

除了具有国际化的教育理念外，在发展高等教育时也必须坚持教育目标的国际化。高等教育目标的国际化是强调对学生进行国际化的培养：一方面需要培养学生的国际化意识，即在对学生进行教育时，不能只关注本土的内容，而是要引导学生，加强学生对不同国家、不同民族、不同种族、

---

① 刘江南. 美国高等教育国际化动向及其战略意图 [J]. 中国高等教育，2011（9）：60-62.

不同文化的理解力，培养学生的多元化视角，引导学生从全人类的角度来分析和判断问题。另一方面则是培养学生的国际化能力，使大学培养出的学生能够掌握在国际社会中工作所必需的知识与能力。在这其中，外语能力的培养是各国各大学尤为重视的。另外，除了培养学生良好的外语能力外，善于管理，掌握国际贸易、金融、法律等相关知识，具有敏锐的观察力与较强的国际意识，能够迅速适应国外生活与工作环境，具备与国外公司进行沟通、交流、协商的能力，也是高等教育国际化意图实现的目标。培养目标的设置影响着高等教育国际化的发展方向与未来，因而发展高等教育持何种理念，追求何种目标是考察高等教育国际化水平的一个重要评价标准。

②人员的国际化

高等教育国际化的另一个重要衡量标准是人员的国际化水平。高等教育中的人员包括学生与教师两大部分。

从学生方面来看，留学生的数量与规模是衡量一所大学国际化水平的直观和重要指标之一。国际学生的人数在学生总人数中所占的比例直观地反映出一所大学的国际化程度与水平。在吸引国际学生的同时，向国外派遣本国学生留学也是高等教育国际化的重要表现。本国学生通过去国外留学，扩展了国际视野，丰富了教育经历，也推动了国内国外高等教育的交流发展。

从教师方面来看，由于教师在高等教育中占据着举足轻重的地位，因而高等教育国际化也必须实现教师的国际化。一方面是培养本国教师的国际化视野、国际化背景、国际化素养，这就需要将教师派往国外进修或访问，以此来提升教师的能力，丰富其教学与科研经验，改进教学方法，提升教学质量。另一方面则是丰富师资构成，吸纳高素质的国际教师加入，组建具有国际化特色的高素质的教师队伍。学生与教师作为大学的主体，其国际化水平与规模直观地展现一所大学、一个国家的高等教育国际化水平，因而这一指标也是评价高等教育国际化的重要指标之一。

③课程内容的国际化

课程作为知识的载体，是教育的重要环节和组成部分，课程内容决定了高等教育实施的效果，因而课程内容的国际化程度也直接影响着高等教育的国际化程度，其在评价高等教育国际化上是又一个不可或缺的指标。

经济合作与发展组织在一份有关高等教育的报告中指出高等教育的课程国际化应包括以下方面：课程内容需要具有国际学科的特点；通过国际的比较方法扩大传统学科的领域；培养学生的国际职业技能的课程；凸出外语的重要性，培养跨文化交流能力的课程内容；扩大国家及地区议题的研究；培养学生获得国际专业资格的课程；联合培养或者双学位课程；外籍教师的主体地位，海外学生的课程设计。[①] 从总体上来看，高等教育课程内容的国际化，强调在教学中的国际意识培育、传授知识的国际化、重视外语学习等特点，这也正是高等教育国际化所要努力实现的目标。

④交流与合作的国际化

国际化强调交流的重要性，高等教育国际化也凸显了交流国际化的重要性。高等教育在发展过程中，不可能闭门造车，只有通过与外部大规模的交流与沟通，吸收国内国际高等教育发展的先进成果与经验，才能在国际化的道路上快速前进。所以，交流与合作的国际化程度反映出一所大学获取知识、发展经验的能力，是评价高等教育国际化的另一个重要评价指标。

高等教育的交流与合作主要表现在以下几点：国际合作，主要是通过国际组织的沟通、协调、组织，各国各大学之间进行跨国、跨地区的教学与科研合作；大学间的合作，主要是各国的大学之间共同完成合作研究与教学实践；人员之间的合作与交流，即邀请国外的专家、学者、教师前来访问讲学或派遣本国的人员出国留学、进修、访问等；国际会议交流，本国学者参与国内外的各种学术会议、研讨会等学术活动的规模与水平。

另外，现代通信技术的发展使得生活发生了巨大的变化，也使得高等教育的交流方式有了天翻地覆的改变。信息时代的到来使得国际化的交流与合作变得十分便捷，各国在教育资源的共享方面获得了有利的条件，MOOC 的出现正是技术发展带来的高等教育交流方式的巨大变化。MOOC是大规模公开线上课程（massive open online courses）的简称，是"大型网

---

① Organisation for Economic Co-operation and Development （OECD）[EB/OL].https：//data.oecd.org/education.htm.

络课程关联主义学习理论和连接的知识"。[①] 通过 MOOC 系统,学生按照自己的意愿从协议签署学校所提供的网络课程中选择自己的个性化学习方案,而后通过学习、完成作业,即可获得学分并进而获得学位。如今这种网络课程已经成为世界高等教育发展的一种趋势,著名大学都大力发展网络大学,并在此基础上构建虚拟大学,实现在国际范围内的教育资源交流与共享。

教育理念与教育目标、学生与教师、课程内容、交流与合作这四个方面是任何一所大学在推进国际化进程中都必须重视的四项内容。教育理念与教育目标的国际化是前提保障,为高等教育国际化的发展提供了基础,直接决定了高等教育国际化的发展方向和成功与否;学生与教师作为高等教育的主体,其国际化水平直接反映出大学的国际化水平;课程内容作为高等教育的重要环节,其直接影响了高等教育的效果,课程内容的国际化是高等教育国际化的关键环节;国际合作与交流是高等教育发展的依托,也是高等教育国际化对高等教育发展提出的基本要求。教育理念与教育目标、学生与教师、课程内容、交流与合作这四项内容是高等教育国际化的关键之所在,需要对其给予高度的重视,有所突破,才会推动高等教育国际化的快速健康发展。

2.高等教育国际化的影响因素

(1)推动高等教育国际化的主要因素

不同的学者从各自的视角对高等教育国际化的动因进行了分析。例如,菲利普·G.阿特巴赫的三因素理论(追求利益,提供入学机会、满足高等教育需求,不断发展的跨国高等教育领域)、简·奈特和汉斯·德维特的四因素理论(政治、经济、社会文化、学术)、陈学飞的六因素理论(政治力量、经济利益的驱使、文化交流与教育本身发展的内部要求、人类对世界和平发展的追求与渴望、信息传播的全球化、国际组织的推动)。在此基础之上,李盛兵教授总结出新的高等教育国际化动因理论,即以政治、经济、社会文化、学术及人力资源五个维度作为纵坐标,以国际组织、区域、国家及高等院校四个层面作为横坐标,构建一个纵横交错的高等教育国际

① 樊文强.基于关联主义的大规模网络开放课程(MOOC)及其学习支持 [J]. 远程教育杂志, 2012, 30(3):31-36.

化动因理论框架。①总之，推动高等教育国际化发展的因素涉及政治、经济、文化、学术、科技、社会、人口等方方面面。这是因为高等教育牵扯面特别广、涉及的问题极为复杂。尤其是知识经济时代，高等教育的重要性大为凸显，愈发走向世界舞台的中心。但是，在这纷乱复杂的诸多因素当中，起主要作用的因素有哪些？针对这一问题，泰希勒做出了回答。②

首先，全世界的大学几乎具有相同的学术模式，即欧洲中世纪巴黎大学模式（可能有一或两个例外），共同的历史和结构要素是培育高等教育国际化的土壤。③欧洲中世纪大学指公元476年西罗马帝国灭亡之后，到14世纪意大利文艺复兴期间建立的大学。这一段时期被称为欧洲的"中世纪"，是极为黑暗的时代，人民处于教皇和王权的封建统治之下，战乱不断、民不聊生。在宗教势力和世俗政权激烈的斗争中，大学得以在夹缝中生存。二者为了拉拢大学，相继授予它各种各样的自治特权。例如，管理的自治权、课程实施的自治权、授予学位的自治权等。甚至后来，大学与教皇、王权一起呈现出"三足鼎立"之态，成为欧洲第三大势力。这无限的黑暗竟孕育出"星星之火"（即欧洲中世纪大学），并逐渐呈现出燎原之势，给人们带来光明。可以说，大学是欧洲文明最好的产物，是师生共同组成的家园，是哲学家和科学家的天堂。

博洛尼亚大学、萨莱诺大学和巴黎大学是最早的大学。其中，博洛尼亚大学是典型的"学生大学"，以培养法律人才为主。萨莱诺大学以培养医学人才为主。巴黎大学是典型的"先生大学"，以神学为名。巴黎大学异常国际化，鼎盛时期高达5万人。法国人常说这么一句话："意大利人有教皇，日耳曼人有帝国，法兰西人有巴黎大学。"这不仅表达了法国人对巴黎大学强烈的自豪感，更表现出巴黎大学的优秀与卓越。戏剧性的是，1167年英格兰国王和法兰西国王发生了争执，英王一怒之下把寄读于巴黎大学的学生和任教的教师召回（也有人说是法王一怒之下将其遣返英国），

① 李盛兵，刘冬莲.高等教育国际化动因理论的演变与新构想[J].高等教育研究，2013，34（12）：29–34.

② Altbach，P.G.&U.Teichler.Internationalization and Exchanges in a Globalized University[J].Journal of Studies in International Education.Dordrecht：Springer，2001（01）：5–25.

③ Altbach，P.G.&U.Teichler.Internationalization and Exchanges in a Globalized University[J].Journal of Studies in International Education.Dordrecht：Springer，2001（01）：5–25.

于是他们前往牛津，成立了举世闻名的牛津大学。后来由于一些事件，牛津大学的师生与当地市民和法庭发生冲突，于是纷纷离去，前往剑桥镇，加之一些师生慕名而来，剑桥大学慢慢发展为学界翘楚。这些大学又向外辐射、推广自己的学术模式。就这样，巴黎大学的学术模式和组织架构逐渐扩散到欧洲各地。

后来，科学与帝国联姻，巴黎大学的学术模式席卷全球。当欧洲帝国对世界其他地区和国家进行殖民统治时，欧洲大学的学术模式拓展到全世界。以美国为例，英国在殖民统治美洲时期，以牛津大学和剑桥大学为模板，成立了哈佛大学、耶鲁大学、哥伦比亚大学、普林斯顿大学、布朗大学、达特茅斯学院等（均为"常春藤盟校"成员）。这些高校至今为止依然是世界高等教育领域一颗颗璀璨的明珠。再以中国为例，中国高等教育是典型的"后发外生型"。1840 年鸦片战争使中国被迫对外开放，之后才建立了第一批现代意义上的大学。19 世纪末，西方大学制度传入中国。在一代又一代教育者和政治家的共同努力之下，中国发展成为高等教育大国。但若想建成高等教育强国，就必须解决一个问题：如何将西方大学制度与中国本土文化有机结合？或者说，如何走出具有中国特色的世界一流大学之路？尽管世界各地的大学多有不同，但目前为止几乎保持共同的学术模式（当然也有例外），这为高等教育国际交流与合作打下了坚实的基础。

其次，全球学术市场日益扩大，促进了高等教育国际化的发展。[1] 学生和学者的国际流动不再被视为反常举动，而是常规活动，极大地推动了高等教育国际化的发展。冷战结束后，国际交流与合作呈现出高速发展态势，无论南南合作还是南北合作都实现了飞跃。尤其是核武器的出现，使和平红利飙升。因为核战争一旦打响，无异于人类同归于尽。经济全球化使整个世界联系得更为紧密。此时此刻，没有哪一个国家或民族完全与外部隔离。经济全球化带来的不仅是商品和货物的流动，更是人口的高速流动。并且，学者的学术职业日益国际化。他们为拓展视野、承担国际性课题、更好地开展研究，往往辗转世界多国。尤其是大规模的学生流动，促进了国际化的飞速发展。他们为了提升学术竞争力或体验多元文化，往往选择出国留学。

---

① Altbach，P.G.&U.Teichler.Internationalization and Exchanges in a Globalized University[J].Journal of Studies in International Education.Dordrecht：Springer，2001（01）：5-25.

这已经成为现代人习以为常的事情，并非什么新鲜事儿。

需要注意的是，目前很多国家高等教育商品化、市场化，高等教育成为可以自由贸易的商品、拉动经济增长的巨大引擎。人们不仅挖掘高等教育隐含的教育价值，更力图获得更多的经济价值。全球大学竞争和世界大学排行榜使国际标准成为质量的象征，推动了全球学术市场的扩大，也推动了高等教育国际化飞速发展。然而，西方一流大学的标准会不会永远保持先进性呢？

再次，英语成为当今世界流行的国际通用语言，不仅在教学与学术研究中广泛使用，而且是全球互联网通信中主要使用的语言。[1]英语的强势地位给英语国家带来了无限的好处，无形中提升了其学术地位和国家软实力，也在一定程度上消除了语言的多样性。但不可否认的是，它使国际交流与对话成为可能。因此，英语的广泛应用推动世界各国人民的学术生活、日常生活和虚拟生活日益国际化，为高等教育国际化提供了更加广阔的发展空间。

此外，科学技术的发展，成为推动高等教育国际化的重要力量。[2]计算机科学技术的发展是一种革命性力量，大幅度地改变人们的生活和生产方式。尤其是人工智能（Artificial Intelligence，简称 AI）的高速发展，极大地冲击了传统教育形式。有些专家对未来科技高度发达时代的学术生活做出一种预测：慕课（MOOC）将发挥巨大的作用，虚拟教学盛行，学生可以轻而易举地聆听远在天边的著名学者讲授的课程，家庭教师不再讲授任何课程，而是更加专注于和学生一起开展反思性讨论，就像导师一样。因此，互联网技术真正打破了国家与文化的界限，将整个世界网罗在一起，强有力地推动了高等教育的国际化。

不可忽略的是，各国高等教育和学术研究机构的协同合作，也促进了高等教育国际化的发展。[3]这不仅限于学分互认、学生互换、课程融合、研

[1] Altbach，P.G.&U.Teichler. Internationalization and Exchanges in a Globalized University[J].Journal of Studies in International Education.Dordrecht：Springer，2001（01）：5-25.

[2] Altbach，P.G.&U.Teichler.Internationalization and Exchanges in a Globalized University[J].Journal of Studies in International Education.Dordrecht：Springer，2001（01）：5-25.

[3] Altbach，P.G.&U.Teichler.Internationalization and Exchanges in a Globalized University[J].Journal of Studies in International Education.Dordrecht：Springer，2001（01）：5-25.

究协作等，而且出现了很多新形式，如建立海外分校、设立海外课程模块、创立海外实验室及特许经营项目等。最后，学位结构、修学年限、课程设置、学分标准、评估机制及对学生学业成就的认可日益"趋同化"，这也推动了高等教育国际化的迅速发展。不可否认，这些国际交流与合作的活动确实推动了协同创新与国际理解，不仅为优势国家带来相当可观的经济收入，更是提升国家软实力的重要举措。

（2）阻碍高等教育国际化的主要因素

高等教育国际化是不可逆转的客观发展趋势，但由于各方主体所处的位置、具备的条件、持有的立场不同，对高等教育国际化的认识和看法也不同。因此，依然存在很多阻碍高等教育国际化的因素存在。泰希勒认为，主要有以下几点。

首先，资金投入不足，阻碍了高等教育国际化的进一步发展。[①] 虽然推动高等教育国际化是高等教育机构、各国政府甚至超国家组织机构的战略决策，但依然存在资金投入不足的问题，这阻碍了高等教育国际化的进一步发展。一些高等教育政策主体和相关参与者想要推动国际化，但由于国家经济发展迟缓，没有足够的资金支持国际化活动的顺利开展。早期政府和高校为了在国际化进程中赢得主动权，为国际交流与合作提供充足的资金支持。然而，一旦这些国家在国际化进程中占据并保持住优势地位，就不再将国际化作为优先事项来考虑，而是削减这方面的经费支持。

以美国为例，"二战"结束后到 20 世纪 80 年代之间，美国极力支持并大力推动高等教育国际化，无论联邦政府、州政府、高校还是其他组织机构，都为外国留学生提供大量奖助学金，并专门开发很多推动国际化的项目。从而，美国主导了高等教育国际化，成为世界各国争先模仿的对象。但 20 世纪 80 年代以后，联邦政府不断减少对国际交流与交换项目的资金投入，高校和学术机构虽然口头上强调国际化，却也没采取实际行动支持它的发展。这反映出一个问题，即很多国家并没把真正互惠互利的高等教育国际化作为发展目标，国际化更多程度上是他们为达到某种政治、经济或其他目的而采取的手段和措施。20 世纪 90 年代早期，有一项关于学术

① Altbach, P.G.&U.Teichler.Internationalization and Exchanges in a Globalized University[J].Journal of Studies in International Education.Dordrecht：Springer，2001（01）：5-25.

职业的卡耐基研究表明，美国学者并不热衷于国际化，他们的流动性很差，也不认为其他国家学者的知识非常重要。正如泰希勒教授所言，他们只希望其他国家的人去他们国家消费、旅游、留学，从而倾听他们的教导、接受他们的想法，却不鼓励自己国家的学生出国。还有一个原因就是，美国已经在国际化进程中占据优势地位，它们国家的高等教育早就充分国际化，即使足不出国也可以享受到国际化的教育与服务。因此，不需要在这个问题上花费太多资金，国际化反而成为他们盈利的手段。

其次，迫切需要满足当地需求的压力，阻碍了高等教育国际化。[1]当今世界，高等教育立足于民族、国家、地区的发展而发展，国际化还没达到全球化的高度，民族特性是其鲜明的底色。因此，无论高等教育的教学、研究、社会服务还是国际化职能，都始终要以满足当地需求为首要任务，为本地学生提供入学机会，为本土社会培养人才。高等教育资源有限时，只能首先顾及本地区、本民族、本国人的切身利益。毫无疑问，这阻碍了国际化的发展。但在一些人口负增长的国家，高等教育入学率逐年降低，不得不从国外招收学生补充进来，并为他们提供高效便利的移民服务。只有这样，才能为国家和社会的发展提供足够的智力支撑和充足的劳动力资源，促进高等教育国际化的发展。

再次，泰希勒认为，学术职业和大学治理中天生的保守主义也阻碍了高等教育国际化的发展。[2]大学自身发展的逻辑非常强大，保守是其与生俱来的特性。大学是世界上为数不多的几个历经千年的风霜雪雨，却完好存活下来的机构。更为可贵的是，它依旧保持着强大的生命力和竞争力。大学何以做到如此？很大程度上是由于大学与生俱来的保守性。这种保守性体现在：大学始终坚持渐进性变革，稳中求进，以不变应万变。只有这样，它才能任凭朝代兴衰更迭、世界风云变幻，屹立不倒。否则，大学只能一次又一次沦为别人的附庸，随波逐流。

大学这一保守的特性和教育的特性息息相关。教育是春风化雨、润物

---

① Altbach，P.G.&U.Teichler.Internationalization and Exchanges in a Globalized University[J].Journal of Studies in International Education.Dordrecht：Springer，2001（01）：5-25.

② Altbach，P.G.&U.Teichler.Internationalization and Exchanges in a Globalized University[J].Journal of Studies in International Education.Dordrecht：Springer，2001（01）：5-25.

无声的过程，犹如涓涓细流，滋养学生的心灵。教育是持之以恒的过程、上行下效的过程，坚守固有的传统和精神。专门开展教育活动的大学，必然要适应并保护大学的这种特性。因此，大学应该相对独立于社会、独立于国家，犹如构建"象牙塔"。中国人常讲"治大国如烹小鲜"，治大学又何尝不是如此呢？因此，治理大学需要多一点耐心、多一点恒心、多一点宽容心、多一点敬畏心，更多要采取渐进性变革的方式，尽可能防止激变。激变往往导致"畸变"，最终破坏大学固有的发展逻辑，妨碍大学的进步。

那么，大学天生的保守主义和国际化有什么关系呢？一方面，国际化有利于大学保守性品格的延续和发展。知识、学生和学者的国际流动，打破了僵化、闭塞的局面，为大学营造了相对独立、民主、开放、自由的学术环境。另一方面，国际化是一种不可预知、不可掌控的力量，与大学保守的品性相抵触，大学为了维护传统或抵制变革，一些情况下不得不将国际化控制在一定的范围之内。因此，大学必须有足够的智慧和定力，合理地平衡二者的关系。

最后，泰希勒认为，各国对丢失本民族文化传统的恐惧也妨碍了高等教育国际化。[①] 由于意识形态的冲突、国家利益的角逐或其他种种原因，一些国家对国际化持消极的态度。尤其在国际化进程中处于劣势地位的广大发展中国家，往往表现出焦虑、恐惧、排斥等心态，不利于国际交流与合作的顺利开展。但是，他们的恐惧与焦虑不无道理。实际上，国际化背后涌动着政治、经济、文化、军事、科技等方方面面竞争和博弈的暗流。西方发达国家占据优势地位，从边缘国家输入人才与资金，反过来又向其输出知识产品、文化和价值观。在这进进出出、上上下下的无限循环过程中，发达国家不仅获取了相当大规模的经济效益和高端智力资源，而且主导了科学与学术的话语权，并提升了文化软实力。这对发展中国家而言，是巨大的灾难。

泰希勒也承认，西方主要发达国家就是在进行学术殖民。目前，西方文化占据了压倒性优势，国际化表现出明显的西化色彩。即使同处西方世界，各国地位也不相同。当今世界，以美国和英国为代表的盎格鲁－撒克逊文

① Altbach，P.G.&U.Teichler. Internationalization and Exchanges in a Globalized University[J].Journal of Studies in International Education.Dordrecht：Springer，2001（01）：5-25.

化最为强势，其他国家都面临着同样的危机。因此，各国对丢失本民族文化传统的恐惧也不利于高等教育国际化的发展。

三、高等教育国际化的理论基础

（一）优质教育资源理论

我国最早提出"教育资源"概念是在 1982 年。顾明远在著作《教育大辞典》中，将教育资源定义为：在教学过程中所投入的人力、物力和财力等资源的总和。[①]"优质"是与"劣质"相对的一个概念，优质教育资源对提高一个国家的教学水平、教学质量和教学成果有积极的推动作用，而劣质则相反。优质的教育资源通常包括优秀的教学方法、先进的管理理念、特色的课程教材、有效的管理经验等在内的各种有效资源。高等教育中外合作办学通过引进国外优质教育资源的方法，为我国中外合作办学的开展提供学习和借鉴的机会，促进我国教育事业的改革与发展。我国通过对国外优质教育资源的合理引进与高效利用，高等教育在模式、结构、管理上都取得了优化与改革，教学成效大大提升，人才培养的速度也愈来愈快。[②]

（二）人力资本理论

"人力资本"这一概念是由美国学者沃尔什教授于 1935 年在美国《经济学季刊》上发表论文《人力资本观》中提出的，后经美国经济学家舒尔茨教授对其进行详尽的诠释并正式提出。该理论认为，人力资本是凝结在劳动者身上的技能、知识和其所表现出来的能力，这种能力是促进生产增长的重要动力，也是最具经济价值的资本。其中，健康资本、教育资本、知识与技术资本、迁移与流动资本和培训资本是构成人力资本的五个主要要素。教育资本作为最核心和最基础的要素，有着重要的作用。同时，该理论还指出：与人口数量相比，人口的质量则更为重要，所以要通过教育的方式来大幅度提高人口质量；在现代化经济背景下，人力资本的投资与物质资本的投资同等重要，人力资本投资在一定程度上甚至能超越物力资

---

① 顾明远.教育大辞典（简编本）[Z].上海：上海教育出版社，1999.

② 林金辉，刘志平.中外合作办学中优质高等教育资源的合理引进与有效利用[J].教育研究，2007（5）：36-39；50.

本投资，更能促进经济和社会的持续稳定发展；教育投资的收益率远高于物力投资的收益率，因此要进一步加大对人力资本的投资力度，增加教育投资总量；教育投资的收益率可以通过测算得出，其计算方式与物力投资收益率计算大致相同。①

依据人力资本理论，劳动者质量比劳动者数量更为重要。因此，在高等教育领域，则需要通过教育方式将人口压力转变为人力资源的优势，培养出学识高、专业精、素质好且知识广的国际化人才队伍。

（三）新公共管理理论

新公共管理理论最早是由英国著名行政学者胡德在著作《一种普适性的公共管理》中提出的，他指出以英国为代表的西方国家在20世纪80年代兴起的政府改革运动是新公共管理运动，新公共管理运动的实践催生出了公共管理的理论新范式，这就是新公共管理理论。新公共管理理论主张，政府应该将决策权与执行权分离开来，合理引用市场竞争机制，转换政府运行机制和职能，以提高管理效率和降低管理成本。②

新公共管理理论在高等教育领域的运用是通过教育分权的方式对高等教育进行管理。教育分权是指中央或较高级政府将教育的决策权下移至较低级政府或高校的一个过程。教育分权主要有权力分散、委托授权和权力下放三种形式。通过教育分权的方式对高等教育活动有效管理，学校可获得更多的办学自主权，引进市场机制，在高校、市场和政府之间构建新型关系，促进高校自身的发展。

自"一带一路"倡议提出和深入实施以来，我国高等教育中外合作办学活动开展得如火如荼，近年来虽取得了一定的成就，但也面临着诸多困难。例如：没有正确厘清政府与高校之间的关系；没有形成良性的政府宏观管控、高校自主办学、社会积极参与及市场适当调节的体制框架；等等。随着高等教育改革的深入开展，新公共管理理论逐渐进入公众的视野，在我国高等教育内部管理和结构改革中得到了广泛应用。政府主导高等教育中外合作办学发展整体方向，积极鼓励社会各界参与高等教育中外合作办学的各项活动，摒弃以往政府垄断式管理的传统模式，调动社会各界力量，

---

① 勒希斌．教育经济学 [M]．北京：人民教育出版社，2009.

② 姜燕媛．上海地区中外合作办学体制模式研究 [D]．上海：上海交通大学，2010.

让高校、行业、企业、个人等诸多主体共同助力中外合作办学,通过资源共享、品牌效益、规模效益实现优势互补,提高政府的管理效率,促进中外合作办学的健康发展。

(四)全面质量管理理论

美国质量管理学专家菲根堡姆最早提出了全面质量管理的概念,他在1961年出版了《全面质量管理》,认为为了适应市场经济的发展需要,企业要生产出价格合理、高质量的产品,当然这不是某一个活动部门能决定的,是企业的所有职能部门共同努力的结果。[①]20世纪50年代末,菲根堡姆和质量管理专家朱兰认为,全面质量管理是为了能够在最经济的水平上,并充分满足客户要求的条件下进行生产和提供服务,将各部门在研制质量、维持质量和提高质量的活动中构成一种有效体系。20世纪80年代,西方高等教育院校开始注重教育的全面质量管理,并在20世纪90年代全面推进。具体来说,全面质量管理是一个组织以质量为中心的管理过程,为解决和改进质量问题的一种预先控制和全面控制,全面质量管理对现状问题的分析通常从"人、机、料、法、环、测"5M1E六个质量要素着手。全面质量管理从横向看其管理对象是全面的,从纵向看其管理范围是全面的。全面质量管理用于产品或者服务质量管理,也适用于教育质量的管理,独立学院教育国际化采用全面质量管理方法进行全过程、全因素的分析后再进行教育国际化的实践探索更能有的放矢。

(五)比较优势理论

18世纪,亚当·斯密(Adam Smith)提出绝对优势理论,认为每一国家都在国际贸易中生产具有绝对优势成本的产品,然后彼此交换。由于绝对优势理论无法解释很多国家在产品成本没有绝对优势的情况下仍然进行贸易往来现象,1817年英国的大卫·李嘉图(David Ricardo)在其创作的《政治经济学及赋税原理》一书中突破了亚当·斯密绝对优势理论的局限性,提出了比较优势理论,他将比较优势理论放在了一个宏观的理论系统中加以分析,认为即使一个国家在生产各种产品方面都处于劣势,但如果生产某一产品的机会成本低于其他国家,也可通过国际贸易来实现更多利益,

① A.V.菲根堡姆.全面质量管理[M].杨文士,等,译.北京:机械工业出版社,1991.

从而将比较优势理论发展到了一个新的高度①。此后不少学者对比较优势进行了探讨研究，不断丰富和完善了比较优势理论，但"两优择重，两劣择轻"的思想始终是比较优势理论的精髓。比较优势的系列属性：不同地区范围的要素禀赋存在差异性，这种差异是形成比较优势的重要内容；比较优势不仅指向外部，而且还存在内部，当劣势程度不一，只要选择劣势较轻就会形成一定的比较优势，即"两优相全取其重，两劣相衡择其轻"；比较优势既有先天形成的也有后天发展而来的，是动态变化的，加强结构转换和升级，不断创新，可以获得后天的比较优势。

（六）跨文化理论

在人类历史长河中，多元文化的并存与相互交流、融合是文化得以持续发展并永葆活力的不二法则。文化的多样性是文化创生的基本前提，也是一种文化在浩瀚宇宙财富中能为人所识、为人所知的客观需要。在多元文化中，不同文化间的差异正是该文化所特有的价值之所在，因而包容差异、理解差异是多元文化发展的历史必然。

1. 多元文化交互下的文化冲突与对话、理解与融合

（1）冲突与对话

文化的多元性造就了世界的多样性。多元文化的存在状态并不是文化间的平行发展。文化的发展得益于不同文化、文明之间的交往、对话甚至碰撞和冲突。多元文化的共存是必然的，但是多元文化的平等与和谐却非顺理成章的。全球化不仅是经济的全球化，更是文化的全球化，而文化的全球化却绝不是文化的一体化。人类社会在不断地发展前进中，其相互依存度与日俱增，正在以前所未有的速度进行着互联和整合。"整体化就是指全世界作为同一个社会整体而存在；互联化是指世界上所有的国家、民族和地区在信息、交往、利益等方面的普遍相关性；依存性是指国际合作和协调已成为全世界任何国家和地区发展的基础和前提。"②

文化和文明之间的交流对话推动着人类社会不断向前发展。悠长的文

---

① 姚勇强，何丽芬. 比较优势理论视角下的薄弱学校改造 [J]. 当代教育科学，2018（12）：35-38.

② 张友谊. 全球化视野下的文化冲突与融合 [J]. 西南师范大学学报（人文社会科学版），2001（1）：23-31.

化史证明，封闭和孤立的文化必定不会长久，拒绝与他文化的交往和对话，拒绝吸收利用他文化的精华，拒绝对自身的传统文化进行与时俱进的必要改造，文化的式微与消亡是不可逆的。跨文化对话是多元文化交往的基本途径，也是多元文化状态得以延续和前行的保障。人类社会发展的客观需求为跨文化对话的实现奠定了基础，而跨文化对话也推动着人类社会对多元文化存在的客观性和必要性进行持续不断的反思与自省。

全球化所覆盖的不止是经济领域，文化亦是其核心领域，故而跨文化对话是全球化的基本内涵之一，也是全球化真正实现的主要依托，在跨文化对话基础上行进的全球化是世界各国、各民族积极融入全球化却不迷失在全球化中的主要凭借。唯有如此，文化的多元性才不至于演变成一个个互不关联的独立个体，而丧失了其原本的整体化、互联化和依存性。跨文化对话不是一种文化强势遮蔽另一种文化而最后形成的文化整体，而是通过跨文化对话形成的多元文化之间的高度互联和紧密依存，成为和而不同的文化多样性状态。跨文化对话中，多元文化既在积极融入全球化，也无时无刻不在坚守着自身独特性的一丝清明，不被全球化所淹没而迷失本真。跨文化对话已然成为文化发展的新常态，成为一种全新的文化存在方式。

（2）理解与融合

①理解是多元文化的生态法则

跨文化对话的前提是文化的多元存在，并且在这种多元存在态势中，文化的特色与差异是显而易见的。认同多元、尊重多元、理解多元，是跨文化对话的意义和价值所在。真正的跨文化对话源于对不同文化背景的熟知；而对不同文化背景的熟知则表达了对异文化的关注与关心，是对不同文化主体的存在状态的关切，是了解其文化背景和发展趋势的不竭动力，这种关心、关注和关切是实现跨文化对话和理解的基本标志。文化的多元实则是一个相对高阶意义上的生态系统，在生态系统中，缺少了任何一部分，都会导致生态灾难。

全球化背景下的国际教育的基本内容之一就是国际理解教育，而国际理解教育的主要内涵就是通过跨文化对话实现的跨文化理解。理解是深层次的心理活动，受制于根深蒂固的思想观念。在多元的世界中，如果没有建立起多元的生态文化观，文化的偏见所带来的绝非不痛不痒的文化认同问题。历史证明，惨痛的人类悲剧正是源于文化的歧视与偏见影响下的种族歧视与偏见。只有建立了多元文化生态观，才能促使人们去了解自身之外的存在，学习先进的，理解差异的，有意识地进行跨文化的对话，实现跨文化理解，开启真正的多元文化通达教育。"世界本身就是丰富的多元文化生态，每一种文化的意义都在于理解人、社会、自然之间的种种联系；每一种文化的功能都会在人类生活、生产活动、休闲娱乐、智慧思考中体现出来。每一种文化都是特定时空的产物又都与时代联系起来，在空间中像生命一样鲜活。"① 于是实现多元文化之间的对话与理解，在多元之中求同存异，生成生机勃勃的多元文化生态是有可能的。多元代表的是生机，每一种文化都有其存在的合理性和意义，都是人类文明的元素，认同多元、理解多元、沟通多元、融合多元是人类文明发展的必然要求。

②融合是文化创新的起点

"天下合久必分，分久必合"，这是人类社会发展的大趋势和特点。就人类社会的文化而言，分与合，合与分，也是文化发展的曲折过程。无论是分还是合，这一过程都是客观存在的不以人的意志为转移的，分也好，合也罢，在某种程度上说，它们都是自发产生的，自然而然的，也就是前述的"必分"或"必合"。其中，"必"就是文化发展的"道"，而"道法自然"也同样适用于文化的发展路径。怎样理解合与分呢？"合"，即是指不同文化、不同文明的交织与对话，并且通过跨文化的对话，达到跨文化理解，进而进一步相互作用、相互吸收、相互融合，形成具有跨文化特色的文化合流，发展成为多元元素并存的文化生态体。而"分"即是指，经过多元文化合流过程而形成的文化综合体，在自身生态圈中，一直处于不断吸收、排斥、调整、进化的循环发展历程中，逐渐分离出各具特色的与某种场域相互适应和相互促进的文化支流，并最终发展成为该地区或该民族的主流文化。纵观世界文化发展史，无论是以中华文明为代表的儒家文化还是以西方文明为标志的基督教文化，其发展过程无不是分与合的过程。分与合的实质就是建立在跨文化对话和跨文化理解基础上的跨文化融合。"用生态学的观点看，冰雪融化成水滴、水滴形成小溪、小溪汇入江河、

---

① 熊川武，江玲. 理解教育论 [M]. 北京：教育科学出版社，2005.

江河流入大海，这一切就是自然而然的过程。"①中外合作办学的课程文化最终体现的也应该是跨文化融合的态势。

2.跨文化教育与中外合作办学课程的文化建构

文化一词语出《易·贲卦·象传》"刚柔交错，天文也。文明以止，人文也。观乎天文以察时变，观乎人文以化成天下"。故而中国学界有文化即"人化"一说，目的是化人。"跨文化"顾名思义，"跨"字为其关键之所在和其核心要义之所系。所"跨"之下必是两种文化或多种文化的并列与对峙，"跨"所需解决者是二者或多者之间的沟通协调甚至是共生共长。跨文化的目的是培养既具有国际视野又能与本土经济社会发展相融的复合型、实用型国际化人才。跨文化的形成是与多元文化知识的建构密切相关的，实则也是多元文化的整合与重构。跨文化必当涉及不同文化之间的交流碰撞与融会。

（1）中外合作办学中，跨文化不是文化叠加

在中外合作办学中，从"中外"二字可以窥见文化的多元必然性；而从"合作"二字亦可洞察跨文化对话的必要性。中外合作办学为不同文化主体之间的合作、对话提供了天然平台。"在跨文化的课程与教学当中，不同文化之间的接触、摩擦而伴随着的文化冲突是不同文化内在差异的自我表达，但这种冲突并非不可调和的敌对性冲突。随着不同文化主体之间交往的进一步加深，不同文化之间的融合是一种历史之必然，但这种融合并非不同文化的简单相加，也不是抹掉不同文化的差异而生成一种大一统的文化。"②由此可以看出，中外合作办学的课程文化并非中外双方课程文化的简单叠加，而是双方课程文化通过无法避免的冲突和摩擦后建立起来的有意义的跨文化对话，进而在跨文化对话的基础上进一步加深中外双方的文化交流和理解，并逐步形成文化的融合，这种融合是双方"你中有我、我中有你"的相互依存和互联的整体格局，而非粗暴地将某一方直接予以抹杀。

中外合作办学课程的文化建构的终极目的不在于形成一种以牺牲某种文化特质为代价而形成的表面意义上的文化趋同，或所谓的"天下大同"

① 张洪江.冰雪文化的现代意识[N].吉林日报，2010-01-21.

② 杨宏丽，田立君，陈旭远.论跨文化教学的文化冲突与文化融合[J].教育研究，2012，33（5）：102-106.

状态。在中外合作办学课程的文化建构过程中，只有最大程度保持中外特色或精华文化之间的平等对话，跨文化对话的现实意义才能得到极大彰显，不同文化与文明之间的交流才更加富有生机和活力，而不会成为徒有其表的象征性交流。中外合作办学课程的文化本就应该是带有不同文化痕迹的，更应该是保留了不同文化特质和精髓的，这也是中外合作办学本身存在的价值和合理性使然。因为多样，中外合作办学才更加显示出其蓬勃生机与巨大潜力；因为跨文化对话，中外合作办学课程的文化才能呈现出"和而不同""美美与共"之态。因此，建构中外合作办学课程的文化要以中外文化的存异为基础，并在此基础上开展跨文化的对话。跨文化对话就是要对其他文化采取一种宽容的心态，理解和尊重其他文化的价值，在共性的基础上建构一种多元文化并存、和而不同的动态展示。[①]

（2）跨文化教育是中外合作办学课程的文化建构路径

①多元融合教育的必然性

在中外合作办学中，文化的多元是伴随中外合作办学的产生而与生俱来的，跨文化的对话和理解是必要的，因此跨文化融合的形成也是必然的。在中外合作办学中，为实现跨文化融合而实施开展的多元文化融会教育也是大势所趋。多元文化融会教育需要教与学的主体都要具有文化的生态意识观念，将"融"理解得通达透彻，摒弃门户偏见，丢掉优劣歧视，逐渐由"小我"融入"大我"之中，将没有他者、没有偏见、没有等级、没有歧视的观念始终渗透在教育的全过程之中。尊重、吸纳、兼容是任何一种事物保持生命力、可持续发展的表现，不同文化之间需要有理解的精神和博大的胸怀，做到相互尊重、相互宽容、相互理解、相互借鉴。

因此，中外合作办学既不能一味地"拿来主义"，也不能闭门造车，而应该开展多元文化融会教育。中外合作办学的产生与发展为这种不同文化的融会贯通提供了现实载体。文化的多元融合是中外合作办学教育的必然选择。中外合作办学的课程建设是实现不同文化多元并存和融会贯通的基本途径。在中外合作办学中，中国的文化需要谦虚谨慎地包容和理解外方的文化，融会不同文明社会的文化。只有在中外合作办学中坚持和守护

---

① 张宁，连进军.多元文化视角：中外合作办学批判性课程文化的生成与构建[J].江苏高教，2012（6）：78-81.

多元的文化生态，才能承载中国高等教育国际化的历史使命。

②融合教育不是文化的兼并

无论理论层面，从知识价值论来分析，还是从人类历史发展的实践角度去考察，教育都有着明显的国家意识痕迹，即教育在某种程度上是为统治阶级而服务的。统治阶级所认同的共通的意识形态和文化传统是教育的根基之一。但是"共通"并非"共同"，其中"共通"是对多元的默认和包容，而"共同"却是狭隘的取舍。因而，在中外合作办学的教育中也不容许发生对文化的狭隘取舍，因为这是防止绝对民主主义泛滥的基本手段，在中外合作过程中，这一点显得尤为重要。狭隘的取舍行为所表达的是文化歧视观或文化偏见论。在中外合作办学的课程建设上，要多挖掘多元文化交往与融合的素材，避免"敝帚自珍"和宣扬文化偏见。如何能达到这样的教育目标？在中外合作办学课程与教学中，对外方文化没有任何偏见，相互尊重，这样才能有效达成共识，并实现对中外合作办学整体培养目标的认同。因此，中外合作办学的文化生态系统的基本特征是多元文化之间的关联性和整体性，这是这一生态得以永葆生机和活力的根本。同时，中外合作办学的教育教学要在多元的生态中永久保持清明的国家意识形态，"家国天下"才是中外合作办学得以存续的根基，对国家的热爱，对民族的情怀，是中外合作办学教育教学的基本环节，是对完整、完全的生态教育意义的诠释。

③跨文化教育是中外合作办学人才培养的有力保障

中外合作办学也是一个多元文化的生态场域。中外合作办学的课程是多元文化通达教育实现的必要载体。依托中外合作办学的课程，不同文化的碰撞、对话和理解成为可能。跨文化理解是中外合作办学课程文化建构和教育教学不可忽视的一环，也是中外合作办学人才培养目标中的基本价值诉求。中外合作办学的课程文化建构经历着从多元碰撞、摩擦到跨文化对话交流，再到跨文化理解的过程。如前所述，多元是中外合作办学课程文化的本真，多元并存直接导致不同文化之间的摩擦碰撞。但是中外合作办学作为结合中外先进文化的合体，摩擦与碰撞终究要归于共生与融合。而在此之间，居中环节就是对话与理解。跨文化对话使跨文化理解更易达成；跨文化理解使跨文化对话更加深入。对话和理解本身是相辅相成的，对话是基本手段，理解是直接目的。正视中外合作办学课程中的多元文化现象，认同文化多元的价值和意义有利于积极促成中外合作办学跨文化对话的实现。而跨文化对话的有效进行，将使中外合作办学课程文化的建构之路更为平坦，形成深入而持久的跨文化理解，为文化的共生与融合产生直接的现实影响。在中外合作办学课程建设中，将文化的多元以课程与教学的实施途径而具体化和浅表化，将文化的冲突与碰撞在课程与教学的过程中变为现实的理解与对话，是中外合作办学课程建设的根本出路。在中外合作办学中，实施多元文化通达教育，一定会在未来培养出"国际人"的多元文化素养，人们会从相互欣赏的"美人之美"达至"美美与共"的大同境界。

第二章　高等教育国际化的历史演进

　　高等教育国际化并不是近些年才出现的教育现象，而是具有较长的历史渊源的。最初的历史可以追溯到古希腊和古埃及的教育，当时的古希腊地区游学之风盛行，但是由于国际交流的范围仅限于周围几个国家，国际化处于一个较为狭小的范围。在古代的教育当中，自高等教育萌芽之初便有了这种国际交流，究其本质原因，是由于当时所公认的知识具有一定的世界普遍性质，普遍认为包括语言文学在内的人文学科是一切知识的基础，而一切的学问都是在全世界范围之内的。正是由于这种普遍观念，拜占庭学者勃伦亚才会受到广泛欢迎，来自欧洲等地的学者更是将巴黎、剑桥等当作自己的家一般。当时欧洲的各个国家的高等教育都采用相同拉丁语进行教学，而开设的课程也相差无几，并且在毕业之后会授予相同级别的文凭。这种情况一直持续到16世纪，到16世纪中期逐渐开始发生变化。欧洲的基督教改革运动，掀起了各个教学流派兴起的潮流，于是在原本具有普遍性质的学界树立起了由于宗教信仰不同而产生的藩篱，这种隔离极大地损坏了知识的普遍性观念。1948年欧洲历史上的首次大规模国际战争，让学界的基本认识再度发生了深刻的变化，让传统的统一知识认知更加属于地方政治权利或者教派。而这种现象直到现代欧洲的形成才有所改变，表现出与之相反的发展状态。自进入20世纪以来，学术界的"家国"主义和世界主义两种认知倾向都发生了较大的变化。然而随着科学技术的发展，科学知识越来越得到全世界的广泛认可，让原本的人文学科的普遍认识转变为科学的普遍认识，这种转变足足用了三个多世纪。在第二次世界大战结束后，尤其是冷战结束后，世界各国终于意识到真正的国际化即将到来，在这个信息化急速发展的时代，国际竞争将从军事竞争转向经济和知识人才方面的竞争，而之前各个国家之间的问题也将成为全球性的问题，较为显著的就是能源问题、环境问题及和平问题等。知识的逐步全球化，在信息技术的发展之下将会更加不受国界的限制，而各个国家的发展也将会更加依赖于信息技术和知识的广泛应用。要想在未来的发展中占据一席之地，就需要具备足够的国际知识和经验，而高校要想适应这种势不可当的知识全球性潮流，就必须用新的理念，以顺应的姿态向国际化方向发展。

本章从高等教育国际化产生的时代背景着手，从欧美高等教育国际化发展历程和我国高等教育国际化发展历程两个方面，探讨高等教育国际化的历史演进过程。

一、高等教育国际化产生的时代背景

任何事物的产生都有其深刻的时代背景，高等教育国际化的发展也是时代的产物，受到各种因素的作用。高等教育国际化是综合因素作用的结果，大体来看，内部因素与外部因素两方面共同推动高等教育向国际化方向发展。

（一）高等教育国际化产生的外部因素

1. 全球化的推动

21世纪世界发展的大趋势是全球化，在这其中，经济全球化的表现最为明显。"一是产品的国际化；二是生产产品所需生产要素的国际化，包括资本、劳动力、技术的国际化；三是生产要素生产的国际化。劳动力生产的国际化即教育国际化尤其是高等教育国际化，劳动力流通的国际化即劳动力市场的国际化，技术生产的国际化即科学研究的国际化（包括高等院校的科学研究）等。"[①]经济全球化大大促进了资源、人员、资金、商品、服务、知识、技术及信息等要素的跨国界流动，推动各种生产要素和资源的优化配置。

在经济全球化的背景下，各国国际经济的联系日益密切，同时各国在经济领域的国际竞争也越来越激烈，而这些竞争中，人才的重要性愈发明显。在全球化的时代，任何国家想跻身世界民族之林，不被时代所抛弃，都需要保持自己在全球化进程中的位置。瑞士洛桑国际管理学院曾发表过

---

① 林元旦.经济全球化与高等教育国际化[J].广西社会科学，2005（1）：184-186.

国家年度竞争力报告，通过数据来评估一个国家的竞争力。在这些数据中，有相当部分的内容都是同各国的管理、科技人才的数量与质量密切相关，与各国高等教育培养足够数量的，通晓国内、国际"游戏"规则，在国内、国际上均具有一定竞争力人才的能力有关，与本国的高等教育能否在科学技术领域为本国占领制高点有关。高等教育国际化可以为本国在以知识为基础的世界竞争中提供人才与科技优势，成为本国保持国际竞争力的重要因素。亚洲开发银行1998年展望报告就指出，诸如泰国这样的国家，相对于中国来说，在高科技产品的生产上存在不足，这是东南亚国家中存在的很严重的问题。[1] 而高科技产品的生产依托的正是高科技人才，这从另一侧面验证了高等教育国际化发展的紧迫性。

在全球经济一体化的发展进程中，西欧、北美、拉美、亚太等地区相继建立了一大批跨国经济组织，欧盟及世界贸易组织对于世界经济的发展都产生了深远的影响。世贸组织推进了世界经济一体化的进程，欧盟则以实际的运作，实现了欧洲范围内统一的劳务市场及自由的人员流动。新时代的变化，要求欧洲各国高等学校加速调整教学内容，增进彼此了解，相互承认学分、学历和学位，使得高等教育国际化成为欧洲经济一体化的重要组成部分和实现区域内人才自由流动的必要条件。为适应经济全球化对国家提出的要求，各国的高等教育必须培养出更多熟悉世界经济贸易规则并具有国际竞争力的人才，现代高等教育越来越与经济发展密切联系起来，从社会的边缘走入了社会的中心。

2.信息技术的发展

知识的传播依赖于信息技术的发展，而信息技术发展的水平也决定了信息交流与共享的程度与规模。"二战"后，世界信息技术的发展日新月异，科技有了飞速的发展，现实生活因为信息技术的影响也发生了翻天覆地的变化，人们的衣食住行等方面都因为信息技术的作用而与传统时代有了很大的不同，高等教育也在信息时代发生了巨大的变化。知识的传播途径、存储方式及信息的获取都得益于信息技术的飞速发展，尤其是互联网技术

---

① Asian Development Bank.Asian Development Outlook 1998：Population and Human Resources[R]. Asian Development Outlook，1998：107.[EB/OL].http：//www.adb.org/sites/default/files/ publication/82346/ado1998.pdf.

的成熟与应用，使得高等教育在互联网的帮助下实现了质的变化，研究、分析、交流都可以借助互联网来实现。高等院校及科研机构中，信息技术的应用使得非住校生可以获得和住校生相同的教学程度，借助网络的远程教育也在国内与国际间迅速发展起来，公开课程、MOOC等新的高等教育模式打破了国家地域的局限，具有国际性的影响力。信息技术的高速发展，实现了信息传播的全球化，使得知识获得了传播的有利途径，有力地推动了高等教育国际化的发展步伐。

3. 全球性议题的压力

近代以来，随着技术的发展及国家间交流的频繁，尤其是全球化的不断深入，国家面临着越来越多的全球性问题，如气候变化、恐怖主义、传染性疾病等，这些问题的出现同世界经济、政治和社会生活的全球化有关，同科学技术的加速发展有关。例如，由于二氧化碳的大量排放，全球气候不断变暖，南北极冰雪融化，全球洋流受到影响，地区的整体环境逐渐趋于恶化，全球气候问题频发，许多国家深受其害。气候问题是全球问题，某一个或某几个国家并不能解决这一全球问题，必须有世界各国的共同努力，因此就产生了国际性的、政府间的研究生态学的合作计划——人和生物圈计划。经济全球化的深入发展，使得国家间的经济联系愈发密切，世界金融市场将各国联系在一起，成为命运共同体，任何一个部分出现了问题，都有可能影响到全球经济金融的稳定与繁荣，从而影响到每个人的生活。20世纪末的金融危机及21世纪初的主权债务危机，乃至最近发生的欧洲难民危机等都具有世界范围的破坏力。这些从自然到社会的问题的解决都离不开具有国际化背景，能够进行国际合作的人才。培养具有解决这些全球性问题能力的高素质人才成为新时代对高等教育提出的要求。

4. 政府的推动

政府在高等教育国际化的发展进程中也有着重要的作用。教育与政治之间存在着密切的联系，高等教育国际化深刻地受到政府对外政策的影响，有学者甚至指出，高等教育国际化从某种程度上来看，正是国家外交的一部分。高等教育国际化除了受到政府外交政策规划的影响，其实施过程中所进行的国际教育交流与合作，也成为政府进行外交活动的工具。因而各国政府都非常重视高等教育国际化，力图通过高等教育国际化达到外交的目的。

在美国政府看来，为保持在全球经济中的世界领导地位，美国需要确保其公民广泛地了解世界，精通外语，通晓他国文化。美国的领导地位还依赖于与其他国家那些在将来领导国家政治、文化和经济发展的人物建立联系。一个连贯协调的国际教育战略将有助于我们迎接双重挑战，使我们的公民对世界大环境有所准备和继续吸引与教育外国未来的领袖们，美国的国际领导地位、竞争力和国家安全越来越依赖于美国公民的国际与跨文化意识，中国对外政策的目标受到国际教育不可估量的促进——美国人在国外的学术活动和那些在美国学习过，因而更好地理解中国文化及政体的国际领袖人物。[①]

政府为大力推动高等教育国际化，投入了大量的资金，设置了众多的奖学金、项目基金，对高等教育国际化予以支持。例如，美国设立了"教育与文化交流项目""富布莱特项目""本杰明·吉尔曼国际奖学金项目""国家安全教育项目""高等教育法第6款项目""富布莱特—海斯项目"等，通过这些基金项目，众多的美国学者、学生走出国门，进入其他国家学习交流，扩大了美国的影响力。而美国也通过这些项目，吸引了世界大批的精英人才，对其进行潜移默化的影响，为未来美国对外关系的发展奠定了基础。不只美国政府，其他国家的政府也对高等教育国际化给予高度的重视，纷纷予以大力支持，正是得益于政府的重视和推动，高等教育国际化在世界范围内得到快速的发展。

5. 社会力量的推动

在高等教育向国际化发展的过程中，社会力量也发挥了重要的作用。从国际上来看，众多国际组织在推动高等教育国际化中发挥了重要的作用。例如，联合国教科文组织通过自身的渠道和能力，定期组织由各方参与的区域性或世界性会议，积极促进国家之间在教育领域进行广泛的沟通与交流。一方面，国际教育局（IBE）、经济合作与发展组织（OECD）、国际劳工组织（ILO）等国际组织在推动国际教育问题研究、教育改革等方面发挥了积极的作用，有力地推动了世界高等教育国际化的进程。另一方

---

① 李新华，孙琦. 美国高等教育国际化的现状[J]. 湖南医科大学学报（社会科学版），2002（4）：50–57.

面，各国国内的社会力量也促进了本国高等教育国际化的发展，这主要体现在公众的国际意识不断提高。借助互联网、电视等媒介，各国间的时空距离被极大压缩，任何地区发生的事情在很短时间就会被世界所知晓，其他地区发生的事件也可能会传播到本国从而影响民众的生活。在信息化时代，民众越来越多地关注超出本国范围的事件，也越发意识到在教育中需要培养学生的全球公民意识，培养出具有丰富知识背景的高素质人才。"在2000年一份美国民众对国际学习重要性态度的调查报告中：所有被访者中52％的人认为在2000年第一个十年，关于国际问题的知识对于自己的职业生涯是重要的，这个数字在2002年的调查中没有太大变化，在年龄的相关性上也没有变化。18到29岁年龄段的群体比年龄稍大群体的人在国际问题对于自己职业重要性上，前者态度显得更强一点。当问及被访者自己的孩子及其他年轻人关于国际问题知识与职业的重要性时，90％的人赞同两者之间是很重要的关系。"①公众对国际意识的重视程度不断提高，社会对高等教育国际化的期许不断高涨，这也从另一方面推动高等教育向国际化的方向发展。

在推动高等教育国际化的过程中，教育界起到重要的作用。作为高等教育中的研究者与实践者，广大学者及教师分析了时代所发生的变革，思考了高等教育面向国际化的外在压力与内在动力，为高等教育实现国际化提出了建议与对策。卓富远见的教育家意识到全球化时代的到来，而高等教育为未来社会培养出适应国际化所需的人才，努力向国际化转变是高等教育对时代要求的积极回应。

（二）高等教育国际化产生的内部因素

高等教育国际化一方面是高等教育对全球化带来的外部挑战的应对，另一方面也是高等教育自身发展逻辑的延伸。

1. 高等教育内容的国际化

知识、教师、学生、信息与技术等是高等教育的主要内容。知识具有普遍性的特点，知识的传授与散播并不囿于国界的限制，这使得高等教育作为知识的传播和发展者，在世界范围内推动知识的交流与传播。教师作

---

① One Year Later Attitudes About International Education Since September 11[EB/OL].http：//www.acenet.edu/Search/Pages/results.aspx?k=International%20Education&start1=71.

为传播知识、进行教学科研的行为体，其肩负着推进高等教育的重要职责。高等教育对教师提出的要求是学术研究上的不断创新、知识储备的不断丰富、授业能力的不断提升。这就要求教师能够获取最新的信息动态、研究成果，丰富与更新自身的知识体系，努力保持在学术的前沿。要做到这一点，教师就不能闭门造车，而是需要与世界范围内的学者进行深入的探讨，积极投入国际合作与交流之中。学生是高等教育的接受者，其在高等教育中获取知识及能力，在全球化的今天，学生对于世界各地产生的新知识的渴求更为明显。大学需要为学生获取新知识提供条件与平台，使得他们可以有机会了解其他国家与民族的政治、经济、文化、社会等方面的情况，与其他国家的师生进行无限制的交流，提高自身的知识与素养，成为具有国际化视野的符合时代要求的高素质人才。

2.经济利益的驱使

高等教育机构包含营利性与非营利性两种。那些营利性的商业学校实施国际化的重要动机之一就是获取利益。从实际的操作上来看，营利性的高等教育机构往往通过在海外建立学校、收购别国学校、与别国的公司或教育机构合作等方式，在别国的教育领域建立自己的品牌，又因为这些教育机构自身的国际化背景，对所在国的学生形成了很强的吸引力，可以通过提供国际化的教育来获取高额的收益。在营利性机构为利益纷纷参与到高等教育国际化中的同时，传统的非营利性教育机构也在国际化的浪潮中加入国际教育的市场中。根据调查，"这些非营利性教育机构国际化的主要动因虽然不在于财政因素，而是为加强科学研究，扩大知识容量，提高文化互认度及达到其他一些相关的目标。但是也有很多大学是由于政府缩减公共拨款资助，鼓励学校向海外拓展（如澳大利亚和英国），而加入了国际化行列。"[①]

高等教育国际化带来了大量外国学生，许多国家（如英国、澳大利亚、加拿大和美国）向外国学生收取高额的学费，为留学目的国带来了直接的经济效益；而这些留学生大部分都是其母国的精英，拥有着良好的教育背景及优秀的素质，他们在留学的过程中给留学目的国带来的大量优质而又

① 菲利普·G.阿特巴赫，简·莱特，别敦荣，等.高等教育国际化的前景展望：动因与现实[J].高等教育研究，2006（1）：12-21.

相对廉价的劳动力，为留学目的国创造了难以衡量的巨大财富。高等教育国际化可以带来巨大的利益，绝大多数国家都参与到高等教育国际化进程之中，在这其中欧美国家因为自身的发展优势，具有优质的教育资源及强大的吸引力，因而在高等教育国际市场中占据着主导性地位，而亚洲、拉丁美洲等发展中国家和地区则处于相对的边缘地位，成为教育资源的购买国。教育的相关附属机制也为高等教育国际化创造了更大的财富，例如外语培训、语言能力评价与认定、教育资格认证等都充满着商机。正是因为存在着高额的利益，高等教育国际化才拥有了巨大的动力。

在经济利益的驱动下，美国的许多学者和教育机构极力赞成把高等教育视为一种可以像任何其他商品一样买卖的商业性产品。例如，美国的教育国际贸易全国委员会、美国商业部服务业办公室和一系列以营利为主的教育举办者支持这一建议。[①]

3.满足受教育机会

随着国家发展水平的不断提高，社会对于高等教育的需求也日益增大。但是因为教育资源分配的不平衡，有些国家存在高等教育供给能力不足的问题，国内对于高等教育日益增长的需求与本国供给能力的不足形成了矛盾。"高等院校和院校系统全球性地联结起来，英语作为科学交流和教学通用语言的使用，特别是当与国际互联网结合起来后，使得交流更加便捷和迅速。跨国高等教育机构的出现也使快速传播新课程和变革成为可能，并且使那些缺乏充足的教育举办者的国家满足其学生和国家经济的迫切需求成为可能。"[②] 因而面向高等教育供给不足的国家，为这些国家的学生提供高等教育的机会，也成为高等教育国际化的重要内容。

4.软实力的内在需求

软实力是相对于硬实力而言的，硬实力通常指的是政治、军事等传统的国家实力，而软实力则是国家的文化、价值观及国民的凝聚力，是一种"同化式实力，是一个国家思想的吸引力或者是确立某种程度上能体现别国意

---

① 菲利普·G.阿特巴赫,蒋凯.全球化驱动下的高等教育与WTO[J].比较教育研究,2002,23(11): 1-4.

② 菲利普·G.阿特巴赫,蒋凯.全球化驱动下的高等教育与WTO[J].比较教育研究,2002,23(11): 1-4.

愿的政治导向的能力，文化、意识形态及社会制度等，与军事和经济实力这类有形力量资源相关的硬性命令式力量形成鲜明对照。"[①]"软实力强调的是吸引力而非强制力，通过让其他人认同自己，或者认同自己制定的规则，使其追随自己。对一个国家来说，如果可以对其他国家产生强大的吸引力，可以鼓励其他国家遵守制定的规则，那么这个国家就可以不需要增强传统的经济、军事等硬实力就可以来影响其他国家。"[②]高等教育作为国家软实力的重要组成部分，在软实力重要性不断突显的今天，对高等教育的重视程度也在不断提高。然而高等教育只是国家软实力资源，若将软实力资源转化为软实力影响力，则需要借助高等教育国际化的方式来扩大高等教育的影响。所以，国家对于软实力的追求也会推动高等教育国际化的不断发展。

二、欧美高等教育国际化发展历程

欧美大学多年来一直在积极倡导和实践大学国际化。虽然从表面上看，大学都有浓厚的国家色彩，但他们都在按照大学的规律发展着。它们在为追求真理和学问而努力，在为培养国家发展需要的精英而服务。随便翻开任何一个欧美大学的年鉴都不难发现，它们自 20 世纪以来都在招收国际学生，即使在国际形势最为动荡的时期，这一点也从未更改过。虽然政治因素在高等教育发展的过程中一直有影响，但是高等教育国际化的本质从未受到根本的动摇。

（一）美国的崛起及其大学国际化

第一次世界大战改变了世界的格局，以往强大的大英帝国由于战争而实力大损，美国开始崛起。一次大战刚刚结束，1919 年在纽约就成立了教育国际化研究院（Institute of International Education，简称 IIE），致力于促进教育交流，成为当时各国同美国进行教育交流信息交汇与联络沟通的中心。由于该机构与欧洲的多所大学形成交流联盟，推动了各个国家之间的学生和学者的交流。在这一过程中，IIE 的创始人，纽约城市大学政治学教授 Stephen Duggan 在 20 世纪 20 年代推动美国政府于 1921 年推出了非移民

① 约瑟夫·奈.美国定能领导世界吗 [M].何小东，盖玉云，译.北京：军事译文出版社，1992.

② Joseph Nye.The Challenge of Soft Power[J].Time Magazine，1999-02-22.

学生签证，打破了国际学生、学者进入美国大学的藩篱，大大简化了国际学生进入美国所需的手续和时间，从本质上消除了美国大学进行国际交流的障碍，进一步巩固了美国在国际大学联盟中的地位，也将美国高等教育带入了国际化发展的快车道，为美国从全世界收揽优秀人才铺平了道路。

第二次世界大战以后，美国作为战胜国，政治地位得到进一步巩固，经济实力大为增强。战后的美国高等教育国际化发展的步伐更快了。1946年，由美国参议员福布莱特倡导建立的福布莱特项目（Fulbright Program）在美国国会得过，这一项目致力于通过资助优秀学者和学生来美国进行教育交流而扩大美国的影响。由于项目自从设立起就树立了良好的口碑，得到了全世界学者和学生的推崇，目前已经发展成为高等教育国际交流领域最具影响力和知名度的学者和学生交流项目之一。

1957年苏联发射的人造卫星让美国感到了危机。于是，1958年美国政府通过了著名的国防教育法案"National Defense Education Act（NDEA）"，大力资助美国青年上大学，资助外国学者来美进修。这一法案的实施使得美国在20世纪60和70年代大学生人数直线上升，到了70年代，美国大学的毛入学率达到40％，大学的国际学生、学者数也大幅提高。

为了更好地为国际学生服务，1948年美国国际教育工作者联合会（NAFSA，National Association of Foreign Student Advisor）正式成立，旨在为美国大学从事国际学生管理的工作人员提供专业培训。这一组织发展迅速，很快就将高等院校负责国际学生的招生人员、英语教师甚至社区义工都组织起来，目的是为越来越多的来自世界各地的国际学生提供从社区到学校的全方位服务。到了1990年，美国高校的国际学生总数已经超过40万人，而NAFSA随之发展成为囊括美国约1 800所高校和6 400个人的会员组织，也是全世界最大的国际教育工作者联盟之一。由于这一组织致力于发展国际化的教育和交流，为美国大学国际化的发展做出了重要贡献，也成为最受世界各国高校关注的教育交流与合作平台。

（二）苏联和欧洲大学国际化

随着冷战的开始，国际阵营发生了本质的变化，美苏两个超级大国之间争夺势力范围的斗争也蔓延到了教育界。因此，战后的大学国际化发展也被打上了深刻的政治烙印，出现了泛政治化的偏差。在美国大力发展国际教育联盟，推动与英联邦国家之间的教育交流与合作的同时，苏联也加大了对社会主义阵营中各个国家教育支持的力度。在派出专家的同时，苏联大力引进社会主义国家的留学生，推动这些国家的俄语教育，形成了社会主义国家间国际合作与交流的格局。与此同时，从 1950 年开始，由英联邦国家倡导的格伦勃计划（Columbo Plan）旨在推动英联邦国家之间在提高国民生活水平方面的合作，教育也成为这一合作联盟的重要组成部分。这时，世界上的国际合作与交流也和这一时期的政治局势一样，形成两个几乎不重叠的体系。

随着柏林墙的倒塌，欧洲于 1989 年成立了"欧洲国际教育协会"（European Association for International Education，简称 EAIE）"，推动和促进欧洲国家和全世界之间教育国际化发展的进程，为国际教育领域的人士提供专业服务。随着苏联的解体，以意识形态为主线的教育国际合作也画上了句号，世界各国教育合作的大门再次打开了。

从以上分析可知，虽然大学在发展过程中出现过泛政治化的偏差，但大学从未摆脱过其追求学术自由、崇尚民主的特征，这一特征在近代大学迅速发展的过程中表现出更多的国际性，其具体体现在知识的国际化、人员的国际化、管理过程的国际化，而这些特征表现在其培养的人才和产出的成果方面，也同样具有很明显的国际化特征，从而进一步增强了大学作为社会发展主导力量的作用，带动了国家和区域经济的全球化发展。

三、我国高等教育国际化发展历程

（一）萌芽期：古代高等教育国际化的发展

从我国古代对外文化和教育交流的历史来看，科举考试制度和文化典籍等方面的对外影响是深远的。中国古代传统高等教育的对外辐射不仅波及了东南亚地区和国家，对世界文明的进程也产生了重要影响。传播和衍化是我国古代高等教育影响东亚地区和国家的主要形式，最终形成了以汉字教育、庙学制、养士教育、儒学教育为主要特征的"东亚教育圈"。[①]这一时期高等教育国际化的发展可以归纳为以下几点。

---

① 高明士 . 东亚教育圈形成史论 [M]. 上海：上海古籍出版社，2003.

首先，日本的高等教育交流方面，日本早在唐朝时期便向我国派驻使节、留学生与留学僧，让他们主要学习中国的语言文字、典章制度、科学文化、佛教学说等方面的知识，进行学术文化的交流，这成为我国古代高等教育面向世界、走向世界的一个重要方面。日本政府在这一时期，积极地与我国进行文化交流与学习，曾陆续派出了19次遣唐使，包括留学的学生与僧人。公元717年，日本派出的第8批遣唐使团，人数达到了557人，这里面就包括著名的学者阿倍仲麻吕和吉备真备。通过派遣遣唐使和留学僧人这个渠道，中国的政治制度、教育制度、考试制度、佛教文化、建筑设计、饮食文化等都源源不断地传播到日本，对日本的社会政治、教育制度、佛学文化、建筑理念和餐饮文化等各个方面产生了全方位的影响。

同中国相仿，日本古代的学校教育制度也是以养士教育为主要目的，学校是为统治阶级培养官员的场所，学校里面的学生也就成为未来的后备官员人选。① 所谓养士，就是以士为师友，以发挥智囊团的作用。唐朝时期，日本来华留学人员中最为著名的留学生首推吉备真备和阿倍仲麻吕。吉备真备通过在华18年的留学学习，回国后在大学任教，以六义等中国传统文化为教学内容，最终促进了日本学制的深入改革。阿倍仲麻吕经过在太学的学习和科举考试，成为唐朝正式官员，一生致力于中日文化的交流与中国文化的传播和研究。② 尽管没有被全面推广，我国的书院制对日本的教育也产生了一定的影响。日本的学者了解书院这一名词是在我国的朱子学和阳明学传入日本之后。江户时代日本的书院的教育内容以汉学为主，分别侧重于朱子学、阳明学和医学等知识的传播。③

其次，古代的琉球国、朝鲜半岛和越南等地区也受到了中国古代高等教育制度的辐射和影响。有数据统计，1392年至1579年间，琉球向我国共派出留学生23批，共计80余人；1688年至1873年，该国共派来留学生9批，共计49人。④ 到了明清时期，琉球国曾多次派遣留学生到中国国子监进行

① 高明士. 东亚教育圈形成史论 [M]. 上海：上海古籍出版社，2003.

② 孙培青. 中国教育史 [M]. 上海：华东师范大学出版社，1992.

③ 邓洪波. 中国书院史 [M]. 上海：东方出版社，2004.

④ 鲁宝元. 琉球国第四批派遣留学生在北京学习生活调查 [M]. // 任继愈. 国际汉学（第十一辑）. 河南：大象出版社，2004.

语言学习和文化学习。公元327年，高句丽与百济模仿东晋的学制，设立了太学。[①]公元682年，新罗开始仿照唐朝，实行国学制度，设立儒学和技术科，以贵族子弟为主要培养目标群体。公元747年开始，国学改名为大学监。大学监内设有博士和助教，以儒学和算学为教育内容。公元788年，新罗实行科举考试制，考试内容定位于汉文和儒家典籍。

与此同时，新罗还派出大量贵族子弟作为留学生到唐朝学习。公元840年，结束学业归国的新罗留学生人数达到105人。新罗的中央和地方各个层面的教育都尊崇儒学核心教育内容。元代初年，高丽很多学者将大量程朱理学典籍从中国带回高丽，并作为大学的教学内容，广泛地在高丽传播。[②]

在高丽末期，中国的书院制也开始影响高丽的私学实体教育。朝鲜历史上第一所书院为建立于1543年的白云洞书院。1549年开始，该书院被官方认定为与官学的乡学具有同等重要的地位。由于深受朱熹教育学说和相关教育实践层面的影响，各个官学和书院学规、学制方面都效仿朱熹打造的白鹿洞书院，并且确立了书院兼具教育与科研两重职能。在崇奉我国先贤的书院当中，崇奉朱熹的书院有25所，所占比例达到43.8%。[③]

公元1070年，越南在京都设立了国子监，以贵族为教育培养对象。1075年，越南首次实行科举制选拔自己的高级管理官员。1156年，越南创立了孔子庙，时至今日，越南河内仍保存有孔子庙的古迹。除了官学层面和科举制层面外，中国的私学层面对越南教育的影响也很大，这种影响的实施主体为在越南避居的中国儒家学者和在中国学习的越南学者，他们通常都以师徒传授和学习的形式传播中国儒家学派文化。[④]

最后，在这一时期，中国古代的教育制度和传统文化向外辐射还增加了一个途径，那就是华侨和移民媒介途径。正是通过他们，我国的文化和教育制度开始逐渐传播到爪哇、吕宋、吉隆坡、新加坡等国家和地区。我国的书院制就是以华侨为媒介载体才传播到了美国和新加坡等地。1854年由侨商陈金生在新加坡建立的萃英书院后来成为享有盛名的华文学校。旅

①　高明士．东亚教育圈形成史论[M]．上海：上海古籍出版社，2003．

②　卫道治．中外教育交流史[M]．长沙：湖南教育出版社，1998．

③　杨布生，彭定国．中国书院文化[M]．台北：云龙出版社，1997．

④　吴霓．中国古代私学发展诸问题研究[M]．北京：中国社会科学出版社，1996．

美华人学者邓嗣禹于1943年9月在《哈佛亚洲研究学报》发表了《中国对西方考试制度的影响》一文，这篇文章便是基于1570至1870年间伦敦出版的70多部引文著作为史料文献撰写而成，该文详细论证了中国科举考试制度对西方考试制度的深远影响。根据海外新发现的近50种1870年之前的关于科举的西方论著史料，我国学者刘海峰关于科举制度对西方文官考试制度的影响做出了极其充分的论证。①

（二）起步期：近代高等教育国际化的发展

中国近代高等教育国际化发展是在西方列强的坚船利炮下被迫展开的。这个时期可以分为两个阶段：第一阶段是鸦片战争之后到甲午中日战争之前；第二阶段是甲午中日战争之后到中华人民共和国成立之前。

1.鸦片战争之后到甲午中日战争之前高等教育国际化的发展

鸦片战争之后，西方列强入侵中国，同时也使中国人睁眼看世界，中国人传统的天朝大国梦开始受到了强烈的冲击。有识之士林则徐和魏源等人开始用世界视角重新审视中国存在的问题，提出了"师夷长技以制夷"的观点。洋务派这个时候把目光转向了列强的坚船利炮，开始了对西方列强先进科学技术的学习。洋务派在进行洋务运动的初始便发觉，翻译、船械制造和海陆军人才的严重匮乏，于是开始积极筹建起一大批语言类、技术类和军事类的洋务学堂。19世纪后半期，我国的高等教育国际化进入了起步期的发展阶段。这一阶段高等教育国际化发展可以总结如下：

（1）在学校教育及管理建设方面，受"西学东渐"思潮的影响，洋务派开始主张设立西式学校，学习西方先进科学技术，派遣中国学生到发达国家进修和学习，为洋务派培养务实的人才。1861年，京师同文馆建立，这是近代中国第一次改变了科举取士的旧教育制度，也是向西方学习迈出的第一步。京师同文馆的教学内容以西学为主，采用班级授课制，大大提高了教学效率。从此之后，洋务学堂纷纷建立。

（2）在培养目标上，洋务学堂的宗旨在于培养维护腐朽的封建制度的管理人员。西方先进的政治文明、教育哲学思想和科学技术不可避免地融入当时的高等教育体系之中。上海"广方言馆"于1863年建立。次年，广

---

① 刘海峰.科举制度对西方考试制度影响新探[EB/OL].http：//www.xinfajia.net/11805.html，2014–01–10.

州"广方言馆"设立。开设"广方言馆"的目的就在于培养通晓外语的人才。为了顺应历史潮流的发展和肩负起拯救民族危亡的历史使命，相比于中国传统的高等教育，洋务学堂从教育观念、培养目标、教育内容、课程设置和教学方法等方面都深受西方的影响，以更多地学习西方教育模式为主要特征，可以说洋务学堂真正地加快了中国近代高等教育国际化的进程，"它将西学引入了中国传统教育之中，从而导致了不占主体地位的西学对中国传统的主体课程结构的冲击和传统教育体制的裂变"①。外国语言、近代数学、航海、历算、天文测量、兵器制造等西方课程体系和教学内容也被借鉴过来。

（3）在学校课程设计方面，丁题良于 1876 年在京师同文馆规划出一个八年的课程计划，即"首年：认字写字、浅解词句、讲解浅书。二年：讲解浅书、练习文法、翻译条子。三年：讲各国地图、读各国史略、翻译选编。四年：数理启蒙、代数学、翻译公文。五年：讲求格物、几何原本、平三角弧三角、练习译书。六年：讲求机器、微分积分、航海测算、练习译书。七年：讲求化学、天文测算、万国公法、练习译书；八年：天文测算、地理金石、富国策、练习译书"②。

以京师大学堂的课程设置为例进行说明，它的课程分为两大类，那就是溥通学和专门学。所谓溥通学，指的是就是我们常说的基础课。专门学就是今天的必修课，专门学的学习是在学生修完溥通学之后进行，选择其中的一到二门进行学习。溥通学的教学内容包括初级格致学、初级算学、文学、初级地理学、理学、经学、诸子学、体操学和中外掌故学。外语方面，开设有英、法、德、日、俄五门外语，20 岁以下的学生可任选一种外语进行学习。专门学的教学内容包括高等政治学（法律学归属于本学科）、高等算学、工程学、商学、农学、兵学、高等地理学（测绘学归属于本学科）、矿学、卫生学（医学归属于本学科）和高等格致学。③

（4）在出国留学教育方面，由容阂倡议，在曾国藩、李鸿章的支持下，

---

① 王韵秋.洋务教育对中国教育近代化的贡献[J].西北师范大学学报（社会科学版），1999（6）：87-91.

② 陈向阳.京师同文馆组织分析[J].福建论坛（人文社会科学版），2005（10）：67-72.

③ 霍益萍.近代中国的高等教育[M].上海：华东师范大学出版社，1999.

1872 年开始中国正式派遣留学生赴美留学。1872 到 1875 年的 3 年间，清政府共派了 120 名幼童赴美学习，学习包括步算、军政、制造诸学和船政等内容。日俄战争结束后，获胜方的日本成为我国学习的对象，国内迅速出现了一股留学日本的热潮。有关据统计表明，1904 年，留学日本的中国学生为 1300 人，1905 年便剧增至 8000 人，1906 年留学日本的人数仍居高不下。截止到 1911 年，赴日本留学的中国学生总计达到了 38307 人。[①]

（5）在教育宗旨方面，清政府于 1904 年颁布了《奏定学堂章程》。该章程第一次明确了全国统一的教育宗旨。实际上，《奏定学堂章程》是以仿照日本的教育体制为基础，同时也间接地学习了西方教育经验而形成的。1905 年，科举制被废除，这为更好地学习西方教育进一步扫清了障碍。

2.甲午中日战争之后到中华人共和国成立之前高等教育国际化的发展

甲午战争之后，中国高等教育国际化的发展受到了甲午中日战争中因中国惨败而引发的割地赔款和割地危机的严重影响，中国从此坠入了半殖民地半封建社会的深渊。中国政府在这一特殊时期希望能够通过西方高等教育先进的理念来为自身培养拯救民族危亡的实用性人才，但该时期高等教育的课程设置带有明显的日本移植痕迹，于是教育学、政治学、哲学、经济学、法学和心理学等西方近代社会科学的各个门类的教科书都是通过从日本引进并且翻译的方式进入中国近代大学课堂。学术界的研究者通常把这一时期认定为我国近代高等教育在教学内容和课程体系方面学习和移植的第一个高潮。

1911 年辛亥革命结束后，"中华民国"随即建立。为了满足新兴资产阶级接受教育和发展教育的需要，具有进步思想的学者开始到西方认真地考察西方的教育制度和教育经验，认真地学习发达国家的高等教育成果，并把所学到的理论知识在结合本国实际之后，应用到教育实践中去。严格意义上讲，中国这一时期的高等教育已不是单纯地借鉴和移植西方模式，而是进入了不断地探索适应本民族、本国发展路径的重要时期。时任北大校长的蔡元培曾多次到欧洲进行实地考察，依照西方大学模式对封建气息浓厚的北京大学进行了全新的改造和发展，赋予了北大民主、自由、科学

---

① 任达.新政革命与日本 [M].南京：江苏人民出版社，1998.

的教育精神。

甲午中日战争之后到中华人民共和国成立之前这一阶段高等教育国际化的发展可以总结如下。

（1）在学校课程设置层面，《大学规程》于民国初年出台，该规程所列课程科目总数比清末颁布的《癸卯学制》所规定的科目要多出300多门。专科学校课程也相当于清末相应学堂科目的2至3倍。

（2）在学校管理机制层面，1927年6月，国民政府接纳了蔡元培和李石曾的提议，仿照法国教育行政制度，在中央设立了作为全国最高的学术和教育管理机构的"中华民国"大学院，地方试行大学区。从此，民国以来中央政府设教育部、各省设教育厅的教育行政建制被取代。是年10月，中华民国大学院成立，蔡元培为首任大学院长。大学院设大学委员会，下设高等教育、社会教育、普通教育、文化事业及若干委员会和直属国立学术机构。

（3）在出国留学层面，1908年，美国国会做出决议，决定将庚子赔款剩余部分退还中国，将这笔款项作为中国向美国派遣留学生进入美国各大学深造的专用款项，这一举动的幕后实质就是培养中国未来的亲美人才。根据中美双方的商定，自退换赔款之日起的前四年，每年中国派遣约100名学生赴美学习。从第五年起，每年至少派50名中国学生赴美学习。

与此同时，美国还在北京设立了作为留美预科的清华学堂，招收和培养品学兼优的中学毕业生，全部教育实行公费。受到美国的这一政策吸引，中国的学生开始源源不断地赴美留学。第一批庚子赔款留美招考学生于1909年7月赴美学习。1909至1925年的十多年间，中国派出的赴美国各大学深造的学生人数总计1031名。受这一政策的影响，中国学生留学的重心在留学国家的选择上从日本转向了美国。根据1930年第二次全国教育的会议决议，国民政府教育部于1933年4月颁布了《国外留学规程》，该规程总计46条。这一规程将留学教育定位于"派赴国外研究专门学术"的高层次教育。教育部于1944年12月举办英美奖学金研究生和实习生考试，共录取209名学生，于次年4月陆续赴美学习。1921年10月，作为我国在海外设立的第一所大学，里昂中法大学正式开学，学校规模虽小，但它的建立却促进了中法两国的教育交流。

（三）探索期：中华人民共和国成立初期到改革开放之前高等教育国际化的发展

1949 年中华人民共和国成立后，我国的高等教育开始以为社会主义建设培养新型人才作为培养宗旨。中华人民共和国在教育改革中主要是借鉴苏联制度化的高等教育经验，我国从教育体制到高等教育的办学模式乃至课程结构的设置方面都仿照苏联模式。中华人民共和国成立之后，党中央确定了我国按照苏联模式重建教育制度的发展方向，对高等教育进行了大规模的改革和重建。这一时期，高等教育国际化发展可以分为两个阶段：第一阶段为中华人民共和国成立初期到 1965 年；第二阶段为 1966 年到改革开放之前。

1. 中华人民共和国成立初期到 1966 年之前高等教育国际化的发展

1952 年开始，我国教育事业进入压缩和整顿阶段。这一时期我国主要是向苏联学习，并且仿照苏联模式建立中央高等教育管理部门和建设高校。中央设立的高等教育部开始对高等学校的教学计划与课程设置进行集中式的统一管理。高校的建立开始以服务经济及社会发展为导向。中国人民大学的建立旨在为国家的社会主义建设培养高层次建设和管理人才；哈尔滨工业大学则以为国家培养高等级理工类人才为培养目标。这两所高校的苏化模式发展也影响到了其他高校的教育，各高校纷纷开始引进苏联教育专家讲学、使用苏联的教学计划和大纲。我国 1952 年的院系调整也是模仿苏联高等院校的专业及院系设置，国内大部分的综合性高校被取消，技术和专业教育被大力推广。我国的高等教育开始摆脱半封建半殖民地的属性，向社会主义属性的高等教育转变。[1]1953 年院系调整结束之后，工科院校由原来的 18 所增加为 38 所，工科学生由 1949 年的 3 万人增加到 1953 年的 8 万人，所占在校生的比例由 26.2 % 增加到了 37.7 %。师范院校由 1949年的 12 所变为 1953 年的 37 所，占全国高校的比例由原来的 10.3 % 增加至 18.8 %。[2]

国家在这一时期对于教育的新定位是让教育服务于经济建设，首先要服务于工业化的发展。全方位地效仿苏联教育模式，使得中国科学院成为

① 陈学飞. 高等教育国际化：跨世纪的大趋势 [M]. 福州：福建教育出版社，2002.

② 中国教育年鉴编辑部. 中国教育年鉴 [M]. 北京：中国大百科全书出版社，1984.

独立于高校体制之外的专门性科研机构核心，这样便导致了我国高校自身的科研职能层面被限制甚至被取消。科研职能从此远离了高校，高校孤独地作为教学机构而存在着。

从 1952 年到 1956 年的四年间，我国共翻译和出版了苏联高等学校教材总计 1393 种。与苏联的高等教育交流包括了引进苏联教育理论，有组织地翻译苏联教材、教学大纲和教学计划，聘请苏联专家，互派留学生和教育代表团，等等。不可否认，对苏联模式的学习和移植，在短时期内的确为中华人民共和国建设的成功做出了重要贡献。

单一地学习苏联经验和模式却忽视了我国社会的具体现实。这种盲目性学习和移植的弊端也日益暴露。苏联的高等教育模式与我国大学的办学自主性高度集中的管理体制违背了大学的传统精神。学科之间的过度分化、专业面和知识面过于狭窄，使得培养出来的人才无法全面地发展，缺乏能力上的灵活性，这些都与教育的培养宗旨相悖。外语教学方面，单纯地学习俄语而放弃其他语种的学习和教学，特别是丢失了我国英语较好的优良传统，这在很大程度上是把自我封闭起来，切断了对外合作和交流的路径。

1956 年和 1962 年，我国针对科技发展领域，分别制定了 12 年远景规划和 10 年远景规划。在规划中重点强调了发展军事和与重工业相关的科技。这一时期，我国除了与苏联在高等教育层面存在交流外，还与世界其他的社会主义国家展开了高等教育相关领域的合作和交流，主要采取互派教育访问团、高校教师的互访等形式。以 1950 年为例，中国政府第一次派出 35 名学生远赴罗马尼亚、波兰、捷克斯洛伐克、匈牙利和保加利亚学习当地的语言、历史和文化。[①]

2.1966 年到改革开放之前高等教育国际化的停滞

1966—1976 年为我国历史上的十年"文化大革命"时期，也是我国高等教育国际化发展的中断时期。这一时期高等教育发展的特点是出现了不抓教学、只搞革命的混乱局面，导致高考入学考试制度被废除，课程设置被打乱，高等基础和专业知识被大量删除和简化。知识分子被打压，只要涉及专业知识就会被指责走白专道路。包括留洋回国在内的所有知识分子

---

① 吴坚.当代高等教育国际化发展[M].北京：人民出版社，2009.

在这种压制的环境中很难对国外较为先进的科学技术知识进行全面学习，因为学习国外先进的科学知识和先进科学技术很容易被认为是搞资本主义和修正主义。更有甚者，如果有人用外语阅读国外科技文献，便会被认为是敌特分子。此时的中国高等教育处于极度的封闭状态，教育的发展严重脱离了正常发展的轨道。因为排斥国外的一切文化，教育国际化的正常发展根本无从谈及。

由此可见，我们可以得出结论，20世纪70年代以来我国高等教育国际化的发展几乎全面受到知识的内在追求所支配。学者和学生的跨国流动主要基于个人追求学问和传播知识的动机，是一种私人性质的活动，而且大多情况下是自发行为。该时期我国与世界上其他社会主义国家开始了以教育互访为形式的浅层面交流。学者和学生的跨国流动，不论是非官方的或是官方的，其交流的规模都不大而且形式单一。跨国流动的区域范围不大，主要基于同质文化圈内进行。我国高等教育模式主要借鉴了苏联模式，在早期取得了一定的成绩之后，随着历史的发展，苏联模式已经不再适应我国经济社会的发展现状。随即而来的文化浩劫使得我国高等教育国际化发展的进程暂时中断，这也给我国高等教育国际化留下了后期发展空间，新的发展进程开始在压抑中酝酿。

（四）初步发展期：改革开放到20世纪末期高等教育国际化的发展

1978年党的十一届三中全会召开以后，我国高等教育国际化终于迎来了快速发展的机遇。改革开放之后，国家把发展的重点放在了高校的建设和发展上，邓小平同志更是提出了"教育要面向现代化，面向世界，面向未来"的重要指示。与此同时，中国开始建立社会主义市场经济体制，实施经济体制改革。市场经济的核心环节在于建立竞争机制。在世界经济全球化和一体化的背景下，这种竞争本身就带有国际化的属性，这就要求作为参与市场竞争主体的人才要具有广阔的国际视角和国际化的知识结构。

鉴于此，对于绝大多数的中国的高校来说，推进我国社会发展的首要任务便是培养能够应对国际化所带来的挑战的高级专门人才。经济体制的改革和发展带动了教育领域内的改革和发展。高校办学自主权的逐渐扩大使得高校与生产、科研及社会其他层面的联系不断增强，这为高校在市场经济中的发展与进步，以及高等教育体制的改革奠定了坚实的基础。高校办学自主权不断扩大使得高校与国际学术界的校际联系、交流和合作活动变得日益频繁，从这个意义上来讲，高校成为推动我国高等教育国际化的重要载体。

这一时期高等教育国际化发展情况可以总结如下：

1. 在我国高等教育国际化发展的宏观政策和法规制定层面，1985年5月27日发布的《中共中央关于教育体制改革的决定》指出："要通过各种可能的途径，加强对外交流，使我们的教育事业建立在世界文明成果的基础之上"。20世纪90年代，我国高等教育国际化进入了发展的首个高潮期。1993年2月13日出台的《中国教育改革和发展纲要》指出："进一步扩大教育对外开放，加强国际交流与合作，大胆吸收和借鉴世界各国发展和管理教育成功经验"。《中华人民共和国教育法》于1995年3月18日审议通过，该教育法用专章规范了教育的对外交流与合作，较详细地谈及了有关教育国际化方面的态度、方式、方法等问题。教育部于1998年的12月24日颁布了《面向21世纪教育振兴行动计划》，该计划的第16条明确提出，要"加强国际学术交流。除继续派遣短期学者外，选拔高级访问学者，针对性地到国外一流大学进行研修交流。邀请海外知名学者来华进行短期讲学和研究，鼓励留学人员回国服务"。这些政策和法规都有利地我国高等教育国际交流与合作的措施和目标朝着制度化、效率化和规范化的发展。

（2）在出国留学培养层面，1986年，国务院对于国家教委起草的《关于出国留学人员的若干暂行规定》给予了批示和通过，这使得我国高等教育国际化发展在学员流动层面被激活。教育部于1978年8月4日发布了《关于增选出国留学生的通知》，决定从1980年开始每年派3000人出国留学，从此开启了一个全新的留学生教育时代。1981年，国务院又出台了《关于自费出国留学的暂行规定》，对自费留学进行规范的同时，也为自费留学提供了政策保障。留学生政策开始由国家公费派出留学到允许单位派出，进而鼓励了自费留学，并把自费留学定位为贯彻改革开放、引进国外智力的一个重要方面。《关于出国留学人员工作的若干暂时规定》于1986年颁布，该规定提出了"按需派遣、保证质量、学用一致"的留学生派遣的基本方针。1992年8月，国务院又出台了《关于在外留学人员有关问题的通知》，进一步提出了"支持留学，鼓励回国，来去自由"的新方针。

（3）在留学生培养方面，1972 年到 1978 年年底的 6 年中，我国共接收留学生 2498 人，年均不到 417 人。改革开放以来，派遣来华留学生的国家数目不断增加。1979 年 1 月，教育部和外交部等有关部门联合召开了外国留学生工作会议，会上确立了接收外国留学生的十六字方针，那就是"坚持标准，择优录取，创造条件，逐步增加"。此次会议之后，我国接收外国留学生的规模迅速扩大，接收程序也越来越规范。有关数据统计表明，1996 年我国接收留学生共计 41211 人，一跃成为世界接收外国留学生最多的八个国家之一。[①]

（4）在合作办学层面，20 世纪 80 年代和 90 年代初期，中外双方在我国境内、外合作建立的办学机构逐渐增多。比较典型的合作办学项目为 1898 年美国俄克拉荷马州城市大学与我国天津财经大学合作的工商行政管理硕士项目，这个项目也成为第一个被我国官方批准授予外国学位的中外联合办学项目。1993 年，为加强对外合作办学的规范管理，我国政府出台了《关于境外机构和个人来华合作办学问题的通知》。1995 年颁布并实施了《中外合作办学暂行规定》。至此，中外合作办学走上了规范且迅速发展之路。1996 年，《关于加强中外合作办学活动中学位授予管理的通知》由国务院的学位委员会办公室出台，该规定不仅对我国境内中外合作办学机构给学生授予中国学位和国外学位进行了严格规定，并且对中国教育机构在境外办学授予中国学位也进行了相关规定，这一规定为《中外合作办学暂行规定》提供了内容上的重要补充。

（5）我国高等教育国际化的发展呈现出多样化的交流与合作层面。1982 至 1985 年间，我国举办的教育国际会议共计 47 次。国家教委直属高校和单位仅在 1995 年就派出专家 1938 人，共计出席 56 个国际会议，与会人员中具有高级职称的人数达到了 84.5 %。1985 年，我国开始了对外国研究生的招收与培养工作。1985 至 1986 年间，教委直属高校聘任外国学者、教授 60 多名，他们成为我国高校的客座教授。1979 年，中美建交之初，邓小平同志便与美国总统卡特签署了《中华人民共和国政府与美利坚合众国政府教育交流合作协定》，并在后来的相关议定书内规定了两国教育合

---

① 董秀华. 从国家化走向国际化——21 世纪中国教育发展的一大趋势 [J]. 全球教育展望，2001（6）：64-70；44.

作的内容、原则与范围。1980 年开始，我国教育部开始与日本的国际交流基金合作，旨在利用该基金为我国大学日语专业的教师进行培养。1993 年，中德双方于在科尔总理访华期间续签了《文化交流计划》，并签署了政府间协议，允许德意志学术交流中心在我国设立办事处。

由此可见，20 世纪 80 年代以来，我国高等教育国际化发展的主动性增强，人员流动的指向开始逐渐由"单向"转向相对对等和均衡的"双向"。经济因素和政治因素开始逐渐成为推动高等教育国际发展的根本力量。我国高等教育的国际化发展涉及层面变宽，从政策法规导向支持到留学生培养教育和中外合作办学，以及到各种形式的中外交流与合作。我国高等教育中外合作办学从 20 世纪 80 年代带有扶持性质而且谋求中国市场长远利益的合作，发展到 20 世纪 90 年代的采取审慎态度及以我为主的依法管理层面。这一切都表明，我国高等教育层面的合作办学由限制开放向慎重开放的巨大转变。

（五）特色发展期：21 世纪以来高等教育国际化的发展

进入新世纪之后，我国高等教育国际化开始向纵深方向发展，特别是开始步入特色化的高等教育中外合作办学之路。这种路径实施是以规范性的政策法规为指导，全力推进高等教育国际化发展进程。

2001 年 12 月，中国正式加入世界贸易组织之后，在教育领域尤其是高等教育领域里面，我国之前的《中外合作办学暂行规定》中的一些条款与我国加入世贸组织时的承诺出现了不一致的地方。对这一系列的问题，我国政府组织了相关专家和工作人员研究了以往中外办学政策法规，于 2003 年制定并出台了《中华人民共和国中外合作办学条例》，共计 8 章 64 条款，分别从总则、设立、组织与管理、教育教学、资产与财务、变更与终止、法律责任和附则方面明确了我国支持和倡导的国际合作办学方向、层次及开展领域。该规定也成为了我国历史上第一部关于中外合作办学的行政性法规。2004 年，教育部出台了《中外合作办学条例》，与此同时停止执行 1995 年制定的《中外合作办学暂行规定》。新的实施办法主要是针对中外合作办学的项目与机构的设置条件、招生规模、收费标准及办学质量等方面提供政策规范，是对《中华人民共和国中外合作办学条例》在配套政策上进行的可细化性操作。

针对中外合作办学项目和机构的审核等方面，教育部于 2004 年出台了《关于做好中外合作办学机构和项目复核工作的通知》，旨在"引入国外真正的优质教育资源，规范招生、收费、颁发证书等方面的制度，遏制资质不良的境外机构与国内不具备办学条件的机构违规办学，维护正常教育秩序"。我国中外合作办学项目与机构的审核工作开始了大规模治理与整顿工作，这种复审和整治工作随着后来颁布的《关于中外合作办学机构和项目复核下一步有关工作的通知》（2005 年）、《关于当前中外合作办学若干问题的意见》（2006 年）和《关于进一步规范中外合作办学秩序的通知》（2007 年）稳步地向前推进。

　　我国中外合作办学的监管信息平台于 2008 年试运行。这一平台是在借鉴和学习了教育涉外监管信息网络针对强加自费出国学习监管工作的典型做法之后，着手设计和开发的。这个平台全程对中外合作办学起点、办学过程、证书发放等环节进行动态监管。作为该监管信息平台的一部分，颁发境外学位和学历认证工作主要分三个环节进行：一是办学实体提交颁发证书的认证信息；二是学生发出认证申请；三是学生在申请认证注册账号后查询。这些措施都表明，通过信息的全面发布，在政府服务社会和管理社会职能的发挥下，政府主管部门、社会参与力量和学生共同致力于监管的模式日益形成。中外合作办学公开和透明的科技化行政办公保证了受教育公民的参与权、知情权、监督权和管理权。

　　在中外合作办学的评估方面，2009 年教育部开始采用分阶段渐进式的方法，对四个省的中外合作办学进行评估，这种渐进式评估是将一项改革方案或者政策在一定的区域和范围内试行，待积累了经验之后，结合政策和所取得的成果再次调整政策，从而在更加宽广的范围内推进改革措施。无论是中外合作办学的评估，还是中外合作办学政策的调整，都体现了中国特色的渐进式改革模式。

　　《国家中长期教育改革与发展规划纲要（2010—2020）》于 2010 年 7月出台。这一纲要基于国家发展的总体战略，对未来十年我国教育改革与发展进行了规划，具有里程碑式的意义。在纲要中，教育开放的扩大和优质教育资源的引入被重点强调，"吸引境外知名学校、教育机构和科研机构以及企业，合作设立教育教学、实训、研究机构或项目。鼓励各级各类学校开展多种形式的国际交流与合作，办好若干示范性中外合作学校和一批中外合作办学项目。探索多种方式利用国外优质资源。"这一纲要关于中外合作办学的条款提供了中外合作办学所需要的资源支持。至此，中外合作办学领域也被国家吸纳为教育经费的帮扶资助范围。

高等教育层面的中外合作办学在新世纪的第一个十年发展中主要体现出了以下明显的特点[①]。

（1）合作的对方以英语国家为主。日前我国对外合作院校主要来自英国、美国、加拿大和澳大利亚这四个英语国家，占合作院校总数的70%。其次的合作院校依次来自德国、法国、日本和韩国。这种倾向也与我国国内的教育投资倾向高度吻合，考虑到未来的职业规划，选择去文凭认可度更高的英语国家学习可以给毕业生增加就业优势。

（2）合作办学项目在我国的地域分布不均衡。我国的合作办学项目和学校大都集中在东部发达和沿海地区。这些都体现了我国现有的教育合作项目所具有的教育贸易属性，而不是教育援助属性。

（3）所合作的学科中，以商科和信息技术学科为主。这些学科不像人文和社会科学那样需要很多图书馆资源支持，又不像自然科学那样需要发达的实验室环境，因此这些学科具有低投入、高回报的特点。

---

① 孟越，刘红，佟晓丽.辽宁省高等教育国际化问题研究 [M].沈阳：辽宁教育出版社，2013.

第三章 我国高等教育国际化的现实审视

经过改革开放 40 多年的发展，中国高等教育的国际化取得了极大进步。中国已成为世界上最大的留学生生源国，也是重要的留学目的国。随着"一带一路"倡议的推进和中国各项开放政策的支持，中国高等教育国际化迎来了挑战和新的机遇。来华留学在"一带一路"倡议下快速发展，泰国、印度及巴基斯坦等邻近国家的留学生人数增幅大大增加，平均值已经超过 20 个百分点。这也大大降低了中国高端人才外流带来的风险。

本章立足我国高等教育国际化的现状，深入剖析我国高等教育国际化发展中存在的问题及原因，为探索我国高等教育国际化发展实践创新路径奠定现实依据。

一、我国高等教育国际化的现状

（一）中国学生出国留学情况

1.中国出国留学人数持续增加但增速放缓，中国出国留学生数量继续保持世界第一。自 2009 来以来，我国出国留学人员增速放缓，但留学生数量保持世界第一位。从教育部最新公布数据来研究，中国留学人员的增长速度从 2015 年到 2016 年下降 9.93%，只有 3.97%。但是总人数依然庞大，达到 54.45 万人。这也是自 2000 年以来第 6 次出现个位数的增长率。从累计数据来看，1978—2016 年中国出国留学人数累计达 458.66 万人，其中正在国外进行相关阶段学习和研究的留学生为 136.25 万。[1] 从累计数据看，1978—2019 年，各类出国留学人员累计达 656.06 万人，其中 165.62 万人正在国外进行相关阶段的学习或研究；490.44 万人已完成学业，423.17 万

---

[1] 数据来源：2011—2017 年数据来源于教育部网站公布数据——笔者注

人在完成学业后选择回国发展，占已完成学业群体的 86.28%。[①] 而 2013—2019 年，中国出国留学人数逐年增长，增速波动较大。2018 年中国出国留学人数为 66.2 万人，同比增长 8.9%。其中，国家公派 3.02 万人，单位公派 3.56 万人，自费留学 59.63 万人。到 2019 年，中国留学人口规模已经突破 70 万人，留学市场持续扩大。[②]

从总体趋势上看，近二十年中国学生出国留学的人数总体上呈高速上升趋势，但是其增长率经历了几次起伏。进入 21 世纪以来，中国出国留学生的数量除 2003 年因为"非典"的影响有所下降外，一直呈现显著增长态势，近十年中除 2007、2013 和 2016 年，其余每年增长人数均超 3 万人。中国留学人口的增长率在 2009 年为 27.53%，达到了最高值，之后略有下降。在 2013 年下降至 3.6%，但是 2017、2018 年又有回升的趋势，达到两位数。从数量净值上计算，2015 年是人员数量增长最多的一年对比前一年增加了 6.39 万人，增幅为 13.9%。到 2019 年，中国留学人口规模已经突破 70 万人，留学市场持续扩大。[③]

根据全球化智库（CCG）《中国留学发展报告 2017》研究报告显示，美国、加拿大、澳大利亚、日本，韩国等国家的留学人员比例中中国留学生占比依然是第一。在美国、加拿大、澳大利亚、新西兰等国家，中国留学生的比例占该国留学生的比例超过三分之一；在韩国和日本留学生的占比中更是超过了一半；在欧洲国家的中国留学生虽然占比没有超过 10 个百分点，但是同样中国留学生也是该国留学人员的主要来源。从中国留学生占比变化情况来看，2016 年中国留学生在各主要留学国家的比例变化基本不大。其中，澳大利亚、瑞士占比增幅较大，分别为 6.2% 和 6.86%；日本、韩国和俄罗斯占比有所下降，降幅分别为 6.6.4.7% 和 6.3%。可以看到的是，虽然中国留学生在日本、韩国和俄罗斯的占比下降，但并没有影响中国作为最主要留学生生源国的排名。

① 2019 年度出国留学人员情况统计 _ 中华人民共和国教育部政府门户网站 [EB/OL]. http：//www.moe.gov.cn/jyb_xwfb/gzdt_gzdt/s5987/202012/t20201214_505447.html.

② 2020 年中国留学发展现状及趋势总结（附报告下载）_ 艾媒网 [EB/OL]. https：//www.iimedia.cn/c1020/74107.html.

③ 2020 年中国留学发展现状及趋势总结（附报告下载）_ 艾媒网 [EB/OL]. https：//www.iimedia.cn/c1020/74107.html.

在"新冠"肺炎疫情的影响下，大部分中国计划留学的学生选择推迟留学计划，三、四线及四线以下城市取消留学计划的人数比一、二线城市更高，疫情对三、四线及四线以下城市学生的留学计划影响更大。虽然有接近90％的留学生认为国内更安全，但是仅有20.7％的人选择取消留学计划，更多是选择推迟留学计划或者改变留学国家，留学群体的留学意愿比较高。留学是开拓视野、实现自我提升、增加就业竞争力的工具，尽管疫情影响，但留学市场的刚需仍然存在。目前，中国留学生主要以英国、美国、加拿大为意向国家。受到美国疫情及中美关系的影响，英国反超美国，成为中国留学生的首选国家，同时由于地理优势，日本、新加坡、韩国也备受留学生的青睐。

2.本科留学生留学专业选择有所变化。在"互联网＋"持续发展的刺激下，金融领域、贸易领域和企业管理等方面出现了新一轮的增长，随着相关领域的发展需求，留学生出国留学就读专业的选择也随之变化。工商管理学专业选择比例持续回暖，外国语言文学和教育学专业保持持续增长，但计算机与信息科学较2015年有所下降，工程科学继2014年后依然持续下降。[①]

3.中国自费留学比例居高不下，留学发展趋于大众化。随着中国经济的发展，居民收入明显提高，留学教育趋于大众化态势。从留学费用来源看，我国自费出国留学生比例居高不下。2016年自费留学人数高达49.82万人，同期国家及单位公派留学人数仅4.63万人，自费留学比例91.50％，连续第八年达到91％以上。[②]

4.留学生国外留存率有所降低，海归就业压力持续增大。随着中国经济的高速发展，自费出国留学人员大幅上涨，同时目标国的移民政策收紧，也促进留学人员的回流，回国留学人数持续增长，导致了海归学历含金量的降低，进而留学归国人员的就业压力也进一步增加。根据《2017中国海归就业调查报告》分析数据来看，留学回国人员的就业有着明显的劣势。由于不了解国内就业形势和企业需求的留学人员被调查者占比65.9％；接受了新的文化，不再适应国内的人情社会的占比被调查者45.3％，还有大

---

① 数据来源：中华人民共和国教育部网站 [EB/OL]. http：//www.moe.edu.cn/jyb_sjzl/.

② 数据来源：《中国统计年鉴2016》中华人民共和国教育部网站 [EB/OL]. http：//www.moe.edu.cn/jyb_sjzl/.

约41％的留学人员被调查者认为不熟悉国内市场环境的因素，也影响他们的就业。

（二）中国现阶段来华留学生状况

1. 来华留学生比例持续增长，但留学"赤字"依然严峻。从教育部对在中国留学的留学生统计数据显示，2016年到中国留学的外国人达到44.3万人，与2015年相对达到11.3％的增长，相对于2014年达到了29.9％的增长，也就是说2016年相对于2014年来华留学的人员上涨了3倍。[①]2018年共有来自196个国家和地区的492185名各类外国留学人员在全国31个省（区、市）的1004所高等院校学习，比2017年增加了3013人，增长比例为0.62％（以上数据均不含港、澳、台地区）。[②] 由于国内高校国际化起步较晚，留学过程还受到一些其他因素的阻碍，来华留学人员的数量还是远远低于出国留学人员的数量，留学人数的逆差依然非常大，问题很严峻。留学生"赤字"居高不下，这依然是下一步中国高等教育国际化需要解决的问题。

2. "一带一路"沿线国家人才来华留学成为新的增长点

随着"一带一路"项目的推进，中国的大国地位和经济的主导地位进一步凸显，越来越多的沿线国家看到了中国经济发展带来教育发展的潜力，推动了来华留学人员数量的快速上涨。数据显示，"一带一路"沿线国家中，多个国家来华留学生的增幅超过20％，其中包括韩国、泰国、印度、巴基斯坦、印度尼西亚和老挝。

"一带一路"沿线国家到中国留学的快速发展，可以为整个项目的发展储备高素质人才，也为中国在此项目中的主导地位确立、输出中国文化带来了新的发展机遇。中国的经济崛起和大国地位的确立，提升了国际影响力，越来越多的国家掀起了学习汉语的热潮，了解中国文化，到中国来学习地道的汉语也成为新的需求。这有力地促进了来华留学生数量的增长，降低了中国教育国际化中输入和输出人才的逆差。

我国高等教育中外合作办学从总体规模上看，截至2019年8月，除青海、

---

① 数据来源：中华人民共和国教育部网站 [EB/OL]. http：//www.moe.edu.cn/jyb_sjzl/.

② 2018年度我国来华留学人员情况统计_中国教育在线 [EB/OL]. https：//news.eol.cn/yaowen/201904/t20190412_1654312.shtml.

宁夏、西藏三地外，其余地区均开展了中外合作办学活动。经教育部审批、复核及备案的中外合作独立大学、二级机构和项目共有 1996 个，其中专科层次中外合作办学机构和项目 887 个，本科及以上中外合作办学机构和项目达到 1109 个。[①] 随后由国家发展和改革委员会、商务部和外交部于 2015 年 3 月联合发布的《推动共建丝绸之路经济带和 21 世纪海上丝绸之路的愿景与行动》中，提出要加强与"一带一路"沿线国家和地区之间的教育合作和人才交流的力度。并明确指出，增加中国与沿线国家之间的互派留学生数量，进一步扩展中外合作办学和共建项目，中国政府每年向沿线国家提供 1 万个政府奖学金名额，为更好促进沿线国家间教育的合作和人才的培养。[②] 2016 年 7 月教育部颁发了《推进共建"一带一路"教育行动》的通知，以求高等教育更精准地服务于"一带一路"倡议的发展和需要，其中明确表示"同沿线国家和地区之间展开更高水平合作办学""探索开展多种形式的合作办学""推动优质资源走出去，优质资源引进的步伐""聚力共建教育共同体"等。通知还就实施人才联合培养计划、教育援助计划、合作办学推进计划、"丝绸之路"的留学推进计划、师资培训推进计划、发挥国际平台作用等多项计划做出详细的规定。[③] 在政策的支持与引导下，截至 2019 年 8 月，我国已有 20 个省、1 个自治区和 3 个直辖市同"一带一路"沿线的 10 个国家和地区开展了不同层次的中外合作办学活动，项目和机构总数高达 207 个。

我国已有 20 个省、1 个自治区和 3 个直辖市与"一带一路"沿线的 10 个国家和地区（俄罗斯、白俄罗斯、波兰、新加坡、马来西亚、泰国、印度、以色列、阿联酋和乌克兰）开展了 207 个高等教育中外合作办学机构和项目。山西、四川、宁夏、贵州、青海和西藏六地与"一带一路"沿线国家和地区尚未开展任何高等教育中外合作办学机构和项目。截至目前，与我国合作举办高等教育中外合作办学机构和项目数量最多的"一带一路"沿线国

① 中华人民共和国教育部中外合作办学监管信息平台官方网站 [EB/OL]. http：//www.crs.jsj.edu. cn/index.php/default/index.

② 陈丽萍 ."一带一路"激活中外合作办学大市场 [J]. 中国外资，2017（01）：44-46.

③ 李星云 ."一带一路"战略背景下我国高等教育的困境及发展路径 [J]. 南京理工大学学报（社会科学版），2016（05）：1-5.

家是俄罗斯,项目和机构总数达 119 个。新加坡、白俄罗斯和波兰数量次之,分别是 28 个、14 个和 14 个。以色列和阿联酋数量最少,为 1 个。

从合作对象来看,我国主要与"一带一路"沿线的俄罗斯、白俄罗斯、新加坡、马来西亚等优质教育资源充足的国家开展中外合作办学活动,与沿线其他国家开展的中外合作办学的数量较少,甚至没有。从中外合作办学的整体水平来看,我国高层次的办学机构和项目相对较少,本科层次中外合作办学机构和项目占主流,专科层次与硕士及以上层次的中外合作办学机构和项目之间的数量悬殊较大,专科和本科学历在目前中外合作办学总体中所占比例远高于硕士及以上学历。

截至 2019 年 8 月,我国与"一带一路"沿线国家和地区开展的高等教育中外合作办学机构和项目共 207 个,其中专科层次机构和项目 81 个,本科层次机构和项目 108 个,硕士及以上层次中外合作办学机构和项目 18 个。本科层次、专科层次和硕士及以上层次的中外合作办学比例分别为:52.17 %、37.13 %、8.7 %。

3. 国际学生在华学生实习就业政策取得新的突破。2015 年,首先从国家层面对于留学生的签证政策有了新的举措,对于国外留学生,支持在上海科创中心进行毕业实习,或者从事创新性的项目研究,对于符合条件的外国留学生可以提供为期 2 年的私人事务拘留许可。基于此最新政策,北京市和广州市也先后发布了一些允许外国留学生在完成学业以后在特定区域实施毕业实习和从事创新项目的便利。

2017 年 1 月,人社部、外交部和教育部联合发布《关于允许外籍优秀高校毕业生在华就业有关事项的通知》放开了国外留学生在中国就业的政策。对于优秀的外籍毕业生将会发放长达 5 年的工作许可证。优秀毕业生的标准为取得国内高校或者外国著名高校的硕士(含)以上学位,并且毕业时间不超过一年。同年 3 月份,公安部又推出了 7 项出入境政策措施:将支持来华留学和外籍学生到中国创业实习的政策范围拓展到另外 15 个省市,并延长了私人事物类居留许可的有效期。这些政策打破了之前外国留学生在中国就业或者创业的最大阻碍,为我国引进国外的高素质人才,起到了促进作用。同时,也将中国高等教育国际化的发展向前推动了一大步。

（三）中外合作办学

高等教育大众化时期，国内教育国际化供给严重不足，多样化教育呼声日益高涨，中外合作办学模式在国家战略与现实问题中应运而生。截至2016年，全球包括美国、英国、法国、德国在内的31个国家和地区，500多所高校与中国的高校开展了合作办学。截至2018年7月，我国教育部教育涉外监管信息网的相关统计数据显示，全国除西藏、青海、宁夏、甘肃、香港、澳门、台湾之外的27个省份，我国地方教育行政部门批准创办的高职教育中外合作办学项目和机构共有862个。其中，包含826个中外合作办学项目，以及36个非法人中外合作办学机构。

从《中国留学发展报告（2017）》中看到，中国创办了非常多的国际学校，包括中外合作办学等多种模式，为低龄化留学人群提供了新的选择。目前很多国内家长从孩子很小的时候就把孩子送到国外，接受所谓的西方教育。国际化学校为这部分人群提供了新的留学方式，通过在国内就读国际学校，为孩子增加将来进入世界名校的机会。数据显示，中国大约有550所英语国际学校，是全球拥有国际学校最多的国家之一。

大力发展国际学校和中外合作办学是教育发展的重要创新，有效推动了我国教育事业的国际化发展进程，也为更多的有留学计划的学生提供了新的选择。

二、我国高等教育国际化发展中存在的问题

经济全球化下，高等学校教育国际化的步伐越来越快，国际化的趋势越加显现，不同国家、民族、文化人员彼此之间交流、学习日渐频繁，交流合作涉及领域越来越广，内容和形式得到极大丰富，层次也提升很多。然而，我国不少高校教育国际化仍处于较低水平，其发展受到地域环境、学生认知能力、办学氛围等众多因素影响。面对巨大的压力和挑战，高校必须准确认识自身发展情况，明确自身问题所在，并积极寻求解决的对策，以紧抓机会，迎难而上，不断提升自身的教育国际化水平。

（一）高校国际化办学和管理等理念缺失

首先，当前高校的教育国际化发展理念非常薄弱。从发展现状来看，

高校教育国际化的内容已经包含了学生的国际化流动、教师及专家的国际化流动、引进国外优秀智力资源、汉语国际推广、参加或者举办国际学术会议、国际科研合作和合作办学等层面的内容。如果仍将教育国际化的工作定位在传统的外宾团组接待与访问团组的派出，高校教育国际化进程将停滞不前。大多数高校把发展的重点放在本土化领域，学校自身的发展空间的限制进一步使高校在发展过程中呈现出自我封闭的趋势。国际化视域的缺乏导致真正地了解和融入国际社会成为空谈，理解教育的国际化的真正内涵更无从谈起。有些高校更是单纯地将人才培养的目标定位在为地方经济和社会发展培养人才的狭窄领域内。这种对国际化人才培养的轻视，致使高校所培养出的人才无法具备在国际市场中竞争的能力。

其次，在国际化办学管理理念方面，地方高校尤其体现出在管理制度和管理机制方面的缺乏。比如，很多地方高校长期以来沿用的是陈旧体制下的外事管理模式，在行政管理模式和管理制度上存在着很大的趋同性。校级层面在教育国际化发展过程中起到了主导力量，而二级学院、相关职能部门和教职员工没有积极地参与到这个过程中来。

目前，高校国际化办学缺乏监督机制，很多国际化交流协议和项目流于纸面，在缺乏跟踪的情况下处于非实质性开展状态。在从事相关科学研究时，因为很多教务信息没有得到及时反馈，而导致缺少数据方面的实证性支撑。在管理机制方面，还存在着约束及激励机制、管理部门分工模糊等问题。对于从事教育国际化工作的高校行政人员，应该实行激励和约束机制，要进行效绩考核，对于表现优秀的行政人员进行奖励。高校中的国际合作办学学生及外国留学生工作办公室要受到学生处（工作部）和所在学院的双重领导。

（二）高校国际化办学经费投入不足且来源渠道单一

高校教育国际化发展需要多渠道的资金支持。教育国际化要想得到长足的发展，财力的投入是基础中的基础。目前，地方高校的教育国际化发展经费普遍不足，经费的来源完全依赖于学校教育经费的划拨。近年来，地方高校的扩建与扩招，资金的支持力度进一步被削弱，发展国际教育的经费就更加难以保证。资金的不足直接导致国际教育的教学及生活设施不适应国际化发展的要求。

地方高校经费的主要来源是地方政府的财政收入。地方高校教育国际化的发展急需拓宽经费来源渠道，加大经费的投入。只有经费投入的保障问题得以解决，地方高校的教育国际化事业才能够实现快速发展。

（三）高校师资队伍国际化水平不高

美国学者汉斯（Hans Van Ginkel）曾经指出，除了学生层面的国际间流动外，高等教育国际化更加重视教师和研究者层面的国际流动。[①] 无论是提高我国高等教育的竞争力，还是要扩大我国高等教育的人才培养规模，国际化的师资队伍及其总体水平的提高都是最重要的条件。教师队伍的素质、结构、水平及教师在教学中的有效配置是保证人才培养质量的关键因素。高校的师资国际化主要包括本土师资和国外引进师资国际化两个层面。

我国高校本土教师队伍国际化素质普遍偏低。外语水平不高，缺乏在国外留学和工作的经历已成为制约高校教师整体素质的瓶颈，这具体体现为教师及外事管理人员的听、说等外语交流能力严重不足，甚至有很多教师还不能运用外语进行教学、科研和管理层面基本的沟通和交流。国际性语言交流能力的匮乏和对国际性知识的缺失将导致难以打造出一支国际化的师资队伍。本土教师的国际交流能力并非短期内可以培养起来的，而且国内缺乏语言交流环境也制约着本土教师的国际交流能力。

高校的外籍教师数量上还没有普遍满足学校教学师资的需要，而且认为外籍教师对于学校专业课程的贡献不多。在外籍专家和教师的引进方面，高校主要存在选择性、适应性和专业性不强的问题。伴随着我国高等教育市场的开放，外国文化、教育理念、管理方式和人才等教育资源开始流入我国，特别是金融危机后的西方高等教育人才出现过剩的局面，除了一些水平高的教育人员外，不能胜任高等教育教学工作的外籍人员开始进入我国高等教育系统。由于中央部属高校对于外籍专家和教师的筛选不够，加上高校本身外专工作就存在经验不足和起步晚的特点，一些不能胜任高等教育教学工作的外籍文教人员便进入了地方高校的教育体系当中。在聘用过程中，高校更多的是重视外籍人员的专业背景和从业背景，而忽略了其跨文化解决问题的能力及之前工作单位给的反馈和评价。如果被引进人员

① Ginkel Hans Van.Internationalization in Higher Education[J].Education for Global Issues in the 21st Century，2002（4/5）：65-70.

无法做到与本土教师和谐相处，那其专业作用便无法发挥，甚至最后造成了浪费。尤其是地方高校因历史和现实原因，聘用的语言类外籍教师比较多，专业类教师比较少，新兴学科、重点学科方面来校交流和合作的专业人员更是数量有限。因此，高校要根据自身学科建设、教学层次，合理地引进国外智力资源，实现国际化发展。

（四）高校科研工作国际化维度缺乏

首先，高校的教师和研究者得到的国际科研项目资助的人数较少，与国外大学或者研究机构联合开展科研工作的人数也很少。从学校教师和研究者获得的国外科研项目来看，数量也是非常有限。尽管有时获得了一些科研项目，但从资金的支持角度来看，总的资助经费还是额度较低。很多高校并未在境外与当地大学或者研究所建立起联合实验室和研究中心等机构，导致很多境外科研资源长期不能为我所用。

其次，地方高校与地方企业之间也缺乏科研国际化领域的合作。某国企研究院外事处处长说："我们院现在与国外一些研究机构已经建立起长期合作关系，利用国外资源开展科研与合作使我院的生产与科研水平提高很快。在这一合作过程中，我们发现，有些科研领域需要借助高校的科研力量来进一步深入和完善。但是地方高校和企业之间长期处于游离状态，导致联合科研工作开展存在困难。如果处理好这一问题，无论是资金还是技术支持方面，企业和高校都将从中受益。"

（五）地方高校学生国际交流参与程度较低

高校国际化人才培养的内涵实质是学生在国内或者境外学习、交流并且与国外教育资源互动存在的一个过程，主要包含的形式有出国留学、中外合作培养项目、境外进行的短期或长期培训、来华留学生的培养等情况。

高校在教育国际化的进程中逐步意识到在校留学生的数量是反映自身教育国际化水平的重要标志，同样也是为校园及本校学生创造多元文化和国际化文化氛围的关键环节，这将有利于学生了解各国习俗，开阔国际化视野和建立跨国友谊。[①]众多高校都具备来华留学生的招生资格，但要实现规模性和高质量的留学生教育，地方高校还面临着很多困境。

---

① 贺继军.地方高校留学生教育的问题及对策 [J].浙江万里学院学报，2009，22（6）：61-65.

首先，受财力、管理和理念等因素的影响，地方高校出国交流的学生总体人数较少，能给学生提供的出国学习和交流的机会远远落后于学生自身的需求。从地方高校学生参与教育国际化的现状来看，主要存在学生国际学习和交流个人规划指导的缺失，国际交流信息共享及宣传力度不够，缺少对于学生出国交流的有效性培训，国际学习和交流存在层次偏低、项目较少和合作路径简单等问题。

其次，地方高校因留学生教育起步较晚，在留学生的培养方面通常过于关注短期的经济利益，盲目地扩招最后导致了留学生生源质量的良莠不齐。一些留学生以留学为机会，办理好签证和居留许可之后，离开学校自行活动，既给学校带来了负面影响，也给社会带来了不稳定因素。在留学生的招生过程中，有的地方高校及中介代理机构存在盲目宣传和不实宣传现象，很多留学生到校后发现留学信息与现实不符，与学校的矛盾由此产生，学校的留学声誉受损。在留学生的管理方面，地方高校因留学生较少，通常为了挽留生源而对留学生给予更多的特殊照顾，有时又因过于强调涉外影响，而对于留学生的违规行为没有严格管理，最终部分不专心于学业的留学生便利用这一机会制造矛盾与纠纷，带来不良影响。在留学生培养的专业设置方面，地方高校针对留学教育开设的专业具有趋同性，并且单一地迎合市场需求，没有形成各自的特征性教学，我国传统文化的特色专业没有得到积极的推广。留学生公寓、教室等配套设施缺乏，教学师资队伍和管理人员水平不高等因素都限制了来华留学生在地方高校的培养质量。

（六）国际化课程体系不完善

高等教育国际化并不是意味着高校的专业建设和学科建设存在一个固定的模式，更不是说欧美大学的国际化模式就是完美无缺的。我国地方高校教育课程体系与国际上发达国家的课程国际化所要求的程度差距很大，加上课程的相关设置不合理，这些就导致了高等教育难以适应国际化大发展的要求，于是出现了教学内容陈旧、重复设置、布局失调、理论与实践脱节、双语和外语教学水平低、教学质量不高等问题。

在我国现行的专业目录中包含249个本科专业，而且长期以来，国内的本科专业的设置是以学科逻辑的发展为基础，通过行政路径主导来完成的。[①] 尽管专业设置权力有所放宽和下放，但从本质来讲，我国地方高校也并没有形成针对国际社会用人市场来自行设置其专业的体制，仍然处于行政主导本科专业设置的局面。

首先，各个专业和学科对于本科领域国际前沿科学知识和科技成果的介绍很少，课程的设置并没有适应当前区域社会经济发展的需要，没能使就业前景和市场导向得到应有的重视。在课程设置的过程中，针对性、专业性和实用性的课程远远地少于涉外行业所需要的专业，国际化专业人才的培养受到制约。

其次，国外高校在专业结构和课程设置等方面体现出了弹性和灵活的特征，实现了人才培养与人才市场需求较好地结合。特别需要指出的是，与国内高校专业设置不同的是，国外高校是以课程为基础，而这也是课程设置具备国际性的具体表现。在决定国际化人才培养质量的关键环节如课程考核、毕业论文（设计）、学分、教学质量监控等方面缺乏有效的考核评价体制，导致培养出的学生达不到国际市场对于复合型人才的要求。为保障国际化人才的培养质量，建立起人才培养评价机制和评价管理体系是必要的。上述问题都成为阻碍国际化课程体系发展不容回避的问题。

三、我国高等教育国际化发展中存在问题的原因分析

（一）国际化市场竞争力不足

大多数高校在倡导实用主义观念的同时，没有正确地树立国际化发展与竞争的理念，而是狭隘地把教育发展的重点放在了本土化或者区域化领域，学校自身发展空间的限制又进一步使高校在自身发展过程中呈现出自我封闭的趋势。国际化视域的缺乏导致真正地了解和融入国际社会成为空谈，理解教育国际化的真正内涵更无从谈起。这种对国际化人才培养的轻视，致使师资及所培养出的人才无法具备国际社会竞争的能力。

优越且极具吸引力的留学政策、完善和发达的教育体系，以及较高的学术和科研水平使得发达国家很现实地成为中国学生梦想留学的首选国度。我国高等教育在国际高等教育生源市场的竞争中如何做出合理的自我定位

---

① 吴坚. 当代高等教育国际化发展 [M]. 北京：人民出版社，2009.

且采取正确的措施加以应对，将是一个严峻的挑战。随着高等教育市场竞争的日益加剧，大量的外国教育机构通过来华办学和吸引中国学生到自己国家学习的方法来抢占我国的高等教育市场。实际上美国、英国、法国、加拿大及澳大利亚等国已经吸引了发展中国家大量优秀人才，并且从中获取了大量教育资金，这些资金将对教育出口国的高等教育持续健康发展起到推动作用。发展中国家的高等教育市场出现了人才流失局面，而留学生中很多人才又选择在毕业后继续留在发达国家工作，造成发展中国家人才的二次流失，这种人力资源的流失所带给国家及地区层面的损失是无法计算的。

我国的出国留学人员回国率很低，尤其是高科技人才流失极其严重，因此出现了学生的培养在国内，学生的成果在国外的尴尬局面。导致人才流失的原因有很多，对于高校的人才而言，他们选择在国外发展的主要原因便是在接受了国际化的教育理念与培养之后，对原来所在地区乃至本国文化产生了研究条件、文化条件及生活条件等一系列领域的不适应。因此，切实提高高等教育国际化的市场竞争力将为从源头上解决上述问题提供合理路径。

（二）国际化教育资源短缺

高等教育国际化资源短缺可以从语言媒介和信息技术媒介两个层面分析。英语的广泛应用和信息技术的快速发展为高等教育的国际化办学提供了传播媒介基础。英语是国际通用语言和世界通用的文化传播媒介，是国际学术合作与交流及科研合作的首选语言。由于英语的特殊地位，它也会对国际化教育政策的制定、国际化留学和科研工作产生深远的影响。国际学术市场上随处可见种类繁多的国际期刊、教材等课程资料，同时也包括英文网络数据库等英语学术产品。毫无疑问，英语作为世界通用语言使得欧美发达国家在高等教育国际化发展的大趋势中占据有利的地位。对于非英语的发展中国家的地方高校而言，语言的障碍将是这些国家在实现教育国际化发展之前要首要解决的问题。

除去语言优势，发达国家同时还具有最前沿的互联网信息资源，以及对于数据库资源和检索系统的近乎垄断的控制。发达国家几乎垄断了全部的文化产业的传播渠道，导致在高等教育国际化的发展过程中，发达国家对于发展中国家的不均等的拥有权。加上受到了资金和设备等方面的限制，我国的地方高校在获取和利用世界前沿教育资料与网络信息资源时受到了巨大的阻力。因此，购买信息技术产品既考验着我国地方高校的技术实力，也考验着这些高校的经济实力。这一切都使得发达国家在高等教育国际化进程的全球知识体系中处于优势位置。借助市场的力量推进学术殖民，是发达国家对发展中国家文化殖民的新方式，"边缘"国家的大学在多数情况下，除了选择主动合作外，是难以进行抵抗的。①

（三）国际化发展目标不清

以地方高校为例，地方高校教育国际化的发展目标是以学术研究为中心，还是以服务国家和地方经济社会发展为中心也是导致地方高校在教育国际化发展存在问题的原因之一。这一矛盾的产生可以从高等教育哲学，即大学确立其地位的两个途径来分析，第一种哲学以认识论为基础，第二种则以政治论为基础。

坚持认识论的人在高等教育哲学领域将"闲逸的好奇"精神作为知识追求的目的，只有精确的知识才能使人们得到最终满足。高深学问应该忠于真理，忠于客观事实，要做到简洁有力、文雅严密。如同德国大学体系中的教授依据客观性原则得出不受价值影响的结论，尽力排除感情因素的影响。

坚持政治论者认为，人们对于高深知识的探讨不仅出于闲逸的好奇，更是因为它对国家的发展有着深远的影响。无论是理解复杂社会问题还是解决这些问题，离开大学和学院都是不可能实现的。现在的社会需要我们获得深奥的知识才能解决政府、企业、教育、国际关系等一系列问题，而获得这些高深知识和人才的最佳场所非高校莫属。当高校接触到日常生活时，确定高校的发展目标及使用权力实现这些目标，自然就带有了政治性。重新研究关于知识本身的理论是把认识论和政治论的高等哲学有机结合的最好途径。也就是说，高等教育和社会需求的结合不能采取预防方法以保护其不受价值自由的影响。如果大学不可避免地要卷入错综复杂的社会中

---

① 刘健.高等教育的依附发展与学术殖民 [J].高等教育研究，2008，29（12）：8-11.

去，我们不仅需要专业方面的高深知识，而且需要研究方面的高深知识。^①

以上述哲学理论为基础，地方高校在教育国际化发展过程中，一方面，要在重视理论与学术研究的同时，实现学术研究指向于为经济社会发展而服务；另一方面，为地方经济社会发展服务的同时，又要防止丧失自身原有的学术研究传统优势。地方高等教育的国际化发展要通过对地方乃至经济社会的服务，最终实现自身的完善与发展，这也是高深知识理论的内在要求。

（四）地方高校与当地政府和企业耦合机制缺乏

地方高校的生存和发展离不开当地政府和企业的支持，地方高校教育国际化的可持续性发展也要求高校与当地政府和企业建立起耦合机制。这种耦合性机制的建立需要处理好政府定位与管理，高校和企业之间的合作理念，高校、政府、企业之间的沟通和利益分配等问题。^②

随着我国经济体制和政治体制改革的深入，政府治理的模式也应该向服务型转变，尤其要重视公共服务的环节。受长期以来计划经济的影响，政府出现了自我定位不准、重管理、轻服务的局面，这就导致了不平等现象发生在各主体的合作过程中，最终没有充分发挥政府的市场资源配置管理功能。地方高校和企业之间在技术的完善性、时效性和合作理念等方面难以达成一致。地方高校和企业隶属于不同的组织体系，从各自的任务和目标来分析，存在本质上的区别。地方高校人员从事的学术研究致力于评奖及职称晋升，企业的项目开发则以市场需求为导向。在指标完成方面，地方高校以建模为标准，企业则以生产批量化为目的。

地方高校、政府和企业之间合作的关键是信息的交流和传递，这也可以被认为是一种信息的动态博弈过程。自身的信息如果无法被其他两方共享，就会导致在经营和技术能力之中出现交流不顺畅的情况，阻碍三方的有效沟通。有效机制的三方合作关系建立通常也会因领导者的更迭而受阻。地方高校、企业和政府合作的关键驱动力是利益，三方如果对技术的价值层面持不同观点，随着合作项目的推进，往往出现无法实现共赢、终止合

---

① 约翰·S.布鲁贝克.高等教育哲学[M]. 王承绪，郑继伟，张维平，等]译.杭州：浙江教育出版社，1987.

② 张志宏 . 政府—企业—高校合作创新的博弈分析 [J]. 民营科技，2012（10）：195.

作协议的现象。

不难发现，地方高校、政府和企业耦合性机制的建立应成为教育国际化发展的关键突破口之一。政府为地方高校提供教育国际化的政策和资金支持，企业可以通过提供资金支持的途径委托高校为其培养适应市场需求的国际化复合型专业人才及联合开展相关的科研项目，地方高校在教育国际化的发展过程中将为地方政府提供信息反馈和资政报告，同时为企业输送国际化人才及研究科研课题，最终实现三方共赢的局面。这种耦合机制要求三方的有机结合，是资源配置模式、技术模式及利益分配模式的创新。而从目前来看，这三方的耦合机制还没有真正地建立。

（五）高校所在地域经济发展失衡

高等教育国际化发展存在问题的另一个现实原因就是高校所处地域经济发展不平衡的限制。这也是一个不容忽视，而且迫切需要解决的问题。尤其是地方高校、地方政府的收入是其发展经费的主要来源。我国的经济发展水平呈现出东、中、西部阶梯状分布。地方政府对本地区高等教育的重视程度将决定有限的资源按何种方向进行投入。东部地区的经济最为发达，对其高等教育的支持也就更具力度。西部地区虽然经济较为落后，但因政府的高度重视，财政性教育经费支出占地区生产总值的比例要高于东中部地区平均水平。虽然中部地区的经济发展要好于西部地区，但是西部地区地方高校的在校生人均预算内公用经费却位于东部地区之后、中部地区之前。[①]

中外合作办学机构与项目可以作为教育国际化发展的重要表征之一而存在。截至 2018 年 7 月，我国中外合作办学机构和项目的地域分布情况如下：东部 10 个省、市共有中外合作办学机构和项目 552 个（约占全国总数的 64 %），其中北京 26 个，天津 9 个，河北 49 个，上海 58 个，江苏 213 个，浙江 79 个，福建 8 个，山东 46 个，广东 45 个，海南 19 个。中部的 6 个省、市，中外合作办学机构和项目共计 173 个（约占全国总数的 20 %），其中山西 20 个，安徽 29 个，江西 27 个，河南 14 个，湖北 51 个，湖南 32 个。东北地区三个省份共有中外合作办学机构和项目 15 个（约占全国总数的 2

---

① 张婕. 地方高校发展：现实与理想 [M]. 武汉：华中师范大学出版社，2010.

％），其中黑龙江1个，吉林11个，辽宁3个。西部12个省、市、自治区，中外合作办学机构和项目共计122个（约占全国总数的14％），其中四川32个，重庆17个，广西13个，陕西11个，内蒙古11个，云南13个，贵州15个，新疆10个，而甘肃、西藏、青海、宁夏等西部4个地区则没有中外合作办学机构和项目。[①]

由此我们可以发现，在改革开放后，我国高等教育领域虽然在合作办学方面得到了快速发展，各区域均开展了相应的中外合作办学项目，成立了一些中外合作办学机构，但是在地区分布上呈现出明显的不平衡的状态：东部和中部地区集中了绝大部分的中外合作办学机构和项目，但东北地区的三个省份及西部地区的十二个省、市、自治区，尤其是偏远地区的中外合作办学机构或项目数量则十分有限，但较之前已经有了长足发展。

由此可见，无论是经济发展状况还是合作办学的开展情况，地区间还是存在明显的差距，这都和地域经济发展不平衡密切相关。如何使远离国家和地区政治、文化和经济中心的中小城市的地方高校利用好教育国际化这一契机，实现教育国际化资源的合理配置与分享，实现自身的超越性发展，无论是对这些地方高校，还是对我国的高等教育来说，都充满了挑战。

（六）中外合作办学课程机制不健全

"高校课程机制的建立与运行是学校教育的重要环节。事实表明：它对推动教学改革，实施素质教育，稳定教学秩序，建立良好的学风、教风，已显示出很高的效能，使教学思想得到了巩固与加强，使教学管理步入了规范、系统、科学的轨道。"[②]中外合作办学课程机制的特殊性在于这一机制关涉了中外两方不同主体的不同关切，是中外合作办学课程系统正常运转的基本保证。于是在论及中外合作办学课程机制时，首先要对其课程系统的基本构成了解透彻。"厘定课程的主体，原先为教育主管当局，或为中央教育行政机构，或为地区教育行政机构。学校中实施课程的主体，为学校行政和教师。学生既是课程实施的对象，又在不同程度上是课程运作的参与者。这样，构成课程系统的诸环节就包括：1.教育行政机构；2.学

---

① 资料来源于教育部中外合作办学监管工作信息平台网站的数据统计汇总——笔者注

② 王伟廉.对高校课程与社会发展需要之间关系的认识[J].高等教育研究，1995（4）：64-67.

校行政机构；3. 教师；4. 学生。"①当然还有社会、家长等。由此可以看出，在中外合作办学中，课程机制关涉如下几方面关系：双方教育主管部门、双方办学主体、双方教师、中外合作办学学生、联合管理委员会等。

尽管中外合作办学的课程机制涉及了双方的教育主管部门和双方的办学主体，但是中外合作办学毕竟也是在中国境内的办学，在具体的课程机制上是以中方为主的，因为这事关教育主权问题，是一定不能含糊和颠倒的。中外合作办学的课程机制主要可以从内外两方面理解。从中外合作办学的课程决定权限来说，主要依据中国教育主管当局与学校，以及中外合作办学管理委员会之间决定课程的权力和责任分配的不同情况，可以把中外合作办学的课程机制分为外部机制和内部机制。

1. 对外部课程机制认识不清

（1）政府的规定

中外合作办学课程外部机制的特殊之处在于，双方政府对课程的规定。具体来说，一是反映中国特色政治体制的意识形态类课程要永葆"红色"，这是中外合作办学的"中"之核心要义所在。中外合作办学无论怎样与外方进行深度合作，进行课程和教学改革，在事关教育主权的问题上是绝不容有丝毫模糊的，否则也就不能成为真正的中外合作办学了。这是中国的教育主权和中国的政治制度的必然反映。教育，在某种程度上，是与政治密不可分、相互促进的，这也是无可厚非的问题。在中外合作办学中，此类课程也就是与传统办学无异的"两课"。传统办学对"两课"的基本保证机制也完全适用于中外合作办学，这是政府对中外合作办学课程机制的底线之一。中外合作办学中，政府对课程的限定之二，主要是指，《教育部关于当前中外合作办学若干问题的意见》（教外综〔2006〕5号）所规定的中外合作办学关于"四个三分之一"的表述："引进的外方课程和专业核心课程应当占中外合作办学项目全部课程和核心课程的三分之一以上，外国教育机构教师担负的专业核心课程的门数和教学时数应占中外合作办学项目全部课程和全部时数的三分之一以上"。②如果说"两课"类课程是

① 郭德红，袁东. 美国大学本科课程管理运行机制分析 [J]. 国家教育行政学院学报，2010（2）：86-91.

② 中华人民共和国教育部. 关于当前中外合作办学若干问题的意见 [Z].2006-02-07.

中外合作办学中的"中"的根本，那么关于"四个三分之一"的课程规定则是中外合作办学课程机制对于中外合作办学中的"外"的体现和要求。"四个三分之一"既是中外合作办学的硬性规定，也是中外合作办学双方合作的广度与深度的基本标准和起点。"四个三分之一"的初衷表明了教育主管部门对教育对外开放的重视，也反映出了对教育国际交流与合作的迫切需求，是中外合作办学课程机制的基本组成部分，是中外合作办学课程机制的特色所在，也是区别于传统办学形式的主要特点。

（2）学校的规定

中外合作办学课程机制中，学校对课程的规定主要体现在学校为中外合作办学人才培养目标的顺利实现所规定的基本专业基础和文化素质课程。这类课程往往反映了中外合作办学所培养的人才的基本属性，是由中国国情、社情所决定的。它们的存在是立足中国本土社会的发展需要，培养学生的国际视野、专业技能和家国情怀的保证。无论是中方学校还是外方学校，对于学生的毕业条件和学位授予条件都有明确的规定。中外合作办学双方深度合作的证明之一就是双方学分互认，学生达到双方规定毕业条件和学位授予条件后可以获得双方学位，即双学位。而在毕业和学位授予的条件中，最为核心的就是要修读完成毕业和学位授予所必须要修读的课程，并经考核合格，取得学分。这就是中外合作办学课程机制中双方学校对课程的基本规定。另外，体现中外合作办学双方共同意志的关于英语课程的共识也是其中一项课程机制。中外合作办学的英语课程既是中外合作办学区别于其他办学形式的重要特点，也是中外双方合作的基本要求，更是双方课程合作机制的主要桥梁和共通之处。无论是外方学校还是中方学校都对中外合作办学的英语课程有较为明确的要求，如雅思分数等。这既是中外合作办学课程建设和实施的大前提，也是课程目标和人才培养目标顺利实现的保障。

（3）社会（企业）的影响

社会需求是中外合作办学人才培养目标的基本依据之一，而目标实现的基本保证则是中外合作办学的课程。因而将社会需求纳入中外合作办学的课程机制，是中外合作办学"接地气"的直接表现。对于中外合作办学的课程而言，社会需求既涵盖中国本土社会，也包含国际社会（市场），这样的课程机制才是国际化的。社会（企业）对人才的具体要求，知识、技能、素质等，都有较为明确的取向性，直接影响着中外合作办学的课程设置、课程内容和课程实施等。社会对中外合作办学课程机制的影响主要体现在：中外合作办学能否常态化跟踪调查社会市场的动向，并随时准备根据市场的需要而调整人才培养目标和课程，并对课程的各方面进行评估，从而满足社会所需。

（4）评估对中外合作办学课程的影响

中外合作办学的评估以政府为主导，认证由民间倡导，各具特色。如果从2000年国务院学位办组织的全国中外合作办学教学评估算起，目前政府组织的中外合作办学评估已有5轮。上海市教育评估协会早在2010年前就进行中外合作办学认证的探索，中国教育国际交流协会对认证的探索也在进行之中，目前已有10来家中外合作办学机构或项目自愿申请参加认证。由于起步不早，理论准备不足，无论是评估还是认证，其基本制度尚未建立。对于"评什么""谁来评""怎么评"等问题还要进一步厘清。因此，按照"管办评分离"的基本要求，以提高中外合作办学发展质量为中心，创新评估认证基本理念，增强评估指标体系的科学性和可行性，建立规范高效的评估认证组织系统和运行机制，对中外合作办学的课程具有重要意义。"引进的外方课程和专业核心课程应当占中外合作办学项目全部课程和核心课程的三分之一以上，外国教育机构教师担任的专业核心课程的门数和教学时数应占中外合作办学项目全部课程和全部时数的三分之一以上。"（《教育部关于当前中外合作办学若干问题的意见》教外综〔2006〕5号）。《中外合作办学评估试点工作总结报告》发现："引进的教育资源总体水平不高，国家关于外教、外方课程、授课时数等要达到三分之一的比例未能得到严格执行。……自评报告中关于外方教师、授课时数、引进课程不足的统计，关于课程安排，教学水平指标的满意度调查结果中满意率不足50%等情况说明了这一点。……中外合作办学可持续发展受经费、师资、管理等因素影响，同时也影响着共同课程的开发。"[1] 反观之，评估机制对中外合作办学的课程建设同样起着约束和促进作用。评估与认证是中外合作办学课程

---

① 中外合作办学研究中心.中外合作办学评估试点工作总结报告 [R].厦门大学，2013.

问题的指示灯和风向标。很多办学者走上了根据评估和认证来办学的道路，将评估和认证作为中外合作办学的中心工作，把课程建设分解成若干浅表化的指标，成为中外合作办学的"数量装裱"，而非质量内涵，这是评估机制运用的失当。中外合作办学课程问题的诸多显现，都与评估的运用失当有着千丝万缕的联系，使得评估机制成为中外合作办学课程问题的重要影响因素之一。

（5）对外部机制认识不清而导致的课程问题

中外合作办学的外部课程机制的作用在于：在中外合作的特定文化中，中外合作办学教育要保持起码的底线和标准，才能适应中国社会和市场的要求，同时又要尽量满足引进优质教育资源的初衷，促进中国教育的发展。只有从国家层面，在国家范围内统一相关课程的设置，顾及国别差异、地域差异、文化差异，保持本源，吸收先进，建立一整套完善的课程外部机制，才能有助于中外合作办学的课程建设。但是外部课程机制的一大隐忧是稍有不慎就容易走向极端，认识不清也会使外部课程机制引发中外合作办学课程的各种问题。过于集中就会导致失去活力和特色，成为"千人一面"，这是无论外方还是中方办学者都不愿看到的，也是背离教育主管部门的初衷的，毕竟不同地区、不同学校有着各自的特殊情况，尤其在地区发展不平衡、学校之间差距较大的社会，过于集中更显得不合时宜。

第一，对政府的规定认识不清，就会束缚办学的发展。政府对中外合作办学的各种规定，本意是促进中外合作办学的健康持续发展。但若认识不清，就会陷入对各种规定的应付怪圈而不可自拔。比如，为应对"四个三分之一"的规定，就会把"引入课程的量"置于"引入课程的质"之上，变成"为引而引"，只重视"能引"，而忽略了"会引"。中外合作办学课程问题中的课程设置的"拼盘"和"移植"等都与之相关。

第二，对学校规定认识不清，会对课程问题产生直接影响。双方学校本着不同的目的和动机走到一起进行合作办学，各自都对办学的诸多环节有着自己的规定。这些规定有些是相同的，有些是相似的，有些是截然不同的，但是无论其是否相同，都对中外合作办学的课程有着或多或少的影响。以英语课程为例，双方对英语课程都有着相似的规定，都要求英语运用能力达到双方规定的要求，如雅思6.0或6.5等。这些规定本无问题，但是如对之理解偏差,认识不清,会对中外合作办学的英语课程实施产生极大影响,如本章论述的中外合作办学的课程实施的单一与守旧就是部分由这些规定而引发的,还有师资问题等,都与之不无关系。

第三,对社会的因素和评估的影响认识不清,也会引发中外合作办学课程的相关问题。比如,社会的需要是中外合作办学人才培养目标的主要依据之一,但绝不是唯一依据,若认识不到这一点,就会在课程理念和课程目标上出现偏差。另外,评估的目的是"以评促改",而非"为评而评",若对这一点认识不清,就会从根本上使课程的研究与建设都走上歧途。

因此,外部课程机制的应然作用是对中外合作办学课程的一种保障,但是如果对之认识不清,就会对中外合作办学的课程建设产生巨大影响,成为中外合作办学课程问题产生的直接原因。

2.内部课程机制运行不良

教育体制、机制改革是中外合作办学的"关键"。中外合作办学的治理结构问题,治理体系的现代化问题,如内部监管、内部治理等,都是中外合作办学的具体运行机制,关涉中外合作办学的质量建设的"关键"。

(1)"国际学院模式"的内部机制对课程的影响

中外合作办学课程机制的内部机制主要是指学生、教师及联合管理委员会等在课程中的作用。其合理性在于更好地为学生服务。因而,中外合作办学的内部机制主要由双方办学主体、管理委员会及师生决定。一段时间以来,中外合作办学课程体系建设和师资队伍建设日益受到教育行政部门的重视,相关政策逐步完善;但是当前还有一些中外合作办学的管理者和教师对此重视不够,偏离了人才培养本源,使中外合作办学质量建设失去了基本依托。质量建设的基本主体是中外合作办学的内部治理机构,即中外合作办学的理事会制度和党的工作制度等。目前,中外合作办学的主要运行机制是"国际学院模式"和"依托院系模式"。这些模式和机制能否真正发挥作用,是中外合作办学的基本保障。还有在课程、教材、教学、师资等方面与外方的实质性合作机制,都对中外合作办学的课程有着重要影响。笔者调查走访了多个中外合作办学"国际学院",有不少是"综合性"的,人文、经管、理科、工科等混合在一起。这在中外合作办学初期有其必要性。但随着中外合作办学质量建设工程的推进,这样的"综合性"学院显示出一些顽症，最明显的问题在于它不利于打造优势学科群，不利于外方优质教育资源和质量保障体系的整体引进，不利于课程与教学的规范管理，等等。

（2）"三个相对独立"规定的内部机制对课程的影响

2015 年 11 月 5 日，国务院发布的《国务院统筹推进世界一流大学和一流学科建设总体方案》（国发〔2015〕64 号）指出："加强与世界一流大学和学术机构的实质性合作，将国外优质教育资源有效融合到教学科研全过程，开展高水平人才联合培养和学科联合攻关……营造良好的国际化教学科研环境，增强对外籍优秀教师和高水平留学生的吸引力。"[1]该《方案》关于"推进国际交流合作"的文字约 200 字，其中与中外合作办学直接相关的文字就占了一半。其核心要义在于必须在管理、课程、教学等层面实质性合作，深度融会贯通，这也是中外合作办学运行机制的根本要求和优势。如果这一运行机制不能得到有效满足，则会对中外合作办学各方面产生举足轻重的影响。

教育部 2018 年就不具法人资格的中外合作办学机构（二级学院）提出了"三个相对独立"要求。第一是"财务相对独立"。不具法人资格中外合作办学机构的财务应由学校财务职能部门统一管理。但是各母体学校管理模式不一，中外合作办学二级学院办得好的，其母体学校都没有对学费进行提成或截留，保持其财务的独立性。第二是"人事相对独立"。母体学校下放权力，让"二级学院"根据中外合作办学的特点在聘用教师和管理人员方面有更大的自主权。第三是"教学设施和办学条件相对独立"。母体学校应保证"二级学院"有更加独立的教学场所、教学设施和教育教学改革的平台。这"三个相对独立"就是中外合作办学运行机制的具体化。三个相对独立能否落到实处，也是中外合作办学课程建设的重要影响因素，影响着中外合作办学课程问题的产生、走向和归宿。

（3）内部机制运行不良而导致课程问题产生

中外合作办学课程机制中的内部机制能否运行良好的关键在于：一是双方合作的紧密度；二是合作管理委员会职责的充分发挥与否；三是双方教师对课程建设与教学改革的参与度；四是中国本土市场的需求和学生的

---

① 中国国务院 . 国务院统筹推进世界一流大学和一流学科建设总体方案 [Z].2015-11-05.

要求，以及国际化人才培养的趋势。双方合作的紧密度决定了外方课程引入的数和量，以及外方课程引入的深度和广度。合作管理委员会代表中外双方全权司理中外合作办学的课程建设及课程实施过程，是中外双方课程衔接和课程体系形成及课程实施的操刀手。中外合作办学课程的复杂性决定了双方教师在课程建设中的主体性作用。中外合作办学的课程实施效果很大程度上取决于教师的水平和能力，因而教师是中外合作办学课程机制的关键一环。内部机制还和市场联系紧密，要以学生要求为主旨，同时还要顺应国际化人才培养的趋势。

外部机制和内部机制都是由中外合作办学本身特点所形成的课程机制，也是可以随时随地根据客观情况进行局部动态调整的课程机制。关于课程计划、课程标准与教材，各有不同的选择，也就有调整的空间。这样，在中外合作办学中也就基本上不存在绝对"集中"或绝对"自由"的内外部课程机制。

第四章　国外高等教育国际化发展实例研究

　　目前，世界经济发展速度减缓，各个国家经济的发展陷入瓶颈，受其影响政府希望找到新的经济增长点，由于高等教育国际化能够对经济的发展起到推动作用，各国政府也开始积极推动高等教育的全球化、国际化。中国政府和高校近年来一直致力于高等教育国际化的发展，但是相比于欧美发达国家国际化程度依然相对落后，我国高等教育国际化研究实践还停留在发扬中国传统文化的阶段，还无法推动高等教育国际化的更高层次的发展。在这种形势下，充分理解和学习高等教育高度国际化国家的成功经验，对较为成功的高等教育国际化国家的策略进行解读，完善我国教育国际化进程显得尤为重要。本章旨在了解发达国家的高等教育国际化进程，学习他们的成功经验，最后能够把这些成功经验因地制宜地运用到中国的高等教育国际化进程中来。

　　在此前研究的基础上，本章将对发达国家具有代表性的高等教育国际化发展实践进行实例分析，主要选取对象为英国、美国、德国、澳大利亚和日本的高等教育国际化。

一、英国高等教育国际化

　　英国的高等教育发展历史悠久，排名世界前列的学府有牛津大学和剑桥大学，同时还拥有一批跻身于世界名牌大学行列的学校。虽然这些学校的历史没有那么悠久，但是由于其创新性和国家完善的教育制度，使其迅速跻身前列。在与其他发达国家的竞争中，英国拥有完善的高等教育国际化策略，英国政府同时推出一系列措施推动了高等教育国际化的发展。英国高等教育质量举世公认，作为曾经世界史上最强的资本主义国家，英国的高等教育国际化最开始是受巨大的经济利益所驱动的，由于高度发达的高等教育国际化程度对于文化和人才的输出，英国的高等教育国际化体系对其他国家都有影响。

（一）英国高等教育国际化历程

英国高等教育的起源大约可以追溯到 12 世纪，具有里程碑意义的时间分别为牛津大学和剑桥大学的建立。从 12 世纪到今天，已经经历 900 多年的历程。英国高等教育国际化的发展起始于 18 世纪，其国际化的历程主要分为四个时期。

1. 教育国际化的殖民扩张时期（18 世纪—19 世纪初）

18 世纪 60 年代，欧洲的第一次工业革命，使英国一跃成为世界的上资本主义经济强国。随着英国的殖民扩张和各国之间的贸易往来，以及传教士范围的扩大，英国的高等教育在全球范围内得到了推广，英国先进的高等教育理念也吸引了各个国家的学者，主要以欧洲国家为主，这种活动推动了各个国家间的教育交流，促进了欧洲高等教育的发展进程。这些来到英国的学者，学成归国之后，带动自己国家按照英国模式建立新式大学。这样英国通过高等教育的国际化，输出了自己的文化，并且影响到大部分欧洲国家的高等教育发展。恰逢英国此时具有强大的经济实力，无论在文化还是科学技术方面都处于领先的地位，在高等教育方面也领先于其他国家，故这一时期英国高等教育国际化的特点尤为明显，主要以输入为主，极少输出人员至其他国家接受高等教育。

2. 教育国际化的低迷时期（19 世纪中期—20 世纪 70 年代）

两次世界大战之后，英国的政治和经济地位开始走下坡路。在这一历史时期，欧洲是两次世界大战的主要战场，虽然各个国家都在致力于教育的交流，但是由于战争的影响、经济的萧条使得欧洲高等教育的国际化进程受到了阻碍。

20 世纪 70 年代，英国经济不仅停滞不前，还爆发了经济危机。政府财政的压力导致高等教育也出现了财政危机。为了解决财政问题，英国政府调整留学生管理政策，对除欧盟外的国家的留学生收取全额费用，来解决财政危机。巨额的费用问题，导致很多国家人才留学英国的愿望落空，英国高等教育的国际化也停滞不前。

3. 恢复和发展时期（20 世纪 80 年代—21 世纪初）

20 世纪 80 年代以后，英国高等教育进行了一系列的改革，大学管理走向经营式发展，让高等教育体系符合市场化的商业运作模式，大学拥有了更多的自主权，办学模式也日趋灵活。在高等教育国际化的经济利益驱动下，英国把高等教育国际化的重要程度再次提升。通过政府制定的有效措施，鼓励科技创新，吸引世界各地的优秀人才赴英留学。

根据英国公布的数据显示，在 20 世纪世纪 90 年代大约每年有 15 万人在英国留学。这个数字到 1999 年就已经达到了 23 万人，其中 21.9 万人在高校接受高等教育，高达 95%。从大学内部来看，有高达 11.9% 学生为留学生。同时，非欧盟国家的学生也大幅增长，总人数达到 11.7 万人，约占英国总高等教育人数的 6.4%。

4. 高等教育国际化的新趋势（21 世纪以来）

21 世纪以来，英国最重大的事件非脱欧莫属了，随着脱欧议程的不断推进，英国的经济增速减缓，高等教育的国际化也出现收缩的迹象。2017 年英国留学人数首次下降，国际学生人数总体下跌。据英国高等教育统计局统计，2015—2016 年度，英国录取的非欧盟学生人数首次下降 0.5%，与此同时，全球留学生总体以每年 6% 的速度增长。

（二）爱丁堡大学国际化发展战略

爱丁堡大学（University of Edinburgh）（简称爱大）位于苏格兰的首府爱丁堡市，成立于 1583 年。全校分设 8 个学院，涵盖艺术、法律、神学、自然科学与工程学、社会科学、兽医学院及音乐等学科。爱丁堡大学素以重视国际交流而闻名。该校已经教授了 250 余年阿拉伯语，与非洲的合作也有悠久历史。2007—2008 年度，该校共有 6300 名来自英国以外的 130 个国家和地区的国际学生，占学生总数的 25%，另有来自 80 余个国家和地区的 640 名学术人员，占师资总数的 20%。2009 年的泰晤士杂志（THE）和 Quacquarelli Symonds 公司（QS）合作的 THE-QS 排名列世界排行榜列第 20 位。

爱丁堡大学已经加入的大学联盟有世界著名的"二十一所大学联盟（Universitas 21）"、由 22 所著名研究型大学组成的"欧洲研究型大学联盟（LERU）"和由欧洲 38 所综合性大学组成的"科英布拉集团（Coimbra

Group）"，仅在欧洲就已经与约 40 所欧洲院校建立学术人员互访合作关系，与悉尼大学、多伦多大学、亚琛大学等多所高校开展了各类合作项目。该校已经设立了常驻的中国事务办公室，成为英国在设立中国办事处的大学中排名最高的大学，显示出该校对与中国合作的重视。该校已经将联系范围扩展到各国的学术科研机构。目前，该校已经与世界上近 200 个机构建立了合作关系。在 2007—2008 年度，该校共接收 530 名交流学生，派出 430 名学生到海外交流学习，已经建立了多个国际交流与研究中心，如孔子学院、阿拉伯世界研究中心、欧罗巴研究所、非洲研究中心等。新近又成立了国际发展中心，这一中心将整合全校资源，促进跨学院、跨学科的国际化发展。

能够使这个拥有 500 多年历史的高等学府生机依旧的原因是这个大学始终在捕捉机遇，不断发展。通过对爱丁堡大学的国际化发展战略规划的分析，我们可以看到，该校一直以来充分重视高等教育国际化发展所带来的机遇和挑战，并借此发展和壮大自己。

爱丁堡大学 2008—2012 年学校国际化发展战略规划详述了该校国际化发展的历史、现状、优势及应对的挑战，对学校今后国际化发展的目标、所采取的行动、要达到的结果，以及评价的标准都进行了准确的描述。最后，对该校国际化发展的愿景提炼为："成为全世界人民心目中的首选地"。（Our aspiration is to become a place of first choice in the minds of the world.）

在战略愿景确定以后，爱丁堡大学对学校今后发展的目标定位如下：

①学校定位和所提供的服务要充分体现国际理解；

②吸引全世界最优秀的学生来爱丁堡大学学习；

③拥有吸引全世界最杰出的研究人员来爱丁堡大学工作的世界闻名的研究项目；

④拥有为全球商界和政府都认同并采用的知识。

为实现这些目标，该校明确了由主管国际事务的副校长牵头，各个学院新设的主管国际事务的副院长参加的组织架构来负责同主要国家的合作伙伴加强合作关系。国际化战略的执行将紧密结合国际事务办公室、院系等掌握的各类合作项目。学校规定，全体教职员工均有责任执行和落实这一战略。

为使学校的战略愿景更便捷地成为广大师生的任务，学校将战略规划目标分解为 6 大行动：

①使介绍学校国际化活动的信息触手可及（优先完善网站信息和校友网络）；

②提供能满足本国和国际学生需要和期望的学习和生活经历（改善招生程序、做优先国家的市场调研、提供更多研究生名额、加强国际学生反馈机制、扩大国际学生奖学金范围）；

③培养学生在日益相互依存的世界中发展自己（成立国际专业技术研究院、支持本国学生获得海外经历、吸引更多国际雇主来校招聘）；

④与既定国家和地区的机构建立战略伙伴关系（双赢效果）；

⑤确保从国际科研合作中获得更多的资源，提升本校知识产权在全世界范围的应用（为大型国际研究项目提供启动资金、保证本校与校外股东的紧密联系以促进国际知识转化并为其提供资金）；

⑥进一步提升全校的国际意识（通过业绩与薪资评估、领导培训等方式促进学校国际意识的提升、尽量吸引更多国际学术人员）。

为实现上述行动计划，学校进一步推出了更加具体的举措，其中包括：鼓励教学、科研和知识交流方面的国际合作；提高学校的国际优势和师生的国际成就；与世界知名大学建立更为深入的战略联盟与网络；通过欧洲框架计划加强在欧洲研究中的参与度；继续吸引更多、更加多样化的国际学生和员工；为国际学生提供优质服务和支持，聆听国际学生的反馈与建议；促进与海外高校的学生交流；为国际学生创造融入更广阔学生团体的机会；努力发展与本国及国际上其他单位的合作科研；积极参加各类国际合作组织；积极开拓渠道，探讨与其他组织共享空间、设施、服务和专有技术。

为有效地落实学校国际化发展的战略和各项目标，学校在国际化发展战略中特别规定了通过以下几个标志性指标来衡量国际化发展战略是否成功。

①合作伙伴关系；

②学生调查（包括国内学生和国际学生）结果；

③在战略重点国家和地区的学校品牌知名度；

④国际学生的数量和质量；

⑤现有研究中标志性成果的商业化；

⑥对学生国际活动总量的增加进行评估。

此外，学校还提出了更加具体的要求。例如：截至 2012 年，学校要增加申请学术岗位的国际求职者数量；欧盟以外的国际学生数至少增加至1000 人；本校学生赴海外交流的比例提高到 50 %；提高从欧盟和其他海外机构获得的科研经费以保证学校在罗素集团（Russell Group，即英国最高水平的 20 所大学联盟）中处于中上游；每年至少成功竞得一个国际和一个国内体育赛事，以及 2012 年奥运会培训营；至少新增 5 个有关博士联合培养的国际合作关系；等等。为此，学校大力推动与合作伙伴之间的合作项目，其中包括爱大和麦考瑞大学的联合博士生项目、与其他 13 所世界领先的大学建立联合授予学位的大学联盟博士学位项目等。

爱丁堡大学已经将国际化发展作为学校发展的主战略，将学校国际化愿景做了清晰的描述，并建立了由主管副校长牵头的组织机构，设立了一系列的行动规划、目标和项目，并号召全校师生积极参与。此外，该校还将国际化活动的绩效列入考虑范畴。这是一个典型的“自上而下”的模式。通过制定学校发展战略这一统一全校人员思想的过程，将学校的发展目标以“自下而上”的方式予以沟通和讨论，使机构的发展理念和目标获得接受并得到执行。

（三）英国高等教育国际化的经验与启示

1.英国高等教育国际化的经验

迄今为止，英国作为世界上少数几个高等教育国际化程度很高的国家之一，在高等教育的国际市场上，占有先天性的优势。首先，英国的高等教育有着悠久的历史，具备完善的高等教育体系。其次，英语是目前使用范围最广的语言。最后，从国家层面上，英国推出了丰厚的奖学金制度吸引国际留学生的到来。从英国高等教育国际化的整个过程分析，有以下经验值得学习。

（1）多样化的国际教育交流与合作途径，拓展海外市场

在欧洲，国家之间的相互学习和交流较为普遍，在教育领域，不同国家的高校之间互相承认学历，支持学生在不同国家求学，加强了各国间的联系。

英国的国际教育交流和合作的途径多种多样，总结起来主要有以下几

种：一是与境外教育机构合作在境外办学，采取全境外培养和境外境内联合培养两种模式进行；二是与境外政府和企业合作办学；三是研究人员的国际交流。

（2）政府参与吸引海外留学生到英国留学

历届英国政府对于推动英国高等教育的国际化都起到了重要的作用，不仅从宣传层面进行推广，还颁布了多条法律来确保实施效果。1963年，英国政府颁布了《罗宾斯报告》，要求各个高校扩大招生规模，为了吸引留学生而采取了奖学金政策、留学生扩招、课程国际化和留学生服务多样化等多条政策，吸引来自世界各国的学生赴英留学。近年来，快速增加的国际学生给英国带来了丰厚的经济回报。

（3）加强高等教育质量监控

为保证英国高校的办学质量，维护其高校的国际声誉，英国院校建立有效的质量保证体系来加强教育质量的监控，政府每年都通过研究成果和教学评估来对高校质量进行统一评估，并通过互联网公开发布。英国不仅加强本国高校办学的质量，还注重保证境外办学的质量。高校的境外办学犹如高校对外宣传的一面旗帜，保证其教育质量，有利于保障英国高等教育的国际声誉。

（4）加强国际化课程的开发

课程国际化是高等教育国际化的基本要素之一，它标志着国际化已发展到了实质性阶段。英国为了吸引更多的海外留学生，对于高等教育国际化的课程建设进行了精心的设计。通过这些课程可以培养留学生对于不同环境的适应能力，更好地面对多元化的竞争环境。在课程设计方面，英国高校借鉴其他国家先进的思想文化，为留学生提供更多样化的课程。

2.英国高等教育国际化的启示

国际化是建立世界一流大学的必要条件，没有国际化就不能称之为世界一流大学，我国政府目前正致力于建设"双一流"——世界一流大学和一流学科，双一流大学的建设离不开教育的国际化。作为拥有众多双一流大学的英国高等教育国际化战略为我国高等教育的国际化战略提供了有益的启示。

（1）清晰的大学办学理念与国际化战略目标。高等教育国际化既不能简单地依附或者照搬发达国家高等教育发展模式，也不能脱离本国实际，盲目为了国际化而国际化。高等教育国际化必须在清晰的办学理念指导下，在适当的国际化战略目标指引下进行。

在制定办学理念和国际化战略目标时，我国大学应立足于本校实际，充分利用自身优势和特色，在保证高等教育国际化质和量的前提下，制定出适合本校的理念和专属的战略目标，指导大学更好地实现国际化。

（2）开设国际化课程，加强国际交流机构的建设和国际交流人才的培养。我国大学的培养目标是把学生培养成适合经济发展的，具有国际化知识和眼光的复合型人才。学校不仅要为留学生开设国际课程，对本土学生也要同时开设。国际化的课程不仅能为培养国际化人才做贡献，还能提高我国高等教育的多元化发展，更好地为高等教育国际化服务。

国际交流机构的建设能够很好地促进我国科研水平的提高，方便国家间优秀人才的交流学习。英国非常重视研究人员的交流合作，大学会积极邀请国外专家访问、讲学等，也积极派遣本国学者外出学习。随着21世纪信息化的发展，科研人员的交流合作不再局限于地理上的跨国行为，通过建立国际交流机构，科研人员可以在国内与国外专家进行学术思想交流，更好地保持国内学术氛围和研究成果的国际前沿性。

（3）推进对外汉语教育，消除国际化语言障碍。英语凭借当时帝国主义殖民时期的优势，成为世界性的语言，也为英国高等教育国际化的快速发展提供了基础。所以，加快语言的对外教育，让越来越多的人了解中国文化，对于推进我国高等教育国际化意义重大。

中国作为世界人口大国，经济发展迅速，形成巨大的消费市场，因此很多国家垂涎于中国市场，而不了解中国的语言和文化成为最主要的障碍。随着中国高等教育的国际化，越来越多的人来中国学习，培养出大批精通汉语的人才，为中国经济做出了很大贡献，同时也极大地促进了中国高等教育的国际化发展。但由于使用汉语的国家比较少，语言障碍也限制了我国高等教育国际化的规模。所以，加强对外汉语教育是我国需要坚持不懈的发展方向。

（4）加强高等教育质量体系评估和监控。英国高等教育国际化的迅速发展，不仅仅是依靠其经济优势，更多的是其高质量的高等教育体系。英国拥有多所世界级名校，高等教育本身质量已有保障，但是英国并没有放松其对高等教育质量的把控，以保证其高等教育质量及国际化共同发展。中国目前高等教育质量与英国相比还有很大差距，没有国际顶尖名校。对于此种情况，提高我国高等教育的质量是首要问题。有了高质量的高等教育，才能吸引高质量的留学人才，推动高等教育的国际化发展，而不能仅仅依靠经费支持手段来促进国际化发展，舍本逐末。教育的根本目的是要为国家服务，加强自身高等教育质量，建立有效的质量评估体系，加大高等教育质量监控，更好地发展高等教育国际化。

二、美国高等教育国际化

（一）美国高等教育国际化的历程

历史上，美国曾经作为英国的殖民地，故早期的美国高等教育模式几乎是英国模式的复制，但是后期随着美国的崛起，又出现了新的模式。总的来看，美国高等教育国际化的发展历程可以划分为以下四个阶段：

1.奠基期——学习欧洲（殖民时期—19世纪末）

美国主要是英国及欧洲的移民组建的国家。在移民初期还接受英国的统治。所以，美国的高等教育自建立起便带有欧洲的高等教育特点，特别是英国的高等教育特点。直到独立战争之后，美国才逐渐改变原来的英国模式。此时的欧洲高等教育改革，尤其是德国的高等教育改革对美国影响深远。美国也从模仿英国开始，转而向德国学习。

总体来说，这一时期，美国的高等教育国际化还处于构建完善自身教育体系的阶段，国际化并不明显，完全处于高等教育的输入期。

2.转型期——走向世界（20世纪初至"二战"末期）

20世纪初期，美国经济高速发展，尤其是两次世界大战，美国成为最大的受益国。经济的发展也带动了其高等教育国际化的迅速发展，国际化方向也由输入型转为输出型。在此时期，一些教育协会和基金会的成立推动了美国高等教育国际化的发展，其间政府的推动作用也在加强，导致此时期的高等教育国际化政治性色彩越来越重。

3.战略发展期——战略工具（"二战"后—20世纪末）

战争的爆发和结束，改变了世界格局，形成苏联美国双强争霸的局面，为了扩展各自的政治影响力和大国地位，美苏在多个层面展开了竞争。此时，高等教育作为一种竞争工具，被政府主导，通过向第三世界提供援助，将美国高等教育输出。进入20世纪70年代，美苏关系缓和，美国越战的失败和国内矛盾的激化，使美国收紧其高等教育国际化策略，这一政策导致美国在20世纪七八十年代高等教育国际化进入停滞与发展并行的战略调整期。

随着美国和平演变战略的推进，美国与社会主义阵营不再敌对，由于发展经济的需要，美国政府重视并全力支持发展高等教育的国际化。作为文化输出和和平演变的手段，美国政府成为此阶段美国高等教育国际化的推手，得以快速发展。同样也通过高等教育国际化，提升了美国的科技实力，吸引大量人才，使美国完成了人力资本积累，提高了世界竞争力。

4.竞争发展期——继往开来（21世纪初至今）

进入21世纪，美国的霸权主义地位稳固，政府对高等教育国际化的支持力度有所下降，特别是特朗普上台以后，签证政策的紧缩等都影响高等教育国际化的发展，美国高等教育国际化进入竞争发展期。

2001年的"9·11"事件，使得美国政府把反恐当作第一要务，在这种政策导向下，政府对高等教育的国际化实施了监管，使得外国留学生和学者的交流受到诸多限制。2005年之后，随着国际形势的缓和，国际高等教育迅速发展，美国调整其国际化战略，再次迎来了高速发展。由于国内外形势的不断变化，导致了美国高等教育的国际化策略也在不断地变化。

（二）密歇根州立大学国际化的实践案例

密歇根州立大学（Michigan State University，简称"MSU"）是一所位于美国密歇根州东兰辛市的公立大学，成立于1855年，是美国历史上第一所依据土地拨赠法案而成立的大学。MSU始终树立先进的国际化教学观点，积极实施综合性的国际化战略措施，使其高等教育国际化走在世界大学的前列。近年来，在哈德西科的倡导下，MSU积极实践着大学综合国际化，在招收国际学生、拓展学生国际教育、加强国际课程建设、开展全球合作项目等方面有着突出的表现，国际影响力显著提高，成为美国公立大学成功实施大学综合国际化的典范。

1. 密歇根州立大学国际化发展概况

密歇根州立大学是一所位于美国五大湖地区的世界一流公立研究型大学，有着"公立常春藤"和"公立大学的典范"的美誉。MSU 以农学、教育学、原子物理、组织心理学、通信专业和物流管理专业等闻名。MSU 校园面积为 5200 英亩，在密歇根州其他地方还拥有 17500 英亩的土地，专为农业、林业及动物学研究所用。目前，MSU 学生总数约 48000 余人，来自密歇根州 83 个城镇、全美 50 个州及 130 个国家，其中本科生近 37000 余人，研究生 11000 余人，学生中 16.4 ％ 为有色人种，12 ％ 为国际学生。MSU 教研人员总数近 5000 人，行政及后勤职员总数约 6300 余人，世界范围内校友人数近 50 万人。MSU 的图书馆共藏有近 600 万册图书，在校内有近 600 个有章程的学生组织，其中 55 个学生组织与全国性的学生组织有联系。

作为美国历史最悠久的公立大学之一，MSU 的国际化程度颇高。在 MSU，有近 150 名教师从事具有国际合作背景的研究、教学或服务工作，与美国之外的 210 所大学建立了伙伴关系，成立了 25 个以全球问题为对象的研究中心，有超过 270 个海外项目分布在 60 多个国家。MSU 于 1965 年成立了国际项目办公室（International Program Office），后更名为国际研究与项目办公室（International Studies and Programs，简称 ISP）。国际研究与项目办公室是美国大学中的第一个致力于国际化事务的专门办公部门，标志着 MSU 国际化进程的开始。MSU 的国际研究与项目办公室的主要作用是对大学的各类国际项目进行信息集成，提供大学所需的国际研究和交流资源，对各种国际合作项目和相关参与方进行必要的工作协调。在 MSU，各学术单位（院、系、所）实际上是开创与实施国际合作的众多"中心"和推动者，他们根据自己的资源能力和需求而决定国际交往和项目的自主权。

近年来，MSU 开始实施大学综合国际化战略，提高了 MSU 的国际影响力，成为公认的海外留学高水平的公立大学。按照 2017 年《美国新闻和世界报道》（U. S. News and World Report）的美国大学综合排名，MSU 排名世界第 78 名；英国高等教育调查公司 QS2016—2017 年世界大学排名，MSU 排列全球第 92 名；上海交通大学公布的"世界大学学术排名（Academic Ranking of World Universities）"2017 年的排名中，MSU 位居世界第 92 名，且在社会科学领域位列世界第 30 名。MSU 在国际上被公认为顶尖的研究型大学和国际参与的领导者。

2. 密歇根州立大学综合国际化的发展经验

在哈德西科大学综合国际化的影响下，学校已形成一套较为系统的国际化实践与运行方式，其中成效最显著的有以下三个方面。

（1）加强学生国际交流

学生国际交流主要包括为本校学生提供优质的国际化服务和招募国际学生两个方面。通过营造优质的国际学习环境，向所有学生提供国际参与跨文化体验的途径，使之成为同时具备全球意识与责任感、能适应现实世界能力的公民。正如 MSU 办学理念中提出的大学使命是"创造、交流、保存和运用知识，并培养挑战当下和充实未来的领袖和市民"。就本校学生而言，MSU 非常重视本科生到国外学习、科研或者交流的机会，致力于培养一批能通晓国际规则、具备国际视野、把握国际形势、适应全球变化的不同专业的优秀人才。为了更好地实现大学综合国际化，MSU 将开展海外留学项目作为学校实施国际教育的重要组成部分。MSU 建立海外留学办公室（The Office of Study Abroad），为本校生提供超过 276 个国际交流项目，与全球 60 多个国家的一流学校进行合作与交流，超过 30 ％的学生进入亚洲、拉丁美洲和非洲等地区学习。海外留学办公室会定期公布为期几周或一个学期的学习项目，本校生在规定的时间内，到海外留学办公室填写海外留学申请表并提交相关材料。据统计，2015—2016 学年，MSU 有 2391 位本校生参加海外留学项目，大一新生占 6 ％，大二学生占 8 ％，大三学生占 27%，大四学生占 44 ％。另外，在海外留学项目的学科领域上以科学、技术、工程和数学与社会科学为主，教育与艺术类学科较少。

为了鼓励本校生积极参与海外留学活动，海外留学办公室设置专门的海外留学项目专用奖学金，如国际交流基金、海外校友学习奖学金等。这些专项奖学金为 MSU 的本校学生提供每年约 4000 美元的资助费用。此外，针对 MSU 的本科生，MSU 还推出国外实习项目，鼓励学业优异的学生申请去国外一流大学实习或进修。MSU 也非常重视本科生到海外实习的机会，认为海外留学经历不仅有助于提高学生的语言交际能力，而且有助于增强学生的人际交往能力和对多元文化的理解力。目前，MSU 已与 73 所国际一流大学建立了国际合作办学关系，旨在为本校生提供较多的海外留学选项。在全美公立大学中，MSU 拥有最多、最优质的海外留学项目。

在招募国际学生方面，MSU 通过灵活多样的招生措施吸引世界各地最优秀的学生。MSU 倡导不以学生家庭的经济能力作为录取标准，而是根据申请学生的情况进行录取的标准，并且对优秀的国际学生一律采取学费减免政策。同时，不同专业的国际学生可以根据财政援助获得大学经济资助保障。据美国国际教育协会（Institute of International Education，简称 IIE）《2017 年开放门户报告》统计，2016—2017 学年，MSU 拥有的国际学生数达 7779 人。根据 MSU 国际学生与访问学者办公室（Office of International Students and Scholars，简称 OISS）的统计，2005 年有 3293 名国际学生，来自 127 个国家；2014 年有 7642 名国际学生，占学生总数的 15.3%，达到近年来 MSU 招收国际学生人数的一个顶峰；2016 年秋季入学的国际学生数达 7264 人，尽管较上一年同期相比减少了 304 人，但是与过去五年相比，国际学生的入学率已经上升了 10%。

其中值得一提的是，20 世纪后半期，中国留学生成为 MSU 国际学生中的重要群体。MSU 的国际工作人员为了把握中国留学生的市场，于 2006 年 5 月，在中国设立了"密歇根州立大学中国办事处（Michigan State University China Office）"，旨在协助 MSU 实现其长远的国际化战略规划，扩大其在中国的交流与影响。据统计，2009 年，中国留学生有近 1900 名在 MSU 就读，占全美中国留学生总数的 4.1%；从 2011 年起，MSU 招收的中国留学生的人数屡创新高，2014 年达到 4700 人，占据 MSU 所有国际学生人数的一半左右，其中商学院与工程学院的中国留学生居多。来自 MSU 国际学生与学者办公室的布里格斯（Briggs）表示，近年来大批中国留学生来美接受教育，主要源于中国富人数量的增长、开放的美国签证政策及在中国日益崛起的中介机构的引导。

（2）打造国际化课程

MSU 秉承的理念是培养具备全球视野和创新能力的新型人才。MSU 认为国际化应该致力于提高学生的意识性和知识面，协调学生差异和建立多文化体系，提高学生观察世界的敏感度和对世界差异的接受度、包容度与积极态度，帮助学生建立世界精神和责任意识，重塑和拓宽学生的知识框架与学术途径，帮助他们学会如何在未来不断地挖掘知识。国际化课程的设置是发展大学国际化的关键和重心所在，同时也决定着整个高等教育国际化水平的高低。MSU 将课程国际化作为发展大学综合国际化的重要环节，其宗旨是培养学生在多元文化大背景下的创新能力及在国际化环境中的生存能力。MSU 认为"国际化课程的对象既包括本国学生，也包括其他国家来美国的留学生。这些国际化课程的设计，目的在于培养学生在国际化的环境和多元文化的社会工作环境中的生存能力。课程的国际化既给本国学生提供了在海外接受国际化交流和教育的机会，同时很大程度上也能提高课程对外国留学生的吸引力。"①

MSU 为本科教育和研究生教育分别设置相应的国际化课程。例如：本科教育中商学院的"国际商务"、社会科学院的"国际发展"、农业和自然资源学院的"国际农业"等；研究生教育中社会科学院的"非洲研究"、教育学院的"海外研究生教育"等。MSU 国际化课程涵盖范围广、程度高。除上述提及的国际化课程外，近年来有关环境保护与工程、法律、社会科学等专业领域的国际化课程逐渐兴起。

MSU 的国际化课程主要有以下几种形式：在本科基础课程中纳入国际化教育的要求；在选修课程中增设学生感兴趣的、内容丰富的国际化课程；在专业学科领域增加国际教育的内容；在国际问题和地区问题课程上选择世界前沿的专题进行研讨；重视教学语言和教材使用的国际化；等等。

（3）开展国际合作项目

国际合作项目是 MSU 大学综合国际化的另一重要环节。MSU 国际合作项目的发展与国际研究与项目办公室（OISP）的发展息息相关。作为在 MSU 副教务长和各系、院长领导下从事国际活动的办公室，国际研究与项目办公室是整个 MSU 实现教学、科研及其他活动国际化参与的枢纽。国际研究与项目办公室下设七个区域研究中心，由 MSU 各学院跨学科教师组成。区域研究中心是以地区为单位，提供语言教学，为本科生和研究生提供该地区政治、经济、文化和社会等方面的研究和教学，为解决全球性挑战开发的一个协作式跨学科平台。MSU 通过在这些地区的项目研究实现国际合

---

① 朱宁洁，朱俊，陈蕾，等. 美国密歇根州立大学"全面国际化"发展战略的经验及启示 [J].
教育探索，2016（10）：134-138.

作与交流，以及知识的运用和创新，为解决全球性有关问题发挥积极的作用。

目前，MSU 联合各院系开展形式多样的国际专题研究中心，主要的国际性专题研究包括：商业（国际商务中心）、教育（国际教育研究办公室）、工程（全球工程办公室）、环境、农业（全球食品系统创新中心和粮食、农业和自然资源全球联系中心）、性别（全球性别问题中心）、健康（国际卫生研究所）、发展（国际发展高级研究中心）等。MSU 的国际专题研究中心旨在鼓励学生和教师探索新知识、提出新观点、发现新问题；激励学生和教师为寻求全球机会，更好地发展自我；提高学生和教师的文化知识、语言能力、思辨能力和跨文化交际能力等核心能力。

除此之外，MSU 还依托学生和学者计划（Student & Scholar Programs）推动国际合作项目发展，如美国学期计划、国际项目社区志愿者、万事达卡基金会学者计划（Master Card Foundation Scholar Program）、访问国际专业项目（Visiting International Professional Program，简称 VIPP）、志愿英语辅导计划、博洛格奖学金计划（Borlaug Fellowship Program）等。

MSU 在跨学科的基础上积极实施大学综合国际化发展战略，不断整合学校现有资源，调动各个学院的学者和学生参与到学术国际化的研究中，努力破除学科与学院之间的界限，充分调动现有各个部门和学科的力量，以此不断增强学校在全球化事务中的能力。以上国际合作项目均是其努力方向与成果的展现。MSU 在国际化方面的成功经验获得了美国高等教育界的广泛认可，在学生双向流动、国际化课程开设及国际项目合作上实现了资源共享、互利共赢。

三、德国高等教育国际化

（一）德国高等教育国际化的发展进程

德国高等教育国际化具有悠久的历史，最早可以追溯到欧洲早期中世纪大学的建立。然而，其高等教育国际化道路并非一帆风顺。几经浮沉，经过不懈努力，德国高等教育国际化终于走向了持续稳定的发展道路，并已成为德国高等教育发展的重要战略。德国高等教育国际化的发展大致经历了以下四个发展阶段。

1.德国高等教育国际化的孕育和萌芽时期

欧洲早期的中世纪大学是德国大学发展的根基。1810年，随着洪堡"研究与教学统一"大学理念的提出，柏林大学的建立，彻底颠覆了中世纪大学的传统，揭开了世界现代高等教育的新篇章，使德国成为当时的世界学术王国。各国纷纷效仿洪堡理念，促进了高等教育的国际交流。这时期的德国高等教育国际化交流呈现单向的交流，许多国家的师生纷纷前往德国学习和考察，尤其美国的师生最多，对美国高等教育产生了举足轻重的影响。

但是，1933年希特勒上台后，德国大学进入了一段黑暗时期。在此期间，纳粹党全盘否定了大学的传统，戕害学术自由与追求真理的精神，使德国大学走向衰败，其国际化进程处于停滞阶段。

"二战"后，随着国际关系的发展变化，德国为了提高其国际声誉，对外国学生实行积极的"门户开放"政策。在20世纪80年代之前，德国大学开展了各种国际活动，主要是由其国际交流处提供。这些国际活动是一些单个的、零星的、非系统的外事活动，并没有形成德国大学国际化"策略"，它主要是源于德国高等教育机构大多数学院对新知识、外语技能、国际性价值等的普遍追求。

2.德国高等教育国际化的调整与探索时期

20世纪80年代初，德国高等教育国际化的重点开始从吸引国外学生转向鼓励德国学生到国外学习。为此，德国采取了大量的经济措施消除流动障碍。到20世纪80年代中期，随着欧洲"共同体维度"理念的确定，德国加大与欧共体各成员国之间的高等教育交流与合作的力度。进入20世纪80年代末90年代初，东欧国家社会主义制度解体，柏林墙倒塌，民主德国并入联邦德国。为了应对世界格局的变化，以及两德统一后经济衰退、高等教育公共经费短缺等诸多问题，德国政府对高等教育体制进行多方位的改革。其中，将增强高校的国际性和开放度作为德国高等教育的一项重要政策。同时，传统大学观影响日渐式微后，"政治论"大学观日渐成为德国的主流价值观，要求大学要从根本上改变以往基本上与世隔绝的状态，融入现实社会中，服务于社会，承担更多的社会责任，尤其应在参与国际合作和竞争中发挥重要作用。这段时期，虽然德国高等教育国际化日益受到重视，但是还处于起步调整与探索时期。

3. 德国高等教育国际化的快速发展时期

到 20 世纪 90 年代中期，随着经济全球化的快速发展，欧洲一体化进程深入推进。1995 年，欧盟开始实施"苏格拉底计划"，进一步强化大学发展中的欧洲维度。1998 年 5 月，德国、法国、意大利和英国的教育部长在法国索邦共同签署了促进四国高等教育体系相互协调的协议《索邦宣言》。1999 年，德国又参与了欧洲 29 个国家共同签署的旨在消除欧洲内国家之间学生流动障碍，提高欧洲高等教育世界吸引力的《博洛尼亚宣言》，并确定了到 2010 年建立"欧洲高等教育区"的发展目标。随后，《布拉格公告》《柏林公告》进一步推进了欧洲教育一体化的发展。随着德国社会生活愈来愈与欧洲紧密融合，在欧洲教育一体化进程中，德国充分利用语言、地域、历史、文化上的联系，与欧盟成员国展开国际交流与合作，以此服务于国家政治与经济利益。

基于德国高等教育国际化本身发展的需要和欧洲一体化进程的深入推进，德国积极做出迅速而灵活的反应，加大高等教育国际化步伐，在此期间实施了一系列系统的高等教育国际化政策与措施；德国高等教育国际化的范围从欧洲扩展到全世界；高等教育国际化的内容涉及高等教育方方面面，包括建立国际兼容的新学制与学位结构，改革考试体系、高等教育管理体制及教学评估体制，消除流动障碍，加大资金支持力度，鼓励创新；等等。

4. 德国高等教育国际化的稳步推进和纵深发展时期

2004 年以来，德国除了进一步加大推进博洛尼亚进程的力度外，还提出了创办世界一流大学的"精英计划"，增加教育科研经费投入，加强国际科研学术交流与合作等，促进德国高等教育国际化持续稳步发展。

为了提升德国科研在世界的国际竞争力，2008 年 2 月，德国联邦政府推出了《加强德国在全球知识社会的地位：联邦政府关于科学与研究国际化的战略》（以下简称《科学与研究国际化战略》）。该战略包括四大目标：加强科研合作；开发创新潜力；加强与发展中国家之间的合作；承担国际责任，应对全球挑战。2009 年，德国外交部将该年确定为"学术外交年"，推出了促进德国国际学术交流的举措。

（1）在国外设立"学术和创新中心"，将当地的德国学术机构（如德意志研究联合会、马普学会、DAAD、德国企业的研究机构、德国高校的驻外办事处等）联合起来建成德国创新基地窗口，促进德国和国外研究人员和学者的交流；（2）在国外高校设立"研究和教学卓越中心"，旨在形成国际性的科研学术网络；（3）提高奖学金的数量和质量，新设立的奖学金项目将资助在德国已经大学毕业的高层次外国学者；（4）继续在世界各地推广德语，为学习德语的人提供更多的支持。

从德国高等教育国际化的发展进程可以看出，德国高等教育国际化是从零散的、个人的、非系统的、无组织的国际化过程转向系统的、有组织的国际化过程，从国际化活动转向有计划、有步骤、有目标的持续性国际化策略，并逐渐发展为国家高等教育的重要战略之一。德国高等教育的国际化已呈现出稳步推进和纵深发展的良好态势。

（二）德国高等教育国际化发展的经验

1.国际化导向下的观念创新、制度创新

在历史上，德国大学的传统治学理念教授治校、学术自由、大学国家化等曾造就了德国大学一度的辉煌，使其成为世界各国效仿的典范。但是，随着全球化时代的到来，世界各国处于一种相互依存的世界体系中，大学与外部世界的联系也越来越密切，德国传统的大学理念已经不能很好地应对迅速变化的世界，逐渐成为高等教育发展中的绊脚石。因此，固守旧的传统不再是一个选择，在保持最重要的传统价值的同时，必须接受变化。因此，德国勇于更新观念，突破高等教育原有体制，积极推行高等教育改革。其中，国际化成为德国高等教育改革的必然选择和主要目标。德国希望通过国际化的途径推动德国高等教育的改革，重塑德国高等教育的吸引力和国际竞争力。在推进高等教育国际化的进程中，加强国家的宏观调控，扩大大学的自主权；改革学制、学位制度，与国际接轨；改革高等教育人事、工资制度；建设一流大学，培养科研后备力量；吸引更多优秀人才，加强国际交流与合作等，促进高等教育改革和发展，以回应全球化时代所带来的挑战和机遇。

2.政府支持下的政策、法律和法规完善

随着经济全球化的发展，德国政府愈来愈意识到德国高等教育的国际竞争力明显减弱。因此，立足欧洲，面向世界，以欧洲高等教育一体化为契机，德国政府通过制定、修改和签署一系列相关法律法规、政策和协议，以及提供资金等方式来指导、规范和支持德国高等教育国际化，以期改变德国高等教育的国际形象，扩大世界影响力，从而增强德国的综合国力。

（1）制定相关的政策，促进高等教育国际化的持续、稳定发展

在欧洲，各国的高等教育国际化政策都具有自身的特点。例如，在英国，虽然其高等教育国际化进展很快，但是英国政府并没有出台与高等教育国际化直接相关的政策；在荷兰，政府推出了清晰、透明的高等教育国际化政策，从最初的激励高等教育国际化的一般性政策到干预政策；在瑞典，政府则始终把高等教育国际化置于优先发展的地位；在德国，为了促进德国高等教育国际化，德国政府制定和颁布了一系列相关政策，内容涉及促进跨国流动、高等教育国际营销、语言推广、奖学金、增加科研经费、加强国际学术交流与合作等。这些政策都具有连续性、稳定性特征并因时而动。连续性与稳定性是指这些政策从生效期以来一直有效，不会朝令夕改。因时而动是指根据德国高等教育国际化发展进程及外部环境的变化，在不同的发展阶段和时期，采取有针对性的、灵活的政策。以20世纪90年代以来的高等教育国际化政策为例，从最初的促进师生跨国流动、学制转换到跨国教育输出，再到一流大学的建设，以及吸引优秀人才、加强国际合作与研究，在不同的阶段重点不同。高等教育国际化政策从浅层次的师生跨国流动扩展到全方位、深层次的国际交流与合作。由于政策的持续性、稳定性和因时而动的特征促进了德国高等教育国际化的持续、稳定发展，并与时俱进。

（2）通过制定和修改相关法律，为高等教育国际化提供法律基础

德国是个法治国家，一直以来都重视高等教育的立法工作。为了适应全球高等教育国际化的发展趋势，德国政府先后对《高等教育总法》等法律进行修订，为其提供法律依据。此外，联邦政府还规定学生在国外学习也可以继续获得教育补助。同时，鼓励高校开设一系列英语授课的国际化课程和专业，以吸引外国学生到德国留学。

（3）参与欧盟纲领性文件的制定，促进欧洲高等教育一体化的发展

德国高等教育国际化离不开欧洲高等教育一体化的推动。由于政治地缘关系，德国深知区域间的教育合作对德国高等教育发展的作用和意义。

作为欧盟大国之一，德国倡议并积极参与欧洲国家之间的一系列高等教育合作协议与条例的签订，如 1953 年《欧洲相互承认大学学位条例》。随后，又签订了一系列的高等教育合作协议，并在 1997 年全部被纳入《里斯本条约——欧洲高等教育资格互认协定》。1999 年，博洛尼亚进程启动，德国与欧洲多国又签署了为促进欧洲高等教育一体化的一系列文件：《博洛尼亚宣言》《布拉格公报》《柏林公报》《卑尔根公报》《伦敦公报》《鲁汉公报》等。这些高等教育合作协议与条例的签订无疑成为德国高等教育国际化发展的重大历史机遇和强大推动力。

（4）出台配套资金计划政策，为高等教育国际化发展提供坚实的保障

德国高等教育国际化的快速推进，很大程度上取决于政府的财政支持。与其他国家如美国、英国和澳大利亚等国相比，德国政府积极推进高等教育国际化并不是出于功利主义，而是从长远利益满足国家需要出发。从为促进欧盟学生跨国流动的伊拉斯谟计划、支持学生和学者国际交流与合作的 DAAD 项目、为打造世界一流大学的卓越计划的实施到 2008 年为提高奖学金额度和扩大受益面的《联邦教育促进法》的修改，为吸引优秀的国外学者和构建一流的学术团队的"洪堡教授教席"奖，以及为进一步提升德国科研在国际的竞争力的科学与研究国际化战略等高等教育国际化项目和措施，联邦政府都是其主要的财政来源，并且联邦政府在大多数项目中都提出了明确、具体的财政支持额度及其使用范围，保障了资金的合理使用。充足的资金为德国高等教育国际化发展提供了坚实的保障。

3.德国特色下的第三部门推动

在德国，有组织的对外文化交流最初是由第三部门发起的。其中，至今仍在国际上最富有影响力的海外文化交流机构——德意志学术交流中心在推动德国高等教育国际化发展方面发挥着独特的作用，主要体现在以下几个方面。

（1）以民间组织的身份，代表德国高等教育界。既便于沟通内外，也能得到各大学的承认。[①]

（2）与政府合作默契，能形成政、学合流的力量。从本质上来说，德

---

① 叶隽.德国学术交流中心与高等教育国际化[J].全球教育展望，2004，33（10）：77-80.

国学术交流中心是德国对外文化政策的重要执行机构。以非政府的身份体现政府意图，以隐含政府背景的大学总代表身份代表德国大学，德国学术交流中心的特殊地位有力地促进了政、学两界的力量合流，对德国长远利益是很有益处的。[①] 它通过推动德国与他国高等教育的合作与交流，倡导和奉行德国的价值理念，促使国际社会普遍认同和广泛接受体现德国国家利益的思想、观念和原则，以减少在其对外政策实施中遇到的阻力和障碍，从而更好地实现在国际交往中的战略目标，维护德国的国家利益。

（3）第三部门在从事文化对话和交流时还具有专业性、系统性和规范性强的特点，因此使交流活动运转有序，效率很高。例如，德意志学术交流中心，不仅在德国本土设置办事机构，而且在世界一些国家也设有专门的办事处。它提供的是从有去德国留学的想法开始直到学成归国之后的一整套的服务。反过来，它也给德国的学生和学者提供相同的关于在他国学习和研究的信息。通过长期的实践，德意志学术交流中心在促进高等教育国际交流与合作方面已经积累了相当丰富的经验，形成了一套行之有效的工作方法和管理模式，在国际上得到普遍认可，这是政府的外交部门或文化部门难以达到的，同时也为政府节约了大量的费用成本。

（4）构筑人际关系网络。德意志学术交流中心建立了自己的校友网，用以保持与所有获得过德意志学术交流中心资助的人员的联系。这些受资助的学生和学者，不仅在留德期间深刻地感知和体会了德国的语言、文化和风土人情，而且在回国后的工作与学习中，将这些感知和体验传递给更多的人，可以在他国构筑理解和认同德国文化价值观念的人际网络，从而为开展其他领域的交流与合作奠定基础，积累经验，有效地扩大了德国文化在世界的影响力。

4. 国际化进程中的教育输入与输出均衡发展

杨启光教授认为，在教育国际化的基本进程中，形成的教育国际化一般模式主要包括：以大多数英语国家为主要代表的发达国家，基于其独特的国际教育比较优势，形成了"教育输出—工具主义"为主的一般发展模式；以大多数的发展中国家为主要代表，基于其有限的国际教育比较优势与外

---

① 叶隽. 德国学术交流中心与高等教育国际化 [J]. 全球教育展望，2004, 33（10）: 77-80.

源后发的现代化模式，形成了"教育输入—教育主义"为主的一般发展模式；还有一种正在形成与不断完善的以大多数非英语的发达国家与一些新兴工业化迅速发展的国家为代表，在教育国际化进程中出现了注重教育的输入与输出的互动平衡发展的教育国际化模式。[1] 根据杨启光教授的观点，德国高等教育国际化是属于第三种模式，即注重教育的输入与输出互动平衡发展的国际化模式。一方面，德国注重学习借鉴并引入适合本国发展的教育理念和教育体系。例如，引入国际认可的英美国家教育体系的"学士硕士"学位体系和欧洲学分转换系统，以及将起源于英、美、澳大利亚和新西兰被世界各国广泛采用的新公共管理思想引入高等教育管理领域，学习英、法和北欧国家建立高等教育质量保障体系，等等。另一方面，德国立足欧洲，依托欧盟，利用独特的欧洲区域文化和教育体系的比较优势，积极向欧洲其他国家、亚洲和非洲等地区和国家开展多种形式的教育输出，逐渐形成了高等教育国际化输入与输出共同发展的局面。而且，作为欧洲高等教育一体化的关键角色，德国在高等教育国际化进程中积极倡导知识的欧洲。这并不是指欧洲的高等教育最后都统一为一种模式，也不是指用一种强势的高等教育模式取代其他，而是指促进不同国家和不同民族之间的高等教育交流与合作，理解与沟通，融洽共处，逐渐实现多元文化的融合。

5. 与国际接轨要求下的质量评估与认证体系建立

质量是教育的生命力。在高等教育国际化发展中，高等教育质量对高等教育国际化程度的高低有着重要的影响。因此，质量保障是提升高等教育国际竞争力的重要手段。随着高等教育国际化的发展，高等教育质量问题日益凸显，成为世界各国关注的焦点。如何促进跨国流动、实现学分互换、学位互认、专业认证等，建立以教育评估认证为核心的质量保障体系已成为高等教育国际化的新走向。

虽然德国是欧洲较晚建立高等教育质量保障体系的国家，而且其认证和评估备受争议并存在许多问题，但是其评估和认证的指标体系、方式和方法仍值得我们借鉴。德国质量保障体系具有以下特点：（1）内外评估相结合，以评促改。评估既包括高校自身的评估也包括外部同行的评估，这

---

① 杨启光.教育国际化进程与发展模式 [M].北京：社会科学文献出版社，2011.

使得评估更客观、公正和有效。同时，评估不是目的，只是手段和工具，评估程序中最后一个程序的后续跟进工作才是关键。高等院校要根据最后的评估报告所指出的问题和提出的改进意见进行跟踪处理，改善不足之处，在规定的时间内达到一定的标准。（2）评估专家多元化。专家队伍既有来自高等教育机构的代表及各州教育和研究部部长，又有来自不同行业的代表，而且还包括国际专家。这种多层次的专家队伍，保障了评估和认证的权威性。（3）认证具有开放性特征。一是认证专家的组成具有开放性，既包括高等教育领域的专家，也包括其他行业的专家，既有国内专家也有国际专家；二是认证内容的开放性，各高校既可以选择单个学科认证，也可以选择跨学科认证；三是认证机构选择的开放性，目前德国有 6 个认证机构，高校既可以自由选择国内任意一家认证机构，也可以选择国际上的认证机构。（4）独立的教育协调机构的缓冲器作用。德国有一些独立的代表全国高校、联邦各州的教育协调机构，如 HRK、KMK 和德国科学议会等，不受联邦和州政府约束，负责联邦、州和各高校之间的协调，为全国高等教育的质量评估和学位认证的统一性、可比性和可操作性做出了重要贡献。（5）加强国际交流与合作。德国不仅有跨州的评估机构，而且还有跨国评估机构。例如，国际商业管理认证基金会（FIBAA），它的总部设在瑞士苏黎世，理事机构在德国波恩，负责对德国、奥地利和瑞士三国的工商管理学士和硕士课程的认证。此外，为了与欧洲其他国家交流与分享高等教育质量保障问题的经验，德国相关组织和机构还积极申请成为欧洲高等教育质量保障联合会（ENQA）的成员，这充分表明德国高度重视高等教育质量保障问题。

德国高等教育质量保障体系发展的时间虽然不长，许多还在不断地发展与完善中，但是在其认证和评估过程中，遵循公平、公开、可比性、国际性和多方参与等原则，值得我们学习和借鉴。

四、澳大利亚高等教育国际化

（一）澳大利亚高等教育国际化历程

澳大利亚高等教育国际化开始的时间并不长，真正开始国际化是在第二次世界大战以后，但是澳大利亚的高等教育国际化却取得了举世瞩目的成就。越来越多的学生选择去澳大利亚留学，从澳大利亚高等教育国际化的进程来看，主要有以下三个阶段。

1.高等教育国际化的萌芽期（1904 年—20 世纪 70 年代末）

1904 年，澳大利亚出现了第一批自费来澳的留学生，成为澳大利亚高等教育国际化的开端。但是直到第二次世界大战以前，澳大利亚高等教育国际化主要是个体行为，基本上是单向输出，未形成规模。

"二战"以后，澳大利亚在政治上陷入被动局面，为了促进本国经济的发展，澳大利亚利用澳洲跟亚洲的距离优势，为更好地吸引亚洲学生，制定了针对亚洲留学生的优惠政策，这也是澳大利亚高等教育国际化的开端。在这个阶段，澳大利亚政府推出了一系列的促进高等教育国际化发展的措施。例如，在提升澳大利亚影响力方面，学校实现校企合作输出技术创新，实现技术国际转让。从高等教育本身来讲，提升教师队伍的水平，注重教师队伍的海外背景。高等教育的国际化也促进了澳大利亚在国际活动上的话语权。此阶段，澳大利亚政府主要采取以下措施：加快教育的国际交流，提高教师与学生的海外经历；推进校企合作，开展产学研项目，实现技术的国际转让，提升澳大利亚的国际影响力；通过高等教育国际化扩大政府在国际上的影响力。澳大利亚政府的另一重要措施，就是对发展中国家高等教育的援助项目。通过援助项目，为澳大利亚的文化输出奠定基础，也促进了澳大利亚国际化的发展。

2.服务贸易化时期（20 世纪 80—90 年代）

20 世纪的最后 20 年，随着科技的发展，经济全球化也在迅猛发展。澳大利亚顺应市场的潮流，把澳大利亚高等教育国际化，作为出口产业推出。政府制定留学生优惠政策，鼓励到澳大利亚留学，使得这一时间内到澳大利亚留学的外国学生数量大幅上涨，推动了澳大利亚高等教育国际化的迅速发展。

3.规范化与制度化时期（20 世纪 90 年代—至今）

经过了贸易化时期的迅猛发展，澳大利亚的高等教育国际化在规模和水平上都有了质的飞跃，但是过快的发展也带来了一些问题。为解决这些问题，更好地促进高等教育国际化，澳大利亚政府出台了大量政策法规，来保证澳大利亚高等教育国际化的规范发展。这些法规，能够让澳大利亚的高等教育国际化更加有序的发展，也是法制化发展高等教育国际化的开端。

规范高等教育国际化的政策问题的同时，对于提高教学质量方面，也引起了政府的重视。澳大利亚政府通过工作报告的形式，分析了本国在高等教育方面的优缺点，基于分析提出相关的建议。政府的重视也为澳大利亚高等教育提升教学水平铺平了道路。2007年，澳大利亚经过调研，建立了高等教育国际化的保障战略，制定保障机制来确保高等教育国际化的质量。

（二）澳大利亚高等教育国际化经验与启示

1.澳大利亚高等教育国际化经验

澳大利亚高等教育国际化起步晚，发展历史短，但是其取得的成就有目共睹。2017年，从高等教育国际化的经济收益方面衡量，澳大利亚跃居全球第一位。澳大利亚的高等教育国际化为我们提供了宝贵的经验。

（1）政府积极主导国际学生交流

澳大利亚政府认识到高等教育国际化在经济发展中的作用，于是主导了推进策略，保证了国际化的快速实施。澳大利亚于1988年引入留学生差别收费制，之后颁布了《高等教育经费法》，规定留学生必须缴纳全部费用，不允许提供补助。与此同时，政府放开了招生数额的限制，对外教育政策贸易化。虽然对留学生开始实行按培养成本收费，但是澳大利亚政府采取了其他措施如奖学金、放宽移民和签证政策、加大市场推广和监管等措施，继续鼓励外国学生来澳留学。在这些政策的推动下，赴澳留学的外国学生与日俱增。

澳大利亚高校间有一个著名的高校联盟——八校联盟。这个联盟也在一定程度上提高了澳大利亚高等教育在国际市场上的竞争力。八校联盟是由澳大利亚最著名的八所研究型大学组成，各学校间可以自由交流合作，联盟还能形成组合优势，向外界展示综合的教育水平，提升品牌，有利于高等教育国际化的发展。

（2）加强教师国际交流，促进课程的国际化改革

高等教育国际化的重要内容之一是教师国际化，而课程国际化却是教学国际化的重要内容。澳大利亚在课程国际化方面也走在世界前列，通过

在课程中加入国际内容、开设比较研究和跨文化研究、创办联合学位课程等措施来实现课程的国际化。其中，与国外高校合作，开办联合培养学位课程在澳大利亚非常盛行。

2000 年，澳大利亚提出全新的课程概念——"全球化课程"。这种课程是指一种教育和课程新理念，并不是一种具体课程，而是强调一种课程的全球观，增进各民族和各国人民的相互认识和理解。随着这个概念的提出，澳大利亚开始在全球化的国际背景下，构建其高等教育的课程体系和目标。

（3）重视学术科研的国际交流与合作

在开展国际合作与交流方面，澳大利亚主要采取的策略是签订正式的合作协议。包括国家之间的、学校之间的、院系之间的、及个人间的非正规协议，来推动澳大利亚大学学术和科研的国际交流和合作。协议有相关的机构来支持和管理。比如，负责国家科研政策与拨款的机构——澳大利亚科研理事会（ARC），通过与国外机构签署备忘录来实现科研合作，提供财政方面的支持，来加强国内与国外科研机构的联系。

（4）重视跨境合作办学

澳大利亚大学很早就开始与国外高校建立科研与技术交流项目，这些合作项目是澳大利亚大学跨境合作办学的基础。在规范海外办学市场方面，澳大利亚大学校长委员会发布指导规范，对于办学的三方澳大利亚大学、合作方及留学生都做出了规范相应的保护措施。对于国外机构在澳大利亚出资办学，政府也通过审批程序立法的方法，提出了对教学质量的要求，保证跨过学校的教育质量。

（5）为海外教育立法，完善教育机制

2000 年，澳大利亚出台了《海外学生教育服务法》，是较早海外教育立法的国家。为了保证跨国教育的可持续发展，制定了严格的跨国教育质量保障机制。澳大利亚大学可以在法律赋予的资助框架内，根据标准规范自己的跨国办学行为；开展质量审查，AUQA 作为澳大利亚监控跨国教育质量保障的最高机构，通过每五年对跨国教育的质量进行审查，并把保证教育质量的事项写入法律；制定跨国质量战略，确保澳大利亚跨国提供的教育与培训的质量保持世界水平；完善澳大利亚学历资格框架，包括建立全国统一的学历资格结构和认可先前学历，签订办学历资格的议定书；加强跨国质量保证部门的合作。

2.澳大利亚高等教育国际化的启示

纵观澳大利亚高等教育国际化的历程发现，其国际化起步晚、发展快，凭借其比较优势和政府支持，走出了一条全新的高等教育国际化发展路线。我国的高等教育国际化建设是我国高校成为世界一流大学的必经之路。澳大利亚的高等教育国际化发展为我国的高等教育国际化道路提供了以下启发。

（1）重视高等教育国际化的战略地位

从一开始澳大利亚政府便清晰地认识到高等教育国际化发展的地位，把高等教育国际化作为推动经济快速增长的重要手段。澳大利亚实行教育出口战略，以高等教育国际化为手段，服务于本国的经济、政治、文化及外交等政策，这为日后澳大利亚因其高等教育国际化而获得巨额经济社会收益奠定了基础。

澳大利亚明确的教育国际化理念对我国主要有以下启示：首先，由于政府对高等教育有着绝对的掌控权，高等教育国际化的战略地位必须站在国家发展的角度去定位；其次，还要考虑到我国的经济发展水平，制定与我国经济发展水平相适应的高等教育国际化发展战略。以此来制定出宏观微观相结合的高等教育国际化发展战略。各高校应立足于国家战略定位，制定适合本校的、切实可行的高等教育国际化策略，逐步推进我国高等教育国际化的进程。

（2）利用政府的积极推动作用，完善教育涉外政策法规的建设

纵观澳大利亚高等教育国际化的整个历程，政府一直在其中扮演者举足轻重的角色。不仅制定了一系列的政策，支持和扩大高等教育国际化的规模和速度，同时把高等教育国际化的规范通过法律的形式来展现，这对我国是一个很好的启发。我国的高等教育虽然是政府主导，也出台了一系列的政策、法规，譬如《中外合作办学条例》和《高等学校境外办学暂行管理办法》等来推进高等教育国际化的发展，但是我国还没有专门的高等教育国际化及教育质量方面的法律，无法可依是我高等教育国际化的现状。出台相关法律，通过法律的制约才能使高等教育的教学质量得到保障，这对我国高等教育的快速发展非常有利。

我国政府对高等教育的控制过于严格，不利于高等教育多元化发展。

在高等教育国际化方面，应该适当放宽政策，刺激更多力量加入高等教育国际化的进程中，来推动国际化的发展。

（3）通过高校管理体制改革，加快高校间的合作

高校是高等教育国际化的实行者，国际化的活动与项目绝大多数都是依托于高校，因此高校管理体制的改革就显得尤为重要。澳大利亚一直注重其高校管理体制改革，为适应日趋激烈的国际竞争，政府建立了灵活的高校管理体制。为了使我国高等教育国际化能更好地面对未来的挑战，继续推动经济社会可持续发展，我国应尽快完成和完善高等教育管理体制改革。这需要政府和高校相互协作，政府全盘把握方向，学校细化具体实施措施和目标，以期能尽快建立适合我国经济社会发展的高等教育管理体系。

（4）正确处理高等教育国际化与本土化的关系

国际化在本质上是国与国之间进行的交流合作。在高等教育出现的初期，主要服务于本国家的利益。由于经济全球化的发展，国家利益也蔓延到国外，高等教育的国际化变得不可阻挡，这就要求我们必须正确处理国际化和本土化的关系，不能只是形式上的国际化，要更加重视本国的高等教育质量。首先，高等教育国际化是对其本土化的补充、协调和扩展，不能舍本求末的改变本土化的高等教育，要立足于本土高等教育去发展高等教育的国际化。其次，我们需要端正发展高等教育国际化的态度，做到兼收并蓄，虚心学习，取长补短，共同促进文化交流双方各国的高等教育国际化水平。

五、日本高等教育国际化

日本高等教育的发展历史可以追溯到明治维新时期。日本高等教育的发展模式受到了西方多个国家的影响，如法国、德国和美国。同样日本也非常看重高等教育及其国际化的地位，经过发展和改革，目前日本的高等教育普及率和高等教育国际化程度都居于世界前列。

（一）日本高等教育国际化的兴起历史

1. "二战"前日本大学的欧洲化

1868 年，日本开始了明治维新改革。日本政府通过这次改革对国家的

政治经济文化与教育都做出了系统规划,定下了"富国强兵""文明开化""殖产兴业"的目标,使近代日本异军突起,整体国力得到迅速提升。明治维新成功的原因,最重要的就是日本政府成功地进行了一系列体制改革,由于明治政府"相信教育对于发展经济、开发人内在资源的价值",在教育方面的改革尤为迅速①。现在回顾当时教育改革的源起与走向,可以或多或少地看出日本借鉴学习欧洲的轨迹。"二战"结束前欧洲一直是世界科学的中心,学习欧洲乃是日本政府的明智之举。德国作为最早强调义务教育的欧洲国家,也是19世纪中后期欧洲大国,因此德国"教育兴国"的这一理念对明治维新时期的日本有着示范作用。

(1)欧洲思想的传播

日本明治维新时期"和魂洋才"的思潮就是以西洋科学为中心的欧洲思想的延续与继承,在当时受德国政治制度的影响最大。

全面学习西方,最直接有效的方式就是派遣考察团进行实地考察。以岩仓具视为大使的日本维新派使节团从1871年开始,历时两年,访问参观了欧美10多个国家,考察了商业、经济、军事、轻重工业及文化教育等多方面②。一同前去的伊藤博文、森有礼等人经常向日本政府报告欧洲的考察情况,这对此后政府国家政策的制定也带来了一定影响。1882年,明治政府派伊藤赴欧洲考察宪政。通过考察,他对英、法、德三国宪法加以比较,认为英国宪法中"国王虽有王位而无统治权",与日本国体不相符;而"德国政府虽采众议,却有独立权""君主亲掌立法行政大权,不经君主许可,一切法律不得实行""可见,邦国即君主,君主即是邦国",因此对德国宪法推崇备至,认为适合日本国情③。回国后按照德国的样式对政府各部进行改造并大力宣传德国文化,将当时不管教育理论还是教育实践都处在世界前沿的德国教育发展模式直接带进了日本大学校园。另外,首任文部大臣森有礼也深受德国国家主义思想的影响,认为国家要富强必须要学习德

---

① 吕达,周满生.当代外国教育改革著名文献(日本、澳大利亚卷).北京:人民教育出版社,2004.

② 王桂.日本教育史[M].长春:吉林教育出版,1987.

③ 中国大百科全书出版社《简明不列颠百科全书》编辑部.简明不列颠百科全书[M]北京:中国大百科全书出版社,1985.

国的国家主义思想，"德国的体制被看成是一种同日本的传统和目标更相吻合的模式"①。后来日本在筹办帝国大学时颁布的《帝国大学令》开篇便提到"帝国大学以适应国家之需要，以教授学术、技术理论与研究学术、技术之奥秘为目的"，这也是国家主义发展下历史的必然②。在明治维新时期，日本近代教育史上几位重要人物皆推崇德国的政治体制或是教育制度皆多为推崇，他们的助力与思想的传播为日本学习德国起到了推动作用。

（2）东京大学的成立

19世纪德国最著名的教育事件就是1810年洪堡领导的柏林大学改革，提出的学术自由、教授治校、开设讲座等主张与原则在当时引领世界③。到了19世纪中叶，德国拥有多所世界上的一流大学并遥遥领先其他国家，成为当时欧洲的学术研究中心。

明治维新的成功，让日本政府也开始进一步探求教育上的发展。1877年，日本的第一所大学——东京大学成立，是根据现代学制设立，由"东京开成学校"与"东京医学校"在明治维新期间合并改制而成，被视为日本现代化大学的开端。初设法学、理学、文学、医学四个学部和一所大学预备学校，是日本第一所国立综合性大学，也是亚洲最早的西制大学之一。作为学习欧洲教育文明的直接产物，东京大学在日本有着举足轻重的地位。1886年该大学更名为"帝国大学"，成为日本建立的第一所帝国大学，之后作为日本最高学术典范与七所旧帝国大学之首，在全世界都有着极高的声誉。

《帝国大学令》在开篇即表明"大学是以适应国家之需要，以教授学术、技术理论与研究学术、技术之奥秘为目的"。这段话充分说明了当时西方资本主义、国家主义思潮对日本大学性质的深刻影响。"为国家之需而立，为国家之需而改革"，东京大学的创立充分地体现了这一原则。在东京大学的创立之初，当时世界的科学学术中心在德国，在明治维新时期日本"文明开化"的思想下学习德国教育制度也是非常明智的举措。当时所追求的

① 吕达，周满生.当代外国教育改革著名文献（日本、澳大利亚卷）[M].北京：人民教育出版社，2004.

② 天野郁夫.大学的诞生[M].黄丹青，窦心浩，译.南京：南京大学出版社，2011.

③ 周采，外国教育史[M]上海：华东师范大学出版社，2008.

理想大学模式中，学术自由、教学与科研的统一、教授自治、讲座制度、研究讨论课等形式的原型也皆是来源于德国的大学。

如果说从明治维新到东京大学的成立是日本高等教育的摸索阶段，那么帝国大学的出现应视为日本高等教育开始走向独自发展。[①]虽说这个时期日本的改革大多是倾向学习德国政治体制，学术教育方面也多模仿德国教育发展模式，但并非是全盘照搬，客观上来说，更多的是总体以德国大学的相关制度为主，并糅合了其他几个先进欧洲国家的思想与制度要素[②]。

（3）国际化人才的培养

日本在明治维新时期对人才的培养与吸引也有着一定的探索。较早的便是维新派使节团岩仓具视在1870年提出的"海外留学生规则案"。该政策对留学生的派遣国、学习的学科专业等问题都有着详细建议，在领域上、学术上对各个国家进行比较，探讨优劣，有意识地选择最适合国家的最优学科进行学习。例如：留学英国的话选择机械学等工科类专业、留学法国便选择法学类专业；留学德国便专攻政治学、经济学等社科类学科。这种有选择性地吸取各国高等教育制度优点来发展本国高等教育的方式使得日本教育近代化与产业化得到了迅速发展。

另外，从外籍教师的国别和本国教师的留学国也可以看出日本大学国际化的倾向。在分析大学有留学经历教师的留学国家时可以发现当时的欧洲化程度。帝国大学的教授有过留学经历的占七成，以留学欧洲的居多，其中具有德国留学经历的教师有50名左右，大致占教师总数的五成[③]。

日本大学虽然一直在积极学习西方国家，但其主旨是为了日本的强大与独立。所以，虽然在创立之初，使用的教材皆为外文书籍，用外语教学上课，但它根本上是为了使日本更加快速高效地学习西方知识与技艺从而推进日本的近代化进程。在大学的管理上，规定外国教师在性质上不属于正式教员，而属于临时性教员。因此，外国教师实际上没有权利和资格参与教授会、决策会等大学重要事项的管理，只能参与大学的教学与科研，在实际上限制了外国教师参与大学管理的权限。这样，大学虽然在教师来源、课程教

① 天野郁夫.大学の誕生（上）[M].东京：中央公論新社，2009.

② 天野郁夫.高等教育の日本的構造[M].东京：玉川大学出版部，1986.

③ 天野郁夫.大学的诞生[M]黄丹青，窦心浩，译.南京：南京大学出版社，2011.

学等方面有着较高程度的国际化，但在大学运行与管理上仍然保持着本国化与"自立"①。

　　总体上，这个时期日本高等教育采取的是学习欧洲的国际化发展战略。"以西方化为志向的'国际化'现象，并非与以异质文化为背景的外国人之间进行对等性的相互交流，而是以短期之内获取西洋学术为目的"②。因此，此时高等教育国际化更多的是为了提高日本的大学科学学术水平，最终目的是借鉴学习欧洲而提高自身。

　　2."二战"后的美国化与自主探索

　　（1）军国主义导致的学术倒退

　　明治维新后，日本"脱亚入欧"，开始学习借鉴不同西方国家的教育制度。如前文所说，日本以学习当时的欧洲中心德国为主。德国自统一至"二战"一直奉行军国主义国家政策，在教育方面也是如此。日本在学习德国的过程中，模仿《德国宪法》等内容，规定天皇神权不可侵犯，集权于天皇，与德国一样实行军国主义国家管理。

　　在教育方面，1880年时任文部大臣的森有礼在与普鲁士宰相俾斯麦会谈后，认为把国家主义思想融入教育中的德国教育制度非常适合日本，当时德国的教育制度是以国家繁荣、增强国家实力为直接目的，培育的是服务于国家的国民。森有礼相继制定了几个"学校令"，强调教育的目的应该是从属于国家，他认为不论是学问自由还是信仰自由，都应该有利于国家的发展，只能在国家允许的范围以内受到尊重③。1890年10月30日日本天皇以自己名义颁布了《教育敕语》，将其明确为日本教育的根本原则。自此一直到"二战"之前，日本的教育完全否定个人主义和自由主义，只强调国家利益、臣民本分，个人没有权利追求自由和幸福④。可以说从《教育敕语》颁布起到"二战"结束，日本教育的国家主义思想核心一直没有改变过⑤。

---

①　喜多村和之.现代大学の变革と政策－歴史的比较的考察[M].町田：玉川大学出版部，2001.

②　江渊一公.大学国际化の研究[M].町田：玉川大学出版部，1997.

③　永井道雄.近代化と教育[M].东京：东京大学出版社，1982：7，98.

④　加藤周一.日本近代思想大系6－教育の体系[M].岩波书店，1990：5.

⑤　廖海蕾.日本军国主义的历史考察（1868-1945）[D].武汉：华中师范大学，2015.

鲁思·本尼迪克特（Ruth Benedict，）曾在《菊与刀》中谈到日本人的性格："生性及其好斗而又非常温和；黩武而又爱美；倨傲自尊而又彬彬有礼；顽梗不化而又柔弱善变；驯服而又不愿受人摆布；忠贞而又易于叛变；勇敢又怯懦；保守而又十分欢迎新的生活方式"[①]。日本人在岛国特殊地理环境下也逐渐形成封闭、视野狭窄且矛盾的性格。在这样一种国民性格下，在国家主义、军国主义思想催化下，日本狭隘的民族主义极速膨胀，国民为天皇誓死效忠。并且日本在甲午中日战争胜利后，狂妄自大，开始陷入发动侵略战争来扩张日本国土的狂热之中。

虽然日本经过明治维新，学习借鉴西方国家的教育体制，高等教育得到了快速的发展，但由于后期国家主义、军国主义思想的盛行，高等教育结构变得极其等级化和僵硬化，使得高等教育国际化的步伐中断，思想禁锢，开放性和竞争性也荡然无存。

（2）"二战"后美国化的教育举措

1939年9月1日，第二次世界大战的警铃正式拉响。日本作为军国主义法西斯侵略方注定在战争中惨败。1945年"二战"结束后，日本损失惨重，整个国家百废待兴。作为战败国，日本在战后的7年主要由美国进行军事占领，推行"民主化"和"非军事化"的改革。美国在占领期间，对日本进行了经济、政治、文化、教育等各层次、多方面的改革。政治经济改革奠定了日本非军事化、民主化的准则，同时也为日本教育文化改革的展开和深入推进打下了一定基础。

"二战"前日本的教育基础为《教育敕语》中强调的维护天皇的中央集权国家主义思想。在战后，日本社会急需一个能够替代《教育敕语》的规范性教育理念。在"二战"结束后，1946年美国政府曾派教育使节团访日，并提供了日本如何改革的教育调查报告书，中心为"如何使日本的初等、中等及高等教育最有效地推动日本的民主化"。其中，具体内容主要是废除《教育敕语》、实行9年免费义务教育、提倡教育机会均等、男女平等等。这些建议帮助日本从根本上推翻天皇集权，和对天皇的唯命是从的思想，

---

① 鲁思·本尼迪克特.菊与刀[M].吕万和，熊达云，王智新，译.北京：商务印书馆，2009.

促进教育和整个社会的思想民主化，也为日本战后的改革奠定了基础[①]。1947 年 3 月，日本政府颁布了《教育基本法》，明确了战后日本的基本教育准则，对于教育目的、方针、义务教育、教育机会均等、男女共校、学校教育、社会教育、政治教育、宗教教育、教育管理等方面都做出了详细的规定。随后，《学校教育法》《教育委员会法》《社会教育法》等一系列新制度、新规范的教育法律法规相继出台，在教育的基本原则上日本逐渐步入正轨。

由于美国在占领时期对日本进行的学制改革，日本的高等教育系统发生了很大的改变。日本在"二战"之前帝国大学、官公立大学、私立大学、专门学校、师范学校等各类学校的功能、修业年限、制度地位等是多种多样的。"二战"后受美国的影响，这些多样的高等教育机构事实上全部被整合重组，合并成了新的四年制的大学和两年的制短期大学。另外，在大学的具体实施上，也积极学习和引进美国式的一些做法，如学分制、选修制、进行入学适应性测试等。虽然在当时日本的高等教育体系无法完全适应美国多样性和开放性的系统，仍然处于摸索试验阶段，但这对日本大学后来的发展有着不可或缺的影响。并且这些大学都要严格按照《学校教育法》所规定的那样："作为学术中心在广泛传授知识的同时，深入教授和探究专门的学艺，养成智慧、道德以及应用能力。"（《学校教育法》第 52 条）[②]自此，大学真正成为一个集教学、研究和提供社会服务于一体的教育机构。

在对外交流上，1954 年日本政府出台了第一个真正对外交流的国际化政策"国费外国留学生招生制度"，开始接收一些国费的外国留学生。这是在战后与美国签订了教育交流协定《媾和条约》后，日本结束了被占领的状态，认识到需要解决一直以来的文化孤立状态而颁布的。在 1956 年 7 月的中央教育审议会上，日本政府提出由于"二战"后日本经济文化遭到了巨大的破坏，教育上也一直处于孤立的状态，落后于世界。因此，日本在高等教育上的当务之急是加强国际交流，提升本国高等教育学术水平，

① 勾宇威.论占领期美国对日本政治经济民主化改革基础上的教育政策 [J], 中国市场, 2017: （24）: 215-216; 240.
② 天野郁夫.日本高等教育改革: 现实与课题 [M].陈武元, 等, 译.厦门: 厦门大学出版社, 2014.

招收留学生，促进人员的海外流动。在反思之前的封闭状态后，日本政府采取积极行动。1957年宣布成立了国际教育协会并开始建造留学生会馆；1964年设置了留学生课专门负责留学生相关事宜；1970年开始正式确立了自费留学生统考制度并招收了一批自费留学生。在这一阶段，日本虽然在国际交流等相关制度措施上有积极行动，但是实际上接收与派出的师生数仍然较少。例如，据1965年联合国教科文组织统计，美国大学外国留学生约占本国学生的14%，苏联占0.5%，英国占7%，法国占51%，西德占7%，瑞士占26%，而日本大学生数虽已在世界上排名第三位，但外国留学生数却在12位[①]。面对激烈的经济、文化竞争，日本国内对高等教育国际化的建设呼声也日益强烈。

（3）20世纪80年代后期的自主探索

随着日本经济的逐渐复苏，高等教育也在快速发展。高等教育入学率也急剧上升，从18岁人口比来看，大学、短大的入学率从1960年的10%上升到1970年的23.6%，1980年的37.4%。日本的快速发展使其实现了马丁·特罗（Martin Trow）提出的从高等教育的精英化到大众化的转移，并且大众化程度仅次于美国[②]。

"二战"后经过几十年的发展，日本在1971年宣布实施第三次教育改革。在报告书中，中央教育审议会明确使用"高等教育国际化"这一术语并提出了一系列改革措施：建议大学加强外语能力的培养、加深对外国文化的了解；高等教育向国际开放，加强留学生教育；教师实施定期留学制度，聘用外籍教师；等等。进入20世纪80年代后，国际经济竞争日趋激化，而日本由于政府过于严格的控制与保护，在发展原动力的尖端科技研究上逐渐落后，使得日本经济出现了低迷。为了在科学技术上取得成果，日本政府将重点放在提高大学的水平与科研能力上。1984年，自民党中曾根政权成立临时教育审议会（简称"临教审"），提出的改革主题之一便是要放宽政府即文部省对大学的种种控制。认为政府严格的控制阻碍了大学间的自由竞争，从而妨碍了大学教学科研水平的提升。根据临教审的要求，

---

① 永井道雄.日本的大学[M].李永连，李夏青，译.北京：教育科学出版社，1981.

② 天野郁夫.日本高等教育改革：现实与课题[M].陈武元，等，译.厦门：厦门大学出版社，2014.

文部省成立了集中讨论大学改革问题的独立审议会——大学审议会，对高等教育政策、改革等进行研究与提供咨询。这些机构的成立在一定程度上奠定了改革的方向与基本思路，在日本的高等教育国际化发展过程中起到了重要的作用。

临时教育审议会在 1987 年第四次教育改革报告书中反复建议高等教育要适应国际化的新形势，并提出一系列具体建议。1987 年大学审议会成立后，作为接续临时教育审议会的机构，首先便修改出台了《大学设置基准》，提出日本的大学不论国立、公立、私立，都要接受该基准的认定与管理。历次大学审议会出台的教育改革报告书皆从危机意识角度出发，认为高等教育国际化是日本高等教育不断发展的关键，多次建议政府加大投入，增强改革力度。基于以上建议，20 世纪 80 年代中后期推进日本高等教育国际交流、国际化新举措频频出台。日本适应了时代的变化，高等教育的发展从限制保护转向灵活自由，从模仿学习转向自主竞争，并且通过重视教育改革的咨询与研究，在高等教育国际化的自主发展道路上走得越来越稳。

（二）日本高等教育国际化的经验与启示

1. 日本高等教育国际化的经验

"二战"后，日本迅速从战败中崛起，成为经济发达国家，跻身世界经济强国之列。日本的高等教育政策改革为此做出了重大贡献，日本的经验主要在于如何把发达国家的先进经验本土化，提高本土的高等教育水平。

（1）树立正确的高等教育国际化理念

首先，高等教育国际化需结合本国历史和国情，有序发展。高等教育国际化的根本目的是提高本国的国际竞争力，所以必须立足自身国情，不能盲目照搬发达国家模式。日本高等教育国际化历程中，既包含模仿学习欧美高等教育模式时期，也包含对西方先进经验模式的改良以适应本土文化时期。所以，从发展历程上来划分，可以分为美国化的日本高等教育发展和本土化的日本高等教育发展。

其次，高等教育国际化并不是简单的学生流动，更重要的是通过交流与合作，使本国高等教育水平得到提高。日本的高等教育发展，基于经济的发展状况，从最开始的单方引进，变为现在的交流合作。

最后，应从全球化角度看待高等教育国际化问题。日本致力于培养出世界通用的人才，将"懂技术、会外语、通经营管理，具有国际化意识，通晓国际贸易、金融、法律知识，能适应国外工作和环境"的人才作为培养目标。

（2）给予大学在国际化方面自由发挥的空间。高等教育国际化的形式可谓是多种多样，各大学可依照自身发展的特点，采用适合自己的灵活的国际化方式办学。日本在这方面给予大学较大的国际化自主权。

（3）加快与国外大学合作办学的脚步。日本政府和教育界支持本地学校跟外国大学开展合作办学。曾经兴起过创办各种美国大学分校的热潮。通过这些合作办学模式，培养大量的日本人才，使得日本人不需要走出国门就享受到了美式教育，甚至拿到了美国学位，这被称为是国际教育的本土化。

（4）政府通过政策法令来支持高等教育国际化。在高等教育国际化的起步阶段，日本就制定和实行了一系列法令。日本政府始终通过法律的方式来操纵高等教育国际化的发展方向，充分体现了政治是教育发展的依托。

（5）国际化实践模式的多样化。日本高等教育国际化实践的内容和方式多种多样，包括：学生国际流动、教师国际流动、设立国际化课程、加强国际间教育信息交流、提高自身教育水平、联合国外高校共同培养人才。

2.日本高等教育国际化的启示

（1）把国外高等教育的先进经验本土化，发展出有本国特色的高等教育国际化路线。高等教育国际化对经济的增长有明显的促进作用，对于国家利益也有较深的影响。同时，在高等教育国际化的过程中，还需要处理本土文化与外国文化的冲突。因此，我国高等教育国际化的发展过程，需要在借鉴国外经验的同时，走出一条具有中国特色的新型高等教育国际化路线。

（2）努力与世界一流大学或者国外教育机构建立沟通和交流。通过开放交流的方式，让更多的留学生来到中国学习，也让中国学生有更多的机会走出去。实行学分互认制度，选修课互认制度加强双方之间的互动交流。

（3）从日本的经验中可以得出，私立学校在高等教育国际化的过程中发挥了重要的作用。中国应该尽快从政府层面立法，并提供政策支持，尽快提升民办高校的教学质量，加快中国民办高校的国际化进程。通过这样的发展，让中国的民办高校也能在中国高等教育国际化的道路上扮演更加重要的角色。

第五章　国内高等教育国际化发展实例研究

我国高等教育国际化虽然起步较晚，但发展迅速，在近年来的发展中已经取得了一定的成绩。本章选取浙江师范大学、福建师范大学、青岛科技大学等地方本科院校，以及江苏省、浙江省、河北省、重庆市的高职院校，对其教育国际化的实践进行探讨，以借鉴其教育国际化实践的成功经验，从而为我国高校积极有效地开展教育国际化建设工作提供科学的参考。

一、我国部分高校国际化发展战略管理实例

（一）国内地方高校教育国际化的实践

1. 福建师范大学

福建师范大学是国内较早参与国际合作和交流的高校之一。早在 1978 年，学校就相继从欧美等多国聘请了超过 100 名外教在学校担任教师职务，在此过程中，学校还邀请了超过 200 名专家到学校举办讲座之类的活动。近年来，学校和 100 多家国外高校与科研机构建立了友好的合作关系，这些高校与科研机构分别来自日本、英国及美国等 30 多个国家和地区。此外，学校还积极地与联合国教科文组织进行接洽，并顺利地达成了合作共识。在寻求国外的合作及聘请外教等方式的同时，学校还积极安排优秀教师前往其他国家的优质高校进行学术拜访与交流，积极参加各种学术会议。学校还积极地承办各种学术会议等活动，仅在最近几年内，就成功举办了超过 50 次学术会议，包括国际性的学术会议。

自 1984 年起，学校就开始从其他国家引入留学生，这些留学生主要来自包括美国与韩国等国的 30 多个国家与地区。学校不遗余力地为周边国家培育汉语教师，获得了多个国家的认可。正是因为有这样的努力和成绩，

学校在1992年时正式被国家教委指定为了面向东南亚开展对外汉语教学的四大基地之一，还先后获得了国家和政府授予的多项有关高等教育国际化的荣誉，如2009年被批准为福建省首批海外华文教育基地、2006年被国家汉办确立为"汉语作为外语教学能力考试"考点学校等。

2.青岛科技大学

青岛科技大学作为一所省属多学科协调发展、特色鲜明的地方高校，早在2005年就提出了"教育国际化战略"，并将国际化的办学理念贯穿于学校的发展之中。学校积极开展中外合作办学，大力发展留学生教育，创新人才培养模式，走出了一条独具特色的教育国际化之路。学校推进教育国际化的主要举措有以下方面。

（1）积极开展联合办学模式，提升国际化办学能力。《关于做好新时期教育对外开放工作的若干意见》提出，通过鼓励高等学校配合企业走出去，鼓励社会力量参与境外办学，实现境外办学模式的稳步推进。通过中外联合办学来提升学校国际化水平，是实现其自身教学功能提升的重要方式。积极开展中外合作办学，能够将先进的教育理念和其他优势资源有序引入国内，在升级与创新过程中，不断提升办学水平。学校与德国帕德博恩大学成立中德科技学校已经将近20年，这是中外合作办学的经典案例。该国际学校采用中德双方共同拟定的人才培养方案。为提高国际化人才质量，学院优化各专业师资结构，形成了国际化的师资队伍，学院各专业师资由海内外泰山学者、德国高校资深教授、海外特聘教授及青岛科技大学的优秀教师构成。学院将跨文化的知识和观念融入课程，德语教学由中外教师共同承担，专业课教学采用中德双方教授"结对授课"模式。目前，学院学生在"3+2"的培养模式下，经过国内外本科阶段的学习，实现了自身跨文化交流能力、工程实训能力、创新创业能力、国际化意识及就业竞争力的增强。

（2）推动留学生教育事业发展，建设国际化教学环境。围绕"一带一路"沿线国家发展急需的学科专业，充分利用政府奖学金、山东省留学生奖学金，以此优势来结合地域特色、地缘结构和学校学科专业优势，将留学项目宣传工作进一步加强。在扩大国家招生范围的同时，让更多不同国家留学生选择到本学校学习，不断扩大来华留学生规模。学校积极推进国际化人才培养的双向交流，倾力打造"留学科大"品牌。坚持规模、质量并重，优化留学生国别区域布局，调整留学生现有层次和选择专业类别，将留学生管理制度实现规范化处理。通过泰中国际橡胶学院平台的宣传，不断扩大国外来华留学研究生规模，提升质量，拓展中外联合培养研究生新途径，吸引更多发达国家和"一带一路"沿线国家留学生来校学习，增加学历教育留学生比重，提高留学生培养质量和管理水平。

（3）加强外语及双语教学，培养学生国际交往能力。外语是进行国际交流的基本工具，也是了解外国文化的钥匙，外语学习能够让学生获得新的国际意识，并且建立起多元文化的思维模式，而高等教育国际化也要求使用一门国际语言作为实际教学语言。对此青岛科技大学成立外语课程后，通过外语教材编写的方式，打造更符合国际需求的英语学习环境，促进学生外语应用能力。实际教学过程中，双语教学改革监控力度不断加大，通过定期组织教学来完成对双语课堂的有效督导，将教学质量进行合理反馈，实现学生评教方式的落实，提升教学质量。

（4）建立人才培养新模式，提高学生的国际化就业能力。青岛科技大学在 2007 年，已经开始有意识地培养国际化复合型人才，特别是大机械学科创新实验区的成立，让这里成为国家级人才培养摇篮。学校以过程装备与控制工程专业进行"国家级人才培养模式创新实验区"的试点教学改革，通过改革来培养国际化人才，并且对其可行性建设方案进行分析，在总结具体培养方案与教学系统时，将有高水平外语能力的教师培养出来，实现跨文化交流能力提升的同时，根据国际标准来打造复合型教学人才。这个项目可以将学生交流英语、日常英语作为管理对象，通过"时文阅读与写作""英语视听说""高级英文阅读"和"英语演讲"这类课程的设置，将学生个人的听说读写能力一并提升。"科技英语翻译""科技论文写作"属于专业英语课程，这些课程的开设将提升学生基本的英语交流与使用能力。这类课程基本采用的都是纯英语教学模式，既能够将学生国际化水平提高到新的层次，又能够将国际规则作为基本教学标准，让学生获得最基本的交流和理解能力。这是实现学生英语能力提升的重要步骤，任何一个学科的学习都应该塑造基本的学科环境，语言学习尤其如此，通过英文交流环境的打造，让学生感受到教学过程与实际工作环境的相似之处，为学生直接获得工作环境氛围，起到最合理的环境建设功效。

3. 浙江师范大学

（1）学校简介

浙江师范大学是一所以教师教育为特色的综合性省属重点大学，实施国际化发展战略是其培养国际化人才的重要支撑。学校非常重视该战略，在管理机构上构建了国际合作与交流处、汉语国际推广两个办公室；在办学机构上建立了国际文化与教育学院、中非国际商学院两个学院；在研究机构上成立了非洲研究院、国际与比较教育学院等若干研究院或研究中心。在战略推进过程中，学校非常重视以"国际化人才培养"为中心思想开展双向留学、国家化办学、学术交流合作等工作，并启动了卓越人才国际化培养计划。学校既是国际化特色高校建设单位，又是十佳对外合作单位，2018年学校国际化总体水平在全省已连续三年稳定在第四位。2019年1月学校在第六次党代会上提出要开创国际化办学新格局，随后的国际化工作培训会探讨了国际化办学的路径和策略。在国际化战略的政策布局和推进下，学校国际化人才培养取得了一定的成就。

（2）学校国际化人才培养政策的类型与作用

①国际化人才培养政策的类型

学校国际化人才培养政策的存在形式有三种：第一种是在学校的各项规划中论述国际化人才培养内容，如"五年发展规划"和"国际化提升计划"等；第二种体现在学校为规范国际交流与合作工作而出台的各项通知、规定与办法中；第三种体现在学院国际化发展战略和工作会议中，如外国语学院国际化发展战略等。这三种类型由教育展望到具体落实，全面勾勒了学校国际化人才培养政策体系。其中，第二类型的各个板块与省级政策内容分类几乎一致，但在具体内容上自身特色明显。学校规划类政策明确学校国际化发展的思想、原则、目标、任务、保障措施，以及相关责任单位的职责，统领各学院国际化发展，如《国际教育交流规划》《国际化提升计划》等。各项通知、规定与办法规定了来浙留学生管理机构、牵头单位、学院等相关部门的工作职责；规定了来浙留学生应当履行的学籍秩序、考勤要求及获取奖学金的标准；规定了出国留学管理机构、学生的责任和义务；规定了学生申请的各项条件，如成绩、外语水平等。

②国际化人才培养政策的作用

学校实施国际化人才培养政策，其作用主要体现在以下四个方面：首先，政策中明确的指导思想和基本目标可以给师生和各级管理人员灌输国际化人才培养的重要性，并因此形成政策理念认同；其次，各项通知、规定与办法虽是独立运行的，却相互补充协调，支持保障了国际化人才培养，国际化人才培养仅依靠学生的双向交流交换并不能保证人才培养获得很高的成效，还要依靠相关的支持与保障政策；再次，校级政策既是学校国际化人才培养愿景的表达，也是吸引政府机构资金支持、海外高层次师资从教、海外知名高校资源共享等的重要途径；最后，国际化人才培养政策中的量化目标、选拔条件、资助力度等的确定性保证了政策实施的方向性和有效性，以及全体师生参与的积极性，在一定程度上为国际化人才培养营造了良好的"竞争"氛围。

（3）学校国际化人才培养政策实施取得的成效

①双向留学规模逐年递增

学校为学生创造获得国外优质教育资源的途径是学校国际化人才培养的形式之一。先后与五大洲、60 余个国家和地区的 280 所高等院校或教育机构建立了合作和交流关系，与 80 余个国（境）外大学确立了校际学生交换项目；每年有近 80 个出国（境）交流项目，800 余个交流名额；设立出国交流专项奖学金，为学生创造获得国外优质教育资源的途径。留学专业从英语、日语等语言类专业扩展到当前的国际经济与贸易、软件工程、计算机科学、汉语国际教育等二十几类大众专业。可见，国家对人才的需求不再局限于外语语言人才，而是精通外语的专业人才，即"专业＋外语"的复合型人才。2016 年学校共派出 500 名学生赴国（境）外交流、交换，其中本科生是派出主体，派出最多的三个专业是教育、汉语国际教育及软件工程。[①]2017 年学校共派出 508 名学生赴国（境）外交流、交换，其中本科生依旧是派出主体，但派出最多的三个专业分别是广告学、汉语国际教育和音乐学。[②]截至 2018 年底，该年度出国（境）交流、交换人数达到

---

① 根据《2016 年浙江省高等教育国际化年报统计表》整理——笔者注

② 根据《2017 年浙江省高等教育国际化年报统计表》整理——笔者注

712 人，^① 相较于 2013 年全年人数增长 3.19 倍。

学校紧跟国家"留学中国"行动计划和省级"留学浙江"行动计划，着力打造"留学浙师"品牌。五年里，学校将该品牌越做越好，在校留学生规模居浙江省属高校第一。截至 2018 年底，学校长期来华留学生总数为 1489 人，相较于 2013 年全年人数增长 11.62 %，其中本科生 683 人、硕士研究生 461 人、博士研究生 40 人，学历生占比 78.84 %；普通进修生 315 人，进修生占比 21.16 %。^② 可见，学校不但追求来华留学总体规模人数的增加，更注重学历层次的提高，还在留学生日常管理、学籍管理、考勤预警、奖学金管理等方面下功夫，使得来华留学生培养质量显著提升。

②国际化专业建设日益推进

2014 年起，学校开始建设国际化专业，采用全英文授课、中外学生同堂听课、配备雄厚中外师资等形式培养具有国际视野、通晓国际规则、能够参与国际事务和国际竞争的国际化人才。2018 年，学校已建成 11 个本科层次和 22 个硕博层次的全英文授课国际化专业。为了更好地推进国际化专业建设，学校启动了针对教师能力提升的"国际化专业教师英语能力提升计划"和针对学生的"国际化专业全英文班英语夏令营"。这两项计划对于提升教师国际化教学能力和为学生营造全英文的学习生活氛围奠定了专业和语言基础，学生在此氛围下，英语水平、专业成绩、考研深造意向都高于普通学生。

③国际化办学模式日渐多样

学校国际化办学有中外合作办学和孔子学院两个领域。首先，学校努力开拓与国外高校的合作办学。截至 2018 年 7 月，学校有 1 个硕士层次和 2 个本科层次的中外合作办学项目，分别是与英国伍斯特大学合作举办的软件工程本科项目、与澳大利亚伊迪斯·科文大学合作举办的广告学本科生项目、与新加坡智源教育学院合作举办的学前教育硕士项目。其中，学前教育硕士项目是学校同时也是浙江高校获批的首个境外办学项目。

学校对外汉语推广成果显著，"一院多点"的办学模式深受好评。截

---

① 根据《2018 年浙江省高等教育国际化年报统计表》整理——笔者注

② 浙江师范大学.浙师大深耕中非合作与交流国际化战略实施行稳致远 [EB/OL].[2019-09-06]. http://news.zjnu.edu.cn/2018/1221/c8449a279090/page.htm.

至 2018 年 12 月，学校在海外共建有 6 所孔子学院，其中 5 次荣获孔子学院先进中方合作院校、6 次全球先进孔子学院、5 次先进个人，拥有 1 所全球示范孔子学院。孔子学院是汉语推广的重要载体，当前汉语教学层次实现了从小学到研究生国民教育体系的全覆盖，极大拓展了学校的国际化办学空间，扩大了学校在国际上的影响力，吸引更多国际学生留学浙师。此外，学校还是国家汉语国际推广基地和省级孔子学院师资选拔培训基地。

④国际化师资层次水平极大提升

一方面，学校既重视智力引进，如依托国家和省级项目、高端外专项目等，引进一批国际化师资，又注重本土教师的出国研修。截至 2018 年 12 月，学校共聘请了来自 20 个国家的 103 名外教，相较于 2013 年数量增长 94.3 %，其中拥有博士或高级职称的外国专家 45 人，在外教中占比 43.7 %。[①]另一方面，学校通过争取国家和省级项目，以及实施校级致远计划和尖峰计划等，积极输送本校教师赴国（境）外学习深造。2013 年，全校赴国（境）外留学访学 3 个月以上的人数共 329 人，占当年全校教师人数为 22.5%；五年后，全校 6 个月以上出国（境）教师人数达 480 人，占当年专任教师比例为 33.85 %。可见，学校教师出国留学访学的时限延长，人数占比提升，极大促进了教师队伍整体国际化水平的提升。

⑤国际学术交流与科研合作影响深远

学校通过承办或主办国际学术会议、开展学术报告、搭建国际科研合作平台，为学生营造了良好的国际化科研环境，同时也扩大了学校的国际学术影响力。自 2009 年以来，共主办或承办国际会议 74 个，内容涉及数学、教育、音乐、文学等多个学科及对非特色研究。从 2013—2019 年主办或承办地点来看，学校不仅在本校举办国际会议，同时还在国内其他城市，如北京、杭州和义乌，以及非洲国家，如肯尼亚、埃塞俄比亚、尼日利亚等举办国际会议，其中除金华本校外，北京和杭州为举办次数最多的城市；从主办和承办单位来看，学校共有 11 个学院、8 个研究机构和研究中心举办过国际会议，其中杭州幼儿师范学院和非洲研究院分别是举办国际会议最多的学院和研究机构。可见，学校充分依托学院、研究机构和研究中心

①　浙江师范大学 . 浙师大深耕中非合作与交流国际化战略实施行稳致远 [EB/OL].[2019-09-06]. http://news.zjnu.edu.cn/2018/1221/c8449a279090/page.htm.

的专业优势和资源在国内外开展国际学术交流。学校拥有两个"111计划"学科创新引智基地，分别是2016年获批的"图与网络优化创新引智基地"和2017年获批的"含氟新材料学科创新引智基地"。"111基地"的建立充分发挥了人才集聚和人才培养的效能，有效提升了学科和学校的国际竞争力，是学生参与科学研究，提升科研合作能力的有效手段。

（4）学校国际化人才培养政策的经验

学校领导和学者推进国际化人才培养进程。学校校长、党委，以及国际合作与交流处的相关负责人、专家学者在促进学校整体国际化及国际化人才培养方面发挥了正向的引领作用：首先，国际化是学校四大发展战略之一；其次，国际化人才培养是学校完成国际化战略目标的重要体现；最后，为国际化人才培养拓展渠道、提供资金、配备师资和其他相关资源。这体现在学校领导和专家学者的多次讲话和实践中。例如，2002年校党委书记李鲁指出，学校作为师范性大学，应在人才队伍的培养方面责无旁贷。校长徐辉指出加入WTO和高校改革发展的关系，即改革发展要具有国际视野、全球观念、规则意识和竞争意识。[①]该讲话明确了新世纪学校改革发展的国际化方向及人才培养的重大责任。2013年校党委书记陈德喜在报告中指出，学校要大力推进"特色化、国际化、区域化、协同化"的战略举措，实施育人质量和国际化水平提升计划。[②]这表明学校将借助国际化战略助推人才培养质量的提升。2019年，学校第六次党代会报告中六次提到"国际"一词，作出深化对外合作的新部署，即做强国际化交流合作、做亮国际化品牌特色、做实国际化工作保障。[③]该部署是学校加强国际化人才培养，提升学校国际影响力和竞争力的重要举措。

在国际合作交流方面，学校国际处开设来华留学、海外学习、合作办学、智力引进、涉外会议、援外培训等多个栏目，及时发布相关海外学习和来华留学等通知，为国际化人才培养提供便利的信息和渠道。在专家学

---

① 浙江师范大学．校党委理论学习中心组学习江泽民同志"5·31"重要讲话和省第十一次党代会精神[EB/OL].[2019-09-10].http://news.zjnu.edu.cn/2002/0722/c8495a196428/page.htm.

② 浙江日报．浙江师范大学历次党代会回顾[EB/OL].[2019-09-10].https://zj.zjol.com.cn/news/1103706.html.

③ 浙江师范大学宣传部．浙江师范大学第六次党代会隆重开幕[EB/OL].[2019-09-10].http://www.zjnu.edu.cn/2019/0108/c4063a280942/page.htm.

者推动方面，刘鸿武教授等的对非研究及教育援外工作已成为学校国际化特色品牌，带动一批硕士生和博士生留学非洲，并进行相关研究。总之，学校的相关领导、机构及专家学者在鼓励和推进国际化人才培养的过程中，起到非常关键的作用。

（二）国内高等工程教育国际化实践案例

1.案例选择

西南交通大学创建于1896年，肇始之初为"山海关北洋铁路官学堂"即"中华帝国铁道学院"，是中国最早建设的高等学府之一，为中国土木工程、交通工程、矿冶工程高等教育的发源地。学校长期致力于高等工程教育，与铁路相关的学科如交通运输工程、土木工程、机械工程、电气工程、通信工程等专业在全国排名领先。改革开放以来，尤其刚过去的十年里，中国铁路行业，特别是高速铁路发展迅猛。西南交通大学作为中国高速铁路技术的策源地、铁路行业高端人才的供应地，学校领导层认识到中国高铁要占领全球高速铁路发展的制高点，引领全球高速铁路技术，相关领域高等工程教育的国际化是不逆转之趋势，学校长期以来把国际化作为学校优先发展战略。学校在铁路行业相关高等工程教育专业积极与全世界140多所大学和科研机构开展合作，吸引了上千名世界各国的留学生到校学习、参与各类国际化的工程教育项目，在中国高等工程教育国际化发展道路上树立了典范。

2.国际化战略

2014年西南交通大学第十四次党代会确定了"建设交通特色鲜明的综合性研究型一流大学"学校发展总体目标。随后学校制定了《西南交通大学国际化实施方案》，通过国际化战略的实施加速聚集国内外优质高等工程教育资源，借鉴国外大学先进办学理念和模式，助推学校跨越式发展。

（1）战略目标

以国际化为路径，加快与世界一流大学（或机构）开展高水平、实质性国际合作与交流，推进学校教育综合改革，实现师资的国际化、人才培养的国际化、学科专业的国际化、科学研究的国际化及学术服务的国际化，全面提升学校在国际上的思想影响力、学术竞争力和科技创新力。

（2）主要内容

①师资的国际化。学校加大投入聘请高水平长、短期外籍专家、教师，通过中外合作办学项目、国际化示范学院项目、语言类外籍教师项目的开展，按照《中华人民共和国中外合作办学条例》等相关政策要求，聘请了100余名外籍教师来校授课；学校积极争取教育部、国家外国专家局专项经费，邀请诺贝尔奖获得者来校讲学；依托学校轨道交通国家实验室（筹）及重点科研基地，设立"首席教授、特聘教授、扬华学者、雏鹰学者"等特设岗位，从海外著名高校、科研机构吸引了300名优秀博士、博士后补充学校师资。"请进来"的同时，学校加大投入全面提升现有师资国际化能力，设置各类师资海外研修计划；参考海外名校做法，制定教师学术休假制度，鼓励教师赴海外学习、进修，参与国际学术会议；积极争取教育部、国家留学基金委及社会各界资金，鼓励教师到国外著名高校或科研机构做访问学者或博士后研究工作。借鉴国外高校经验，改革教师聘任机制，明确教师岗位聘任期间，国际化相关经历的考核要求。

②人才培养的国际化。近年来，学校稳步扩大来华留学生规模，提升来华留学生教学质量。学校通过中国政府奖学金、地方政府奖学金和各类企业奖学金等项目，积极参与国际教育市场竞争，吸引世界各国优质生源来校学习、科研；利用已有的中外合作办学项目，建设国家级、省级、学校级的全英文国际化课程，开设系列精品中国文化、国际汉语等课程，吸引外国留学生到校学习。学校积极响应国家"一带一路"发展倡议，服务"高铁走出去"国家战略，依托轨道交通优势学科，开展长、短期国际铁路人才专项班培训工作，打造全球高铁技术国际化人才培养基地。2014年以来，学校全面推进学院层面与国外大学相关学院开展"学费互免、学分互认"的留学生交换项目；打造国际化园区，修建、改善来华留学生住宿、餐饮环境，持续推进中外学生融合的"趋同化"培养与管理模式，活跃学校国际化氛围。与此同时，学校持续加大投入制订多元化的海外交流访学计划，鼓励本土学生出国留学、游学、访学；鼓励学生申报国家留学基金委"优秀本科学生国际交流项目""国家建设高水平大学公派研究生项目"；通过"国家奖学金""学校奖学金"、社会资助的形式鼓励学生参加国际夏令营、国际学术会议、国际学术竞赛等项目，扩展学生国际化视野，提升学生国

际竞争力。

③科学研究的国际化。学校鼓励教师参与双边、多边国际科技合作，提升学校的国际竞争力和学术影响力；搭建平台，加大国际科研合作经费投入，推进科研团队与国外著名大学、企业开展科研项目合作；启动国际科研合作基地培育计划，依托学校优势学科及重点实验室、研究中心，以国家外国专家局"111引智基地"、科技部"国际合作实验室"项目为建设路径，打造科研国际合作平台。学校鼓励并支持教师在国际重要学术组织担任管理、学术职务，承担国际著名学术杂志编委工作，提高学校国际学术话语权；鼓励教师参与国际学术会议，构建教师学术国际化人脉网络；支持各院、系、学科点承办国际学术会议、学术论坛；加大教师在高水平国际期刊发表论文，申请国际专利的支持力度；探索科研创新机制，引进海外高水平科研团队。

④学科专业的国际化。学校按照国际通行标准，加强学科规划与发展，以我国成为《华盛顿协议》正式成员国为契机，推进全英文国际化课程建设，鼓励各学院组织相关学科参与国际工程教育认证与评估工作，按照国际通行的标准建设相关学科。学校打造平台，提升与世界著名大学合作的广度与深度，将教师个人的合作扩大到学院、学校层面，形成集群效应；促进学院以学科为单位与国外大学相关学院构建"国际战略合作伙伴、国际化战略合作密切伙伴"，促进学院内各学科的均衡发展；积极推进人文、社科学科的国际合作与交流，确保工科、理科、文科等各学科之间的协调发展。

⑤中外合作办学。学校充分利用现有的西南交大-利兹学院、西南交大-美国俄克拉荷马州立大学消防工程合作办学项目等中外合作办学项目，发挥引领示范效应，提高相关学科的国际化水平。挖掘学校各类国际化资源，鼓励校内优势学科与世界排名在前200名以内大学联合申报中外合作办学项目。学校明确了峨眉校区"高端国际化园区"办学目标，积极引导国外优质教育资源落户学校峨眉校区，实现了该校区特色工程汉语来华留学生教育与中外合作办学项目齐头并进的国际化办学模式。

⑥学术服务的国际化。学校积极承办、举办各类高端国际学术会议。推进"美国研究中心""越南研究中心""中国高铁发展战略研究中心"等中心的建设，扩大其影响，发挥好其服务国家战略的智库作用。学校积

极鼓励高等工程教育领域的教师"走出去"，赴国外大学授课，参与"一带一路"沿线国家科研项目，开展文化交流，主动传播我国希望与"一带一路"沿线国家建立现代、综合、可持续增长的分工合作关系，共同融入全球价值链体系的基本思路。学校积极与国外大学、科研机构开展国际学术期刊合作项目，参与非洲铁路建设标准的制定；积极申办孔子学院，为各国培养既懂工程又懂汉语的复合型人才，为我国企业"走出去"奠定基础。

（3）保障机制

为了推进学校国际化工作，学校建立了"由学校领导统筹，国际化工作主管部门国际处归口管理，各二级教学科研单位作为实施主体、各职能部处协同"的国际化工作机制。在原有基础上，学校明确了各学院是国际化战略实施主体单位，学校宣传部门负责国际化战略的宣传工作；教务处负责包括来华留学生、出国学生和中外合作办学项目学生培养方案的制定；研究生院负责包括来华留学研究生、出国留学研究生、中外合作办学项目研究生培养方案的制定、教学的组织，以及学校各学科的专业评估、认证工作；学生工作部门负责各类学生的日常行为管理；科学研究院及文科处负责各类国际科研合作基地及国际科研合作平台的建设；学校人事处负责制定与国际化相关的人事聘任、国际化指标考核标准及体系；校园规划和建设、资产管理处及后勤保障处等部门负责国际化校园基础设施建设、国际化后勤保障；对外合作联络办公室负责学校海外校友的联络；学校网络与继续教育学院负责短期工程类留学生的培训工作；国际教育学院负责留学生汉语及文化课程的开设。新的机制改变了传统意义上国际化工作由国际办公室牵头，国际化工作就是国际办公室的工作局面，实现了各部门之间的通力协作。

3. 国际化实践

（1）合作伙伴国际化

早在 21 世纪初，西南交通大学就为学校国际化发展制定了发展蓝图，并在全球各地合理布局合作机构，先后与美国康奈尔大学、纽约州立大学、伊利诺伊大学香槟分校、俄克拉荷马州立大学、德国的慕尼黑工业大学、亚深工业大学、法国的中央理工大学集团、英国的利兹大学签署了国际战略伙伴协议，开展包括学生、教师交流，国际科研合作等全方位的合作。

在与国外各大学开展合作时，又各有侧重点。例如：与英国利兹大学的合作主要是在西南交通大学—利兹学院的中外合作办学项目上，该项目通过引进英国利兹大学国际化办学模式和教师在土木工程、机械工程、电气工程、信息科学与技术工程、交通运输工程等五个工程教育项目开设全英文本科教育，参与项目的学生毕业后获得西南交通大学与利兹大学两个大学的本科毕业文凭和学位；与美国伊利诺伊大学香槟分校的合作主要是在与铁路相关学科的课程建设上，两校教师共同开发全英文课程，撰写相应的教材，并分别在两校讲授；与法国中央理工集团合作集中在互派高水平留学生上，开展留学生交换项目。

（2）学生流动国际化

西南交通大学认识到高等工程教育的国际化落脚点是在学生身上，学生出国项目或外国留学生项目可以增加学生跨文化交际的能力，开阔其学术视野，提升全球思维能力，这些将直接影响到学生毕业后的职业发展。学生的国际化是西南交通大学国际化的重点，学校先后开拓了与美国乔治梅森大学、美国乔治亚州立大学开展"1+2+1"合作办学项目，参与该项目的学生第一年、第四年在西南交通大学学习，而第二年、第三年在美国大学学习，毕业后获得西南交通大学和美国合作大学的文凭。与美国的伊利诺伊大学香槟分校开展"3+2"项目的合作，从西南交通大学完成大三课程的学生中选派学生去美国攻读2年，毕业后分别获得西南交通大学本科文凭和伊利诺伊大学香槟分校的硕士文凭。与法国中央理工大学集团开展的"2+2+2"交换学生项目，西南交通大学的学生大二结束后去法国学习2年，然后回到西南交通大学攻读硕士研究生，最后获得西南交通大学本科、硕士文凭及法国中央理工大学集团的"工程师文凭"。学校还积极通过国家留学生基金委公派出国博士研究生项目、公派出国联合培养博士生项目，推荐优秀的学生赴世界各地著名大学师从国外著名教授。为了让更多的同学获得留学游学的经历，学校还开展了与德国慕尼黑工业大学、捷克城市大学、法国里昂二大一学期的交换项目，并积极引导学生参与英国剑桥大学、美国康奈尔大学的游学项目，丰富学生国际化经历。

除了积极推荐学生出去留学，学校还积极吸引世界各国的青年才俊来西南交通大学学习。尤其是在土木工程、机械工程、电气工程、信息科学与技术工程等工科专业。目前有来自美国、法国、德国、伊朗、伊拉克、埃塞俄比亚、肯尼亚、越南、泰国等 70 多个国家近千名外国留学生在西南交通大学学习。与其他中国高校不同的是，在西南交通大学学习的外国留学生 60 % 为硕士、博士高层次留学生，且学习的专业以工科为主。学校还积极配合国家"高铁走出去战略"，先后与埃塞俄比亚、伊拉克等国家的铁路总公司、高等教育部合作开展高层次铁路人才专项班培训业务，其中埃塞俄比亚铁路高层次来华留学生班成为我国工程教育走出去的典范工程。经过十余年的发展，目前西南交通大学已经成为全球铁路国际化人才培养的重要基地。

（3）教育模式国际化

伴随着经济全球化、高等教育国际化的脚步，紧跟美国工程教育改革、欧洲国家博洛尼亚进程的步伐，西南交通大学积极创新工程教育项目人才培养模式，将之前 4 年的本科项目，2~3 年的硕士项目，3~4 年的博士项目直接拉通，采取"4+2+3"或"4+4"本硕博连读的模式，拉通本科、硕士、博士的培养过程，该项目前三年强调工程、科学基础课程的学习，后面几年学生有更多的时间和精力参与到科研工作之中。学校积极创新本科项目，将传统的 4 年制本科，调整为"3+1"或"3.5+0.5"模式，要求学生参加至少半年至 1 年的工程实习项目。在课程建设方面，学校积极参加由中国工程教育认证协会组织的评估工作，并参考美国 ABET 等评估机构的工程教育评估标准，修订培养计划，增加国际化相关的通识课程，如商务英语、国际贸易、英美国家概况等课程；增加学生的实践课程，组织学生到学校实验室、战略合作企业参与工程实习；组织学生参与建模大赛，参加创新大赛，参加国际实习项目，提升学生的实操能力。学校环境科学与技术学院、土木工程学院积极邀请国外工程教育专家对学院的教学工作开展评估，学习先进经验，改进教学模式。

（4）校企联合国际化

工程教育是与行业、企业不可分割的。2011 年西南交通大学与国际铁路联盟（UIC）签署战略合作协议。国际铁路联盟是总部设在巴黎，旨在积极推进世界各国铁路行业相关机构的国际合作与发展，促进铁路技术的交流与推广，并制定铁路发展标准的国际性组织。2012 年国际铁路联盟邀请西南交通大学 12 名学生参加第二届"高速铁路系统维护研讨会"。2013年国际铁路联盟与西南交通大学在成都共同举办第三届"轨道交通国际研讨会"，西南交通大学定期邀请国际铁路联盟的相关专家来本校讲学并开展合作科研。学校积极与中国铁路总公司、中土公司、中铁二院、中国路桥等企业开展战略合作，为学生提供实习实训机会。2009年学校与北京铁路局共同承办的"3+1"项目，学生完成三年学习后，直接由北京铁路局派遣到沙特阿拉伯国家高速铁路线上实习实践，目前该项目的学生已经成为沙特高速铁路项目的技术骨干。2012年学校承办的埃塞俄比亚铁路来华留学生培训项目的学生就在中铁二院实习实训了 3 个月的时间，全面提升了学生的实际操作能力。

二、我国高职教育国际化实践探索

进入 21 世纪，教育"走出去"已成为我国高职发展的时代选择。在"一带一路"倡议下，中国高职院校紧紧依托"一带一路"合作大平台，进行了大胆实践和积极探索，为成功"走出去"预热、预演。一些高职院校充分利用自身优势，主动承担教育援外项目，包括招收外国留学生、举办职业技术培训班、选派教师赴外任教、开展海外合作办学等。

2019 年教育部、财政部发布《关于实施中国特色高水平高职学校和专业建设计划的意见》，联合实施中国特色高水平高职学校和专业建设计划（简称"双高计划"）。列入"双高计划"建设单位的院校发展水平高，是国家高等职业教育的重点建设单位。首批"双高计划"从全国 1400 余所高职院校中遴选 197 所建设单位，其中高水平学校建设高校 56 所，高水平专业群建设高校 141 所。[①] 入选"双高计划"拟建设单位排名前 10 的省份有江苏、浙江、山东、广东、湖南、重庆、河北、陕西、四川、湖北。江苏省和浙江省入选"双高计划"拟建设单位的总数排名靠前，高等职业教育整体发展水平较高。国家根据《2019 中国高等职业教育质量年度报告》评选出 2018 年"高等职业院校国际影响力 50 强"，江苏省、山东省、浙江省

---

① "双高计划"拟建名单解读：哪些省份入选多？_高职发展智库 [EB/OL]. http://www.zggzzk.com/redianzixun/shownews.php?id=476.

获得2018"高等职业院校国际影响力50强"的院校分别有19所、7所、5所，占省内全部高等职业院校总数的比例分别是27.5%、9.3%、10%。江苏省、浙江省获奖院校总数及占省内全部院校的比例显著高于其他省份，高等职业教育国际化建设水平高于其他省份。

综合各省份高等职业教育整体发展水平和国际化建设水平，江苏省、浙江省高等职业教育发展及国际化建设成绩突出，远高于其他省份，其发展的先进经验值得学习借鉴。因此，本章选取了江苏省、浙江省、河北省和重庆市高职院校国际化发展的实践案例。

（一）江苏省高等职业教育国际化先进经验

1. 来苏留学和短期培训

江苏省高职院校与本科高校享受同等国际化政策与资源支持。一是全面实施专科学历留学生生均拨款。自2015年省财政对省属高校学历教育外国留学生实行生均拨款政策，拨款标准与中国学生相同，不断扩大"茉莉花留学江苏政府奖学金"总量。2020生均拨款约为1.1万元。生均拨款为留学生来江苏省留学高职带来很大吸引力，扩大了生源范围，稳定了生源，提高了生源质量，也提升了高职院校的留学生培养水平。二是搭建留学生招生平台。2018年江苏省教育厅组织高校赴海外参加国际教育展，在泰国等国家举办"留学江苏"推介会进行招生宣传，召开"留学江苏优秀人才遴选计划"启动会、暨"一带一路"来苏留学教育峰会，拓展与"一带一路"沿线国家定点中学及高职院校合作招生的机会，为江苏省高职院校招收留学生提供了稳定可靠的生源渠道。三是开展留学生重大项目。实施"留学江苏优秀人才遴选计划"，建设省级外国留学生预科基地，开展留学生暑期项目遴选，极大推动留学生招生和培养。四是开展课题研究和培训，提升留学生教育质量和管理水平。江苏省教育厅组织遴选外国留学生英文授课精品课程并开展课程建设，组织留学生管理人员培训，围绕"一带一路"建设设立留学生教育研究课题开展留学生教育教学研究，进一步引导江苏省高职院校提升留学生教育水平和管理质量。平台搭建、生均拨款和重大项目实施等为江苏省留学生培养和短期培训提供了大力支持，推动江苏省高等职业院校留学生培养工作快速向好发展，打造"留学江苏"品牌。

2.开发共享国际专业教学标准和课程标准

江苏省通过"引进—改造—开发—输出"的模式构建国际教育教学资源和专业教学标准等的开发和共享体系，引入国（境）外优质教育教学资源和标准，根据院校和专业发展需求改造开发，推进自身教育教学和专业建设，改造为适用于国（境）外教育教学的资源，推广到"一带一路"沿线国家。通过这一循环模式，高等职业院校既能利用、开发教学标准和教育教学资源，提高自身国际影响力，又能加强专业建设、课程提升等内涵发展。

一是开展中外合作办学项目，引进、开发专业教学标准和课程标准。江苏省举办中外合作办学项目经验丰富，项目数量和水平居于中国各高等职业院校前列，2018年江苏省经教育部批准和备案的高职中外合作办学机构（项目）有199个，占全国总量的五分之一，中外合作办学水平首屈一指。丰富成熟的中外合作办学项目为高等职业院校引进国（境）外优质资源、开发国际专业教学标准和课程标准等提供了良好的合作基础和资源。江苏高等职业院校通过合作办学等途径引入优质教育教学资源、教育教学标准和课程标准、先进师资、教学管理体系和国际通用职业资格证书等，结合相关标准和实际教学需求制定高职学生普通班级和合作班的培养方案，将证书内容融入课程教学中，开发设计更适宜的课程体系，构建互认专业基础课程的学分，促进自身教育教学和专业建设。

二是加强海外办学，改造、推广专业教学标准和课程标准。根据中国教育国际交流协会职教分会发布的《2020年度国际化发展报告》，据不完全统计，中国高等职业院校目前在海外设立境外办学机构53所，主要形式是海外独立大学、海外办学点和鲁班工坊等。江苏省高等职业院校目前有境外办学机构近10所，占全国高职境外办学机构约五分之一，包括无锡商业职业技术学院、柬埔寨西哈努克港工商学院、江苏海事职业技术学院、几内亚江苏海院韦立船员学院、常州工程职业技术学院分校、缅中友好职业技术学院等。江苏省高等职业院校设立境外办学机构较多，产生充足的境外分校、培训基地等的建设和海外教学培训需求，为江苏省高等职业开发国际教育教学和专业教学标准等提供了发展目标，提供了输出的有效渠道。江苏高等职业院校通过海外办学、海外培训等途径加强与国（境）外企业、院校交流合作，能够更有效地了解企业人才培养培训需求、国（境）外院校对于教育教学资源的需求，进而与国（境）外院校和企业合作，对院校开发的教育教学资源和专业教学标准等进行本土化改造，通过在（境）外办学机构教学和培训，进一步实施改造的教学资源和标准等，并进行测试和改进，从而促进江苏省高职院校教育教学资源和标准等应用到国（境）外院校。

江苏省高职院校利用良好的合作办学和海外办学等基础，"引进—开发—改造—输出"教育教学资源和专业标准、课程标准等，促进江苏省及中国高等职业教育"走出去"获得国际认可，为"走出去"的企业提供职业教育服务，服务"一带一路"建设和国际产能合作。

3.完善高等职业教育国际化政策

江苏省不断出台鼓励招收留学生、合作办学等的政策，鼓励江苏省高等职业院校开展国际化建设。2015—2016年江苏省人民政府办公厅、教育厅等政府部门没有高等职业教育国际化的政策，2017—2020年出台了5个专门指导高等职业教育的重大政策文件，均涉及高职教育国际化内容。相关政策有以下特点：一是政策出台及时。2017—2020年国务院、教育部等部委出台了关于高等职业院校改革发展的政策共7部，政策出台后江苏省均及时出台相应的细化、落实性政策，指导高职院校进行国际化建设。二是政策全面、明晰、可操作。江苏省出台的政策对应国家政策进行了细化，指明了江苏省高职教育国际化建设的具体目标和要求，说明了下一步的具体举措，如重点建设"留学江苏"品牌、开展中外合作办学试点、开展"郑和计划"服务企业"走出去"，提出了责任部门，确定教育厅、高职院校等的重点任务，并提供了经费、政策等保障措施。政策全面明确，能够为江苏省高等职业院校指明近期与中长期工作方向。三是注重联合行业企业开展"走出去"办学。江苏省出台的5个政策都对"走出去"办学提出了明确要求，说明了具体计划是"郑和计划"，具体措施是集合江苏省核心职业院校，由政府引领，依托境外重点产业园、重点"走出去"企业、重点项目等"组团出海"，在境外建立一批职业教育办学机构，开展本土员工培养培训，推广江苏职业教育专业教学标准，等等。

4.搭建政校行企国际交流合作平台

江苏省教育厅等出台的《关于整体推进苏锡常都市圈职业教育改革创新打造高质量发展样板的实施意见》等政策中提出搭建国际交流合作平台。江苏省建设江苏高职院校"一带一路"培养合作联盟，推动院校与境外行业协会、境外产业园、跨国企业等合作，搭建服务企业"走出去"等政校行企合作平台，政校行企协同开展国际化合作，这与"管理协同理论"理念契合。江苏省完善江苏省高等职业教育国际化双边和多边合作机制，联合加拿大安省大学、澳门·葡语国家大学共同组建合作联盟，和英国高水平大学建立"20+20"合作机制，和东盟职业教育建立合作对话，引导职业院校与行业、企业共同成立"一带一路"产教协同联盟，推动江苏省高等职业院校协同中外相关行业职业院校、企业、行业协会等，优化整合优质资源，共同打造合作交流机制，促进教育国际化发展。

5.江苏农牧科技职业学院国际化办学经验

江苏农牧科技职业学院是"双高计划"高水平建设高校，连续两年获得中国国际影响力50强院校名单，院校整体发展水平和国际化建设水平较高，国际化建设先进做法值得借鉴。

一是通过项目制开展留学生培养2018年江苏农牧科技职业学院全日制国（境）外留学生433人，在江苏省高等职业院校中排名第一，是"高等学校来华留学质量认证"首批试点院校。江苏农牧科技职业学院留学生招生人数和管理水平均首屈一指。项目从招生、培养至就业整个过程中与海外企业合作，开展联合招生和培养，保障学生生源质量，打通招生和就业渠道。职业学院学习三年，成绩合格后获得江苏牧院高职学历。校企合作和校校合作举办的留学生培养班保障了留学生的生源和质量，更好地服务"一带一路"沿线国家企业，推动职业教育国际合作。

二是服务企业"走出去"。学校牵头成立国际农牧业高等职业教育联盟，吸引中国、印尼、美国等50余所国内外农牧业类高等职业院校和教育机构、企业参加联盟，每两年举办一次全体成员大会，为农牧类院校等合作提供交流合作平台，共同提升联盟成员的教育质量和国际化办学水平。2018年学校积极响应"一带一路"倡议，对外培训10余次近200人，为"一带一路"国家培养培训技术技能人才。培训中心为教师开展师资培训，为中资企业等提供人员培训,服务"走出去"企业,为其提供技术支持和人才保障,助力当地农业和农村发展。

江苏农牧科技职业学院在国际化方面大胆先行,尤其是在留学生培养、服务企业"走出去"方面创新举措,推动了与"一带一路"沿线国家的教育交流合作,共同为企业等培养本土化技术技能人才。在体制机制方面,江苏农牧科技职业学院采取院校两级管理制度。国际合作交流中心定期与二级学院交流对接,提高二级学院参与国际化建设的积极性,发挥其主动性。

(二)浙江省高等职业教育国际化先进经验

1.服务"一带一路"倡议"走出去"

浙江省高职院校主动服务"一带一路"倡议,积极对接政府、行业协会和国(境)外企业、高校,精准对焦"一带一路"沿线国家教育需求和人才培养需求,服务"一带一路"倡议,服务企业"走出去",探索多样化"走出去"方式。

一是服务"走出去"企业,开展培训和技术服务。浙江省通过合作办学引进优质教育教学资源,培养国际化技术技能人才;举办国(境)外人员来华培训,为"一带一路"国家培训本土人才;组织在校生赴国(境)外开展实习就业,为境外中资企业提供人才支撑;组织专任教师培训提供技术指导和服务,为境外中资企业培训本土员工。浙江省多措并举,为境外中资企业和"一带一路"企业培养和输出国际化技术技能人才,提供人才支撑和技术支持,服务企业"走出去"。例如,浙江同济科技职业学院,结合尼日利亚、阿富汗等国家在能源、水利工程等方面发展的急切需求,以及中非国家中资企业的本土化人才需求,充分发挥学院水利水电类专业办学优势,服务在中非等国家的水利水电企业"走出去"。浙江同济科技职业学院与美国圣马丁大学联合举办水利工程专业中外合作办学项目,与国际小水电中心和国际小水电联合会联合举办尼日利亚、阿富汗水电专业培训班,与"走出去"水利水电企业联合举办订单班并输送人才赴海外实习就业,为"一带一路"沿线国家企业和"走出去"的中资企业培养水电建设、水利工程管理等方面的技术技能人才,服务企业"走出去"。

二是与行业企业协同"走出去",建立海外分校。截至2018年,浙江省6所高等职业院校在"一带一路"沿线国家设立海外分校,包括宁波职业技术学院在贝宁科托努市的中非（贝宁）职业技术教育学院、金华职业技术学院在非洲卢旺达的穆桑泽国际学院等。浙江高等职业院校采取政、校、企三方协同合作的方式，呼应"管理协同理论"，与"走出去"的相关行业的中资企业、国外对应院校合作，设立海外分校、建立校企合作教学点、开设语言中心和技能中心等推动"走出去"办学。开展留学生来华培养，以及留学生在境外"2+1"形式双文凭联合培养，通过举办国际交流会议、职业教育论坛和研讨会、师生双向交流访学等加强政府和企业、员工的中外人文交流。

三是开展服务"一带一路"研究。为更好服务"一带一路"建设，加强与"一带一路"沿线国家教育合作，服务企业"走出去"，浙江省开展"一带一路"研究，为更好地服务"一带一路"建设提供理论基础和支持。浙江省支持宁波职业技术学院与境外职业教育专业组织和境外职业院校等合作建立捷克研究中心、罗马尼亚研究中心、中国－南亚职业教育研究中心等，打造"一带一路"国别研究智库，承担外交部、教育部、浙江省教育厅等部门的研究课题，与境外高校、企业、政府部门等联合开展"专业＋语言＋国别研究"、国别研究等。通过相关研究更好地了解"一带一路"国家及其职业教育、行业产业发展等需求，为企业投资"一带一路"国家提供指导和专题培训，更好地服务"一带一路"建设。

2.搭建"一带一路"国际合作平台

浙江省积极与联盟、行业协会、"走出去"企业等构建"一带一路"教育共同体，加强人文交流，服务"一带一路"建设。一是政校企合作建立"一带一路"合作联盟。政府或职业院校牵头，依托职业教育联盟和行业协会等建立国际合作联盟，整合浙江省高职教育和行业企业资源，加强与"一带一路"国家交流合作。浙江交通职业技术学院联合30余家交通职业院校、研究机构和企业共同组建了"中国－东盟交通职业教育联盟"，浙江机电职业技术学院和浙江经济职业技术学院等联合成立"一带一路"国际应用型人才培养协作联盟等。宁波职业技术学院与孟加拉国最大的职业教育组织"孟加拉国文凭工程师协会"合作，整合协会、行业企业和院校资源，开展教育合作。二是组织和承办国际会议和论坛等。宁波职业技术学院承办第二届职业教育开放国际论坛、以"相通·融合·发展——产教融合与'一带一路'沿线国家职业教育合作"为主题的 2018 年职业教育国际研讨会等国际交流会议，召开联盟成立大会和论坛，加强政校企交流合作，推动教育合作、学术交流、产教融合等，为浙江省高等职业教育国际化整合国内外院校和企业合作资源，促进浙江省高等职业院校与"一带一路"沿线国家交流合作。三是加强人文交流，促进交流合作。依托浙江省高等职业院校境外办学机构、中外合作办学项目及联盟协会等与境外政府部门、院校的领导和师生开展师生交流、学术交流等，寻求合作项目，促进人心相通和国际化合作。

3.金职院主动"走出去"，对接"国际化"

下面笔者选取浙江省在"走出去"方面比较出色的高职院校金华职业技术学院（以下简称金职院）为个案，进行经验总结。

（1）金职院"走出去"的背景与国际化发展现状

金职院位于浙中地区的金华市，是浙江省高职重点建设院校，也是全国百所示范高职院校之一。近十年来，在教育国际化发展大潮下，金职院一直致力于推进国际化发展工作。尤其是在"一带一路"倡议提出以后，金职院能主动对接沿线国家的教育需求，先后与埃及、卢旺达、泰国等多个国家和地区的高校建立了长期合作关系。

早在"十二五"期间，该校就提出了"一体两翼、三促四化"的教育国际化方略，将留学生教育和中外合作办学作为金职院国际化发展的两翼，制定了"教学理念国际化、部分专业课程国际化、人员流动国际化和人才培养国际化"的四化目标。2015 年 2 月，金职院与新西兰怀卡托理工学院合作成立了金职院怀卡托国际学院，开设计算机应用技术、计算机网络技术、应用电子技术、模具设计与制造、建筑工程技术、艺术设计等 6 个国际化专业；另外，还开设中美护理、中美会计、中加酒店管理、中美体育运营与管理等 4 个中外合作办学项目。

除了开展中外合作办学项目，金职院还加快推进教育"走出去"工作，与"一带一路"沿线国家积极开展技能培训、接受留学生教育及走出国门合作办学等。2013 年 9 月，学校与印尼教育代表团签署了合作备忘录，先后为印尼培训 6 批次 98 人次的各类中小学教师；与老挝、柬埔寨、非洲高校签订合作协议，在师生交流、技能培训等领域展开合作，先后累计培训了6批次162名来自巴勒斯坦、莫桑比克、南非等国的校长和高级行政官员。与此同时，金职院积极争取更多省、市政府奖学金，吸引更多"一带一路"沿线国家的学生前来留学。2013年9月，金职院与卢旺达教育部签署职业教育合作备忘录，与卢旺达政府开展师资互派、海外师资培训和留学生培养等交流与合作项目，先后招收85名卢旺达留学生进入学校的汽车检测与维修技术、通信网络与设备和酒店管理等多个专业领域学习。

金职院在汉语、机械与汽车、计算机科学、建筑工程、国际经济与贸易、旅游管理、酒店管理、护理等专业领域积极开展留学生学历教育。

此外，金职院还通过打造"留学金华"品牌，积极推动"走出去"办学。2016年12月，金职院进一步深化与卢旺达的职业教育合作计划，与卢旺达教育部签署了帮助卢旺达北省穆桑泽职业技术学校建设专业和管理学校的合作备忘录，提出在穆桑泽职业技术学校中建立穆桑泽国际分校。并希望以此为起点，向中东非其他国家辐射，促进浙江职业教育以更大步伐走出去。

这些陆续开展的"走出去"合作办学项目，使得金职院在办学思想国际化、师资国际化、课程国际化、专业国际化方面迈出了坚实的一步，全面提升了学校的知名度和综合实力、办学特色、质量水平等。同时，也因为国际化发展要求、"走出去"倒逼机制，使得金职院不得不加大投入、花大力气在专业建设、课程开发、标准设计等方面有更大作为，不断探索新时期"国际化"合作发展路径。

（2）金职院"走出去"的主要举措

①创新留学生培养模式，提高国际化人才培养质量

金职院为提升留学生的培养质量，积极创新培养模式，设计了"1+3"四年制的人才培养方案，构建了"汉语＋专业＋文化"的留学生课程体系。该课程体系设计是以培养留学生的汉语应用能力、跨文化交流能力和综合职业能力为目标，结合中外实际国情和文化差异，将汉语、中国文化、专业知识与技能学习融入课程体系，旨在培养"懂汉语、有技能、亲华友华"的高技能人才。在第一年汉语学习阶段，金职院依托"百年师范"的教学资源优势，为留学生开设了听力、口语、阅读和综合汉语四门课程，并要求留学生在一年内取得HSK4级证书，以满足专业学习的语言要求。进入

专业学习阶段后，金职院严格参照国内学生的培养计划，为留学生开设专业基础课、专业方向课、第二课堂和校外专业实践课等课程模块，同时设置必修和选修模块，在相应的学分要求内，留学生可以根据个人需求和学习兴趣灵活选择。金职院还将中国文化融入语言学习和专业学习之中，通过专门开设中国文化课程、举办文化体验活动等方式，积极向留学生传播中国优秀文化，培养留学生跨文化交流能力。

创新留学生培养模式，不仅大幅提高了留学生培养质量，也有效增强了学院国际影响力。尤其是在与卢旺达留学生培养项目中，金职院的教育教学经验受到了卢旺达政府教育部门与留学生的高度肯定。

②依托国际合作项目，推进专业教学与课程标准国际认证

建立与国际标准对接的专业教学标准和课程标准是提高职业院校国际竞争力的必由之路。标准的建立可以吸引更多海外留学生到中国职业院校学习，可以培养出国际企业认可、国际劳动力市场需要的技术型人才。

为了加快国际化发展步伐，满足国际化人才培养需求，金职院大力扶持其优势专业、特色专业的发展，加强与"一带一路"沿线国家开展留学生教育和合作办学，并参考国际指标构建专业教学标准与课程标准，推进学校标准与国际标准的对接与认证。金职院与新西兰怀卡托理工学院联合成立金职院怀卡托国际学院，并根据新西兰NZQA标准和中方的教育环境、教学条件，对合作办学的五个专业标准和课程标准进行优化调整和对接，最终得到了新西兰教育部的认证。

金职院与卢旺达穆桑泽职业技术学校合作开展留学生教育，共建语言学习中心和技能发展中心，实施"汉语＋职业技能"的留学生人才培养模式，双方合作开发课程、共建专业教学标准和实训基地，部分专业教学标准和课程标准已经得到了卢旺达教育行政主管部门认可和采用。近三年来，金职院共开发十多个国（境）外认可的专业教学标准与课程标准，专业领域涉及信息工程、计算机应用、建筑工程、旅游与酒店管理、农产品加工、艺术设计等。这些专业大多是金职院的拳头专业，有着深厚的实践沉淀，同时拥有雄厚的师资力量和先进的实验实训设备，依托这些专业，可以更好地推进整个学校的国际化建设。

但总体看来，全校65个招生专业中，能够开展中外合作办学、留学生

培养的还不到专业总数的三分之一，特别是一些特色突出的强势专业，如中医类、农业类、烹饪等，亟须加快国际化建设步伐。

③建立"内培外引"机制，提高教师国际化水平

教师是学校教育的建设者和实施者，职业教育的"国际化"发展有赖于国际化师资队伍的建设。金职院在国际化办学实践中，通过建立"内培外引"的机制，积极推进国际化师资队伍的建设。一方面，通过合作办学"请进来"国外教师和专家。自2014年起，金职院先后引进了来自美国、加拿大和澳大利亚等国家和地区的外籍教师到学校授课、讲学，举办外籍专家系列讲座等，这在一定程度上改善了学校国际化师资短缺的问题。另一方面，大力支持和鼓励本校教师"走出去"。2014—2015学年，金职院投入330万元用于专任教师和管理人员出国进修和培训，两年间共选派了93名专任教师和管理人员赴美国、澳大利亚等国家和地区培训；2018年，还选送了2名专任教师赴泰国西那瓦大学攻读博士学位。通过海外学习和培训使一批教师快速成长起来，成为专业教学和管理的业务骨干，他们把先进的教学理念和教学方法推广到金职院的专业课程教学之中，有效提高了学校专业课程教学的国际化水平。

除了支持教师出国进修和培训外，金职院还选派骨干教师到国外任教或提供技术指导等，进一步提高教师的国际化教学水平。这些海外教学经历不仅能够把金职院优质的教学经验分享给卢旺达的职业院校，帮助他们提高办学水平，同时对提高教师自身的国际化教学水平，尤其是提高外语教学水平和跨文化交际能力方面都是非常有利的。

目前学校在专业课程建设中，还是以中文教材和汉语教学为主，很少使用双语教材或双语课程开展教学。虽然留学生经过一段时间的汉语学习后能够进行日常交流，但是在专业课程学习中，尤其是对专业理论和专业名词的理解仍然很吃力，外加实践课等其他学习任务，许多留学生表示学业负担很重，难以跟上教师的教学进度。教学语言问题已经显著影响了留学生的学习积极性。

④联合跨国企业，建立国际化的实习实训基地

金职院在国际化人才培养过程中十分重视对留学生专业技能和实践能力的培养，不仅建立了功能齐全、条件优越的校内实训基地，还结合专业

需求，积极寻求与国际化公司和跨国企业合作，建立国际化实习实训平台，及时将国际企业的新技术、新工艺、新规范融入实践教学之中。

自 2013 年以来，金职院先后与美国 Alter 公司、德州仪器 (TI) 公司、三菱电机自动化 (中国) 有限公司等国际知名企业合作，建成多个联合实验室；与西子航空、ABB 机器人开展校企合作，共建国家首批产教融合项目"智能化精密制造实训中心"；与美国 500 强企业罗克韦尔（Rockwell Automation）合作共建"金职院罗克韦尔工业网络控制协同创新中心"等。

此外，金职院还积极寻求与境外中资企业开展合作，就共建留学生实践实习基地等达成合作意向。该校通过不断加强与国内外大型企业合作，汇聚国际优质的教育资源，搭建国际化产教融合平台，为留学生提供了先进的实践教学资源和实习实训机会，有效提高了留学生的专业技术能力和实践创新能力。但目前看，该校与国内外大型企业的合作内容还仅仅停留在教学资源共享和实习基地共建方面，在国际化专业标准制定、课程开发、国际化师资建设等深层次合作上还有待进一步加强。

（三）河北省高职教育国际化的主要做法与经验借鉴

近年来，河北省高职院校国际化办学发展迅速，取得了一定的国际化办学经验与办学优势，在国际人才培养标准、国际化学生培养、办学资源、服务企业"走出去"、国际院校合作等方面，都取得了显著成果。笔者将其经验概括为以下三点：一是着力推进师生的国际化，二是着力推进资源的国际化，三是着力推进课程的国际化。

1. 着力推进师生的国际化

目前，河北省高职院校与国外院校的合作形式多样，诸如中外合作办学、教师互访、学生交流、聘请外籍专家开展讲座和培训等，教师的国际化水平得到了较大程度的提高。根据《2018 河北省高等职业教育质量年度报告》统计数据，如将 2017 年与 2016 年河北省高职院校国际合作办学成绩比较，外籍专家增加 2249 人，增长比例 86.8%；招收留学生院校增加 2 所，增长比例 40%；招收留学生人数增加 435 人，增长比例 216.4%。2017 年，河北省高职院校中有 7 所接受全日制国（境）外留学生，招生专业 18 个，共招收留学生 636 人。

在河北省高等职业院校中，石家庄职业技术学院近两年来在国际合作方面取到了骄人的成绩。与美国、加拿大、韩国、澳大利亚等国家大学的合作交流，使得我国学生提高了国际交流能力，深入了解了中外文化差异，学会了与不同文化背景的人进行沟通，树立了国际视野；使得外方学生也获得了到中国实践的机会，体验了中华文化，为中华优秀文化的传播打下了基础。

2.着力推进资源的国际化

随着改革开放的全面展开，中国"走出去"企业越来越多，跟随"走出去"中国企业，服务"走出去"中国企业，是高职师生走向国际化的重要途径，同时外国企业也是高职教师服务的重要对象、高职学生实习的重要基地。因此可以说，"走出去"的中国企业及外国当地企业是我国开展高等职业技术教育的重要国际化资源。邢台职业技术学院、河北交通职业技术学院等10所院校开展的教师服务企业"走出去"项目，专任教师国（境）外指导时间为2492人／日。

河北的高职院校不仅教师为走出去企业提供培训指导服务，而且学生也为走出去企业项目提供服务。例如：河北旅游职业学院积极开拓学生赴境外实习渠道，2017年共向阿联酋航空公司、迪拜帆船酒店等40余家企业安排了150多名学生实习，海外实习学生是具有一定薪酬的；河北软件职业技术学院积极响应"一带一路"倡议，全力为沿线国家培养通晓俄语的国际贸易人才，2017年共有33名学生赴俄罗斯和塔吉克斯坦实习，实习的岗位主要是有关贸易工作的岗位。

据统计显示，2017年，河北对外经贸职业学院、河北工业职业技术学院等12所高职院校，开展了在校生服务企业"走出去"项目，共计国（境）外实习时间达到39754人／日。

3.着力推进课程的国际化

世界技能大赛是当今世界青年的最高技能赛事，它的比赛标准反映了世界前沿技术技能，将世界技能大赛标准转化成人才培养标准、职业标准、课程标准，是高职院校的重要任务，而积极参加各类世界技能大赛是实现以上目标的必由之路。例如，在2017年8月，承德石油高等专科学校组织的"智能制造"竞赛团队在"金砖国家技能发展与技术创新大赛"上荣获二等奖，组织的"3D打印"竞赛团队荣获创意一等奖。据统计，2017年，承德石油高等专科学校、河北机电职业技术学院、唐山工业职业技术学院等9所院校，在国（境）外技能大赛中共获得28个奖项。2018年10月，第二届"金砖国家未来技能挑战赛"在南非举办，河北工业职业技术学院的"智能制造"团队荣获数控多轴加工项目一等奖。河北省高职院校通过参加各类世界技能大赛，促进了参赛师生与世界各国队员之间的友谊，参赛师生在参与技能竞赛的同时，也提高了跨文化交流能力。

（四）重庆市高职教育国际化的主要做法与经验借鉴

1.高度重视社会效益

重庆市对高职教育国际化有着明晰的认识，力戒单纯为了国际化而国际化，高度重视国际化的社会效益和育人效益。作为推动高职教育国际化的重要形式，中外合作办学通过引进先进的管理模式、教学资源、评价体系，对推动我国高职教育改革，培养国际化人才，促进高职教育的对外开放起到了积极作用。截至2017年底，重庆市高校举办中外合作办学的共计17所，其中含4个中外合作办学机构和40个中外合作办学项目，机构和项目总数较2016年相比增长12.5%，在校生人数近万人。外方合作院校共计33所，来自11个国家和中国香港地区，包括新西兰奥克兰大学、澳大利亚国立大学、韩国科学技术学院、澳大利亚西澳大学等世界一流高校。重庆市高职院校的中外合作办学项目发展迅猛，共有5所高职院校举办9个中外合作办学项目，占全部项目的23%。高职院校通过引进国际优质教育资源和课程体系，引进境外职业资格证书体系，增强了办学特色，实现了良好的社会效益和育人效益。

2.高度重视中华文化

在引进优秀教学资源的同时，重庆市的高校也在积极探索向海外开拓教育市场。孔子学院的建立，旨在推广汉语和传播中国文化。截至2017年底，重庆市共有6所高校在12个国家建立了16个孔子学院，学员人数逾4万人次，派遣了190名汉语教师和志愿者赴30个国家开展汉语教学。孔子学院的建立为推广中华优秀传统文化起到了积极的作用。在此背景下，重庆市各高职院校突破现有办学模式，借着"一带一路"的"东风"，拓展与沿线国家和地区高校的交流，创新课程体质，推进境外办学。重庆工业职业技术学院积极配合国家"一带一路"建设，服务中国企业"走出去"，新建埃塞俄比亚海外人才培养基地，对当地员工开展相关技术培训，促进沿线国家经济发展。重庆城市管理职业学院设立海外职业教育机构——"柬埔寨经济管理大学职教中心"，派遣教师轮流常驻该中心开展汉语教学和计算机技能培训。

3.高度重视文化多元化

为牢牢把握国家扩大开放与重庆建设内陆开放高地良机，重庆市政府和教委制定了各项吸引来华留学生的政策。据统计，2017年重庆市高校外国留学生总数达8505人，与上年相比增长18.59%，全市开展来华留学教育的高校数量达到23所，生源国别达到144个。高职院校在接收留学生方面发挥着积极作用，填补了重庆市来华留学生不同层次的学习要求，2017年共新增重庆三峡职业学院、重庆电子工程职业学院、重庆工贸职业技术学院、重庆工程职业学院、重庆公共运输职业学院5所院校接收外国留学生。自我国实施"一带一路"以来，2017年重庆市首次实施外国留学生市长奖学金丝路项目，围绕轨道交通、通信运营等重点领域，为沿线国家提供了200余个来渝留学生奖学金名额，举办了8个专题研修班；同时，沿线各国在渝留学生人数增幅明显高于其他国家，说明海外来华留学生的生源地发生了一些新变化。据2017年统计数据表明，前10位生源国为哈萨克斯坦、泰国、韩国、俄罗斯、印度、印度尼西亚、越南、美国、法国和新加坡。在吸引海外留学生的同时，重庆市各高校也在积极与国外高校合作开展科研项目。全市共有6所高校与"一带一路"沿线国家开展国际合作项目共计11项，其中硕博授权高校3项，其他本科院校3项，高职高专院校5项，占到项目总数的45%[①]。高职院校在充分利用各自院校特色的基础上，积极寻找优秀合作伙伴,通过科研项目合作,提升自身办学实力和办学质量。

① 汤婷."一带一路"视阈下重庆市高等职业教育国际化现状与思考[J].品牌研究，2018（7）：191；193.

第六章　我国高等教育国际化发展实践创新路径

在党的十八届五中全会上，党中央提出了贯彻落实"五个理念"发展理念，分别是创新、协调、绿色、开放、共享；同时，指出了"四大创新"的基本内涵，即理论创新、制度创新、科技创新、文化创新；还有"三大战略"：创新驱动战略、科教兴国战略、人才强国战略。目的是实现"两个中高"：经济保持中高速增长，产业迈向中高端水平。十八届五中全会后，12 月 9 日召开的中央深改组第十九次会议，通过了《关于做好新时期教育对外开放工作的若干意见》，指出："教育对外开放是我国改革开放事业的重要组成部分，要服务党和国家工作大局，统筹国内国外两个大局，提升教育对外开放质量和水平。要增强服务中心工作能力，自觉服务'一带一路'建设等重大战略，推动实施创新驱动发展战略、科教兴国战略、人才强国战略。"[①] 以上可以看出，国家层面对于创新的重视是史无前例的。

鉴于我国目前高等教育的现状，在国际化竞争中处于劣势，国际化形势不容乐观。随着全球化进程的不断加快，我国高等教育国际化发展机遇和挑战并存，迫切需要推进高等教育国际化的实践创新。因此，我们一方面要向国际标准看齐，瞄准国际公认的高等教育质量效率标准；另一方面需要我们从实际出发，从本国、本地、本校的实际情况出发，理想与现实相结合、目标与现状相结合是成功实现高等教育国际化的关键。只有从本校所处的地区情、省情、中国国情出发，顺应全球一体化发展大势，从经济社会发展实际中发现问题，运用先进理论对问题进行分析，从而寻找到正确解决问题的方案。

根据前文的理论研究、现实审视及国内外高等教育国际化实例分析，

---

① 中共中央深化改革领导小组第十九次会议.关于做好新时期教育对外开放工作的若干意见[Z].2015-12-09.

本章从革新国际化办学理念、强化高校教师国际化能力建设、创新中外合作办学模式、创新国际化课程体系、创新国际化管理体系与协同机制和创新人才培养模式六个层面探讨我国高等教育国际化发展实践创新路径，为我国高等教育国际化发展提供建设性意见和参考。

一、革新国际化办学理念

大学的办学理念是大学举办方办学必须首先考虑的问题，是对大学办学方向和办学路径等观念性问题的深层次思考与梳理，决定了大学发展模式和内在结构布局，决定了大学在高等教育体系中的定位，决定了办学者的行动选择和实践路径，是一所大学办学的灵魂。

高等教育国际化首先是一种办学理念，是对教育的深刻改变。通过对世界知名高等教育国际化强国的研究分析发现，正确的国际化理念是高等教育国际化发展的前提，是制定正确的高等教育国际化发展战略的基础。我国以往将高等教育国际化看作是一种国际的交流活动，忽略了高等教育国际化所附带的经济社会效益。要树立正确的高等教育国际化理念，首先需要从国家战略的高度确立国际化的规则和方向。其次，各大学可根据自身的发展阶段、优势、劣势等制定出适合本校发展的国际化办学理念和战略目标。具体做法有以下三种：第一，对于综合的研究型大学，如清华、北大、浙大等，因其教育实力强、质量高，在制定国际化办学理念时可以不规定具体规划，更多地将国际化定位于文化融合和国际文化环境的创造；第二，对于某些专业类大学，如贸大、北航等，因其有自身特色和优势，在制定国际化办学理念和战略目标时，应更多地结合自身优势学科，制定出更适合本校发展的理念，争取能成为在自身擅长的领域内的世界一流大学；第三，对于一些在科研上不太强，注重教学型的大学，其办学理念应该与学校实际相结合，给学生更好的教育和文化体验，更好地为区域经济服务。

在我国，各类高校开展中外合作办学的基本理念是引入国外高校或教育机构先进的教育资源，为我所用，从而促进和引领我国高等教育的变革和发展。而引进的先进教育资源，既有办学理念、办学思想等隐性资源，更有实实在在的诸如课程资源、教学模式等显性资源。其中，课程便是所有资源中的核心。创新中外合作办学课程实施的理念，是中外合作办学课程建设的首要环节。理念先行，是中外合作办学课程实施的根本保障，也是高等教育国际化实践创新的根本保障。下面笔者以中外合作办学的课程实施为例，探讨理念创新的策略。

（一）创新理念

中外合作办学在三十多年的发展中，其规模已经发展到堪与除公办大学之外的其他办学形式几近比肩的地步，成为中国高等教育的一支新兴力量。随着规模的不断扩大，办学的规范化和特色化逐渐被提上日程，重视质量建设成为规模成型后的中外合作办学发展的主旋律。中外合作办学的教育教学质量是其能否实现可持续发展的基本保障，而课程则是影响教育教学质量的核心因素。中外合作办学的教育教学理念和行为都是通过课程这一载体，在师生两个主体的紧密互动和共同作用下不断朝前发展的，最终朝着实现质量办学、特色办学的道路前进。由此可见，课程在中外合作办学的质量建设中有着无可比拟的地位和作用。

中外合作办学中，多元文化的碰撞与冲突、理解与融合一直不曾停歇，中外教师的交流互动也在办学过程中得以充分开展，各种理念的相互缠绕摩擦也在持续进行，但是所有这一切都有一个主场域和平台担负和承载这一切的发生，而这个场域和平台就是中外合作办学的课程。中外合作办学的课程是在两种理念的交织下形成的，中方试图通过学习和借鉴外方先进的教育资源来促进本国教育的发展，而在优质的教育资源中，理念便是其中较为被中方看重的资源之一。课程理念是课程的根本，在引入课程时，理念是不容回避的，否则引进的课程便是"死的"，无益于对引入课程的深度理解和消化吸收。于是重视课程理念、引入课程理念是课程引入的必然选择。但是引入不等于照搬和全然接受，引入的目的是创新和创生，即通过对引入理念的深入研究，在引入与本土之间权衡利弊，分析优劣，最终取其精华去其糟粕，与本土传统的优秀理念相结合，生成新的既能适应本土社会又饱含国际特色的中外合作办学课程理念。

没有合宜的、先进的理念的支持，优质课程引进后所发挥的功用必然大打折扣。课程理念是课程设置、课程目标、课程内容、课程实施等一系列具体环节的根本。在中外合作办学中，只注重课程的引进，而不在乎理念的认知与融合,本身就是本末倒置的做法。课程是一个庞大而复杂的体系,是环环紧扣的,是牵一发而发动全身的。引进了课程,却无相应的理念指导课程的实践,课程是很难落地进入课堂教学的。没有理念,"引入课程"在中外合作办学课程体系中就显得无所适从,教师的课堂教学就显得无从着手。因而,中外合作办学的课程理念也应该是"混血"的、创新的,选择双方的优秀,去除双方的糟粕,进而磨合、融合,在确定理念后,再建设课程。"中体西用"的做法显然是对教育规律的悖逆,是妄图"走捷径"的方式,用最"容易"的办法达到最佳的效果,这无异于痴人说梦。

中外合作办学课程实施的创新理念可以从以下三方面来理解:一是保留中外双方优秀的课程实施理念,进行优优组合,生成复合型的中外合作办学课程实施理念,这是创新理念的初级形式;二是对双方优秀课程理念进行整合,去繁复、留精炼,去重复、留特色,从整体和系统的角度对课程理念进行整合,在原有课程理念的基础上,形成较新形式的课程理念,这是创新理念的中级形式;三是融合双方优秀的课程实施理念,以其为基础和原料,经由融合,产生化学变化,生成适合中外合作办学这一特殊办学形式的课程实施理念,这是创新理念的最高形式。

（二）开放理念

中外合作办学既然是引进外方的先进,就应该谦虚而开放,敞开怀抱,引入外方先进的课程理念来指引中外合作办学的课程建设,并在中外双方课程理念指引下贯穿中外合作办学的课程实施。中外合作办学课程理念应该是开放的,是兼收并蓄的。中方的课程理念与外方的课程理念是存在较大差距的,且相应的课程理念必有与之相适应的课程体系。既然引进了课程,势必也要引入其理念,两种理念、两类课程互相包容,你中有我、我中有你的课程理念与外方的课程理念以整合形式呈现出中外合作办学中,二者是互补的,呈"珠联璧合"之势的。中外合作办学的决策者和执行者本着引进优质课程资源为我所用的初衷,将外方的课程理念引入,揉进中外合作办学课程体系,为广大师生提供一门开放的中外合作办学课程。理念指引着课程建设和课程实施。理念是形而上的,是课程的指导思想。中外合作办学课程理念只有在开放的环境中,才能既有国际范,又有本土风,成为中外合璧之"典范",国际与本土结合之"楷模",而且这种结合不应只是流于形式上的，而是真正融合的、水乳交融的。唯有如此，在中外合作办学的课程理念指导下的课程才能以一种完美的组合呈现在师生面前。专业与人本、素质与通识纷至沓来，在不同课程中各自崭露头角。

开放的课程实施理念的树立，首先是中外双方的互相开放。在合作的权限范围内坦诚交流、真诚合作、互相开放、共享资源。只有双方互相开放，才能合作紧密、合作长久，合作办学才能办出实效、互利共赢。其次是中外合作办学对世界的开放。中外合作办学本身是一种开放办学形式，对世界开放是其存在和发展的基本要求和必然选择。只有站在国际和全球的高度，实现中外合作办学与世界的互动，中外合作办学的优势和特色才能充分体现，才能实现办学的价值和意义。最后是中外合作办学对地方的开放。对地方的开放是指，中外合作办学要有立足地方的清晰定位，不能"双眼只长在头顶"，失去了本土的支持和底蕴，那就是失去了根基，最后"高不成，低不就"。因而，对地方的开放也是中外合作办学课程实施的开放理念的重要内容。

（三）人本理念

人本课程理念主张关注人的"自我意识和自我实现"，兼而发展学术能力和非学术能力。[①]"这种新的教育理念更加强调人的潜能的发展；强调理解自己与他人，并与他人和睦相处；强调满足人的基本需要；强调向自我实现发展。这种教育将帮助人尽其所能成为最优秀的人"[②]。理解、尊重、关心学生，和睦的师生关系，和谐的课堂是人本课程理念的价值追求。基于此，美国曾制定著名的提高高等学校本科教学质量"七条对策"，其中有师生相互尊重、师生互动、合作学习、主动学习、尊重差异等关键词。人本主义是对华生的行为主义和弗洛伊德的精神分析学说的超越，批判只重智力、忽视情意的教育观点。其代表人物马斯洛就曾明确将课程与学生自我实现直接联系起来，学生通过课程的学习来发现自我、追求自我、实现自我。人本主义课程应该重视提供既能促进认知发展又能促进审美和道德方式等方面发展的个人成长的经验。[③]无论从国际还是国内来看，人本理

---

① 钟启泉. 现代课程论 [M]. 上海：上海教育出版社，1989.

② 李云梅. 中美大学工商管理本科课程比较研究 [D]. 武汉：华中科技大学，2010.

③ 钟启泉. 现代课程论 [M]. 上海：上海教育出版社，1989.

念已是业界的共识。只有在人本课程理念的直接作用下，中外合作办学的课程才能从设置上、内容上、目标上、课程实施过程中，更加重视心智的训练、自我的实现，从"要我学"变成"我要学"。在人本课程理念指导下，中外合作办学的课程目的论、知识论等找到了合理的存在依据。正如叶澜教授所言："有关教育目的、意义、功能，一直是不同时代、不同教育家讨论教育问题时必须作出的第一判断。当某种判断已为众人所接受或无重大分歧时，它往往被作为无须论证的前提存在；而当时代和人们对需要的认识有重大变化或重大分歧时，它就会成为第一问题域关注的热点问题。古希腊哲人的探讨使我们看到了教育研究在这一问题上的历史与逻辑的统一。[①]

中外合作办学课程实施的人本理念，一是指课程实施以学生为本，一切为了学生，为了学生的一切。把学生的成长成才视作中外合作办学课程实施的首要关切。二是在中外合作办学的课程实施中，以师生为本，进行课程建设。所谓以师生为本，就是把教师和学生都视作中外合作办学课程实施中的主体和中心，即"双主体"和"双中心"。如若在师生中分出孰重孰轻、谁中心、谁边缘、谁主体、谁客体，那么，结果可以预知，课堂将是"残破"的，课程实施将是"跛脚"的。

（四）整合理念

整合体现的是统一、共生与双赢，是使不同事物、事物的不同方面都能得到发展，实现和谐统一，共生共长。世界是一个具有内在联系的有机整体，处于一种你中有我、我中有你的"合"的关系之中。中外合作办学中的中、外课程也应该是共生共长的。根本没有绝对脱离外方课程理念的中外合作办学课程，亦无纯粹的在引进的课程理念主导下的中外合作办学课程。中外合作办学的课程理念的整合，绝非是流于形式的，而是从形式到内容上的完全整合。要充分认识中外双方的课程理念，"择其善者"而合之，才能使中外双方的课程从理念到实施都能融为一体。只有将双方课程在整合的理念下切实地合二为一，才能实现彼此融合，促进学生多元感知。

在整合的课程理念的关照下，中外合作办学的课程体系才能呈现出高

---

① 叶澜.教育研究方法论初探[M].上海：上海教育出版社，1999.

度整合的特征。首先是人文与自然科学学科课程的整合，这就是学科综合化的发展趋势，也是旨在培养"通才"。这种整合通过以下几个形式实现：一是将几门学科的知识精华围绕同一个目标而提炼并呈并列形式供学生修读。二是将几门学科以完整知识体系形式呈现给学生，以求达到一个或多个具体目标。三是将几门学科共通的概念、原理等抽样出来组成一个全新的复合型学科体系。在学科整合过程中，训练学生的逻辑思辨和抽象思维能力，学科交叉成为普遍，专业分类越发弱化，课程模块组合成为复合型人才培养的主要路径，项目化课程建设成为职业能力发展的主要趋势。通过整合，学科知识体系与社会经济发展紧密协调起来，同学生的职业能力发展紧密联系起来，学生的个人素养与情怀和职业素质与能力得到兼顾发展。四是人文与技能的整合。在课程理念上进行充分的反思和构建，摒弃传统的二元对立思维。课程设置首先需要进行充分的反思与重建。中外合作办学的学生需要具备扎实的专业技能，但是同时还必须有"文化"，有"思想"。在制定培养方案和课程设置时，不能在技能课程与人文课程之间进行非此即彼或顾此失彼的选择，这本身是理念的错误。我们需要思考的是，在课程设置上可以实现以专业必修课带动其他课程的发展，以跨文化课程建设带动专业主干课程发展。使专业技能和相关历史文化背景知识在中外合作办学专业的框架内和谐共生，培养具有宽广知识面、能力突出、高素养的专业复合型、应用型人才。

二、强化高校教师国际化能力建设

教师作为塑造高校国际化的中坚力量，扩大其跨文化和全球视野具有重要意义。我国高等教育国际化发展迅速，取得一定成绩的同时也存在一些问题。从整体来看，我国高等教育国际化发展起步较晚，在教师国际化能力建设理念与实践方面存在部分问题亟待解决，我国高校教师国际化水平还有待加强。

（一）树立高校教师国际化理念

我国应加强对于高校教师国际化的重视，上至教育部、国家留学基金委，下至具体学校内部国际处等部门及教师本身均牢固树立国际化理念，形成教师国际化的良好氛围，以指导教师将国际化贯彻教学科研及社会服务之中。同时，各主体通力合作，主动履行自身职责，积极开展教师国际化实践。国家在高等教育国际化大势下应意识到教师国际化的战略意义，把教师国际化置于重要地位。各高校应转变唯规模论的观念，进行短期及长远规划，结合本校建设状况通过缔结合作伙伴关系为教师国际化提供良好平台及信息获取渠道，将国际化指标纳入教师招聘或年度考核制度中，激励教师进行有效的国际参与。教师自身更应该紧跟高等教育国际化发展潮流，更新自身发展观念，制定自身国际化规划。同时，将国际化理念内化，主动在教学中渗透国际前沿热点，积极与外国专家学者对话，扩大自身接触世界的机会，以提升国际化能力。

（二）拓宽高校教师国际化渠道

对于高校来说，一方面应该为教师在职持续专业发展国际化提供便利，鼓励教师去别国进修访学等深度交流，拓宽交流形式如参与国际会议、暑期游学团、访学及在国际期刊上发表文章等方式，同时邀请国外专家来校交流。另一方面还应考虑实施外部人才引进计划，面向全球招募教师。我国应加强国际化高水平人才引进和骨干教师培养力度，出台相关招才引智计划，利用优厚待遇及平台优势来吸引外国学者。同时，建立科学合理的教师人力资源制度，将国际化纳入教师职称评选过程中，激发教师海外培训交流的内部动机，从而为教师参与国际化研究奠定基础。我国也可建立中大型国际教师科研团队，与其他国家进行系统规模合作，以树立人类命运共同体意识，解决国际共通问题。高校应充分利用政府提供的国际化平台，发挥本校资源优势，通过与境外高校签订合作协议，鼓励教师积极参与国际交流学习，关注国际热点问题，提升自身国际化水平。

（三）推进课程国际化建设进程

我国高校教师应转变自身角色和思想观念，摒弃以往纯讲授的教学方式，将国际研讨、小组合作等教学方法应用到教学中，培养学生合作沟通和自我学习能力，为学生继续进行国际深造打好基础。教师应熟悉国际化前沿知识，积极参与国际交往，将国际一手资料注入课程中；同时，分享自身跨国研究学习经历，开阔学生视野。在自身能力范围内，教师应建议学校设置国际化相关课程以供学生选择，如跨文化比较研究等，使其更加多元化和前沿化。同时，与国外专家开展国际课程协作与开发，引入国际知名高校教材及参考书目作为教学资源，进行创新性探索。此外，还应提升自身的双语教学能力，借助外教资源和外语专业教师资源优势，形成英语学习中心，将本土课程通过网络平台传递到国际上，将本土文化推介出去，推进国际化课程建设。

（四）建立高校教师国际化保障机制

我国应出台专门教师国际化政策，提升国家、社会及高校对教师国际化的关注度，也为教师国际化提供政策指导。同时，加强对教师国际化的相关理论研究，为政治制定提供切实保障。在资金保障方面，应借鉴加拿大设立教师资助研究资金支持其进行国际高水平研究，提升高校的参与度。高校应该制定相应激励教师国际化方案，奖励高水平国际成果教师，为其提供差旅费及科研项目经费支持，切实保障其国际化能力提升。学校要树立国际化榜样教师，对其国际化实践活动通过微信公众号和网页等形式进行荣誉表彰和宣传，营造教师国际化的良好氛围。同时，应搭建信息化教学和科研平台，为教师提供丰富的国际资源数据库，为教师提供国际刊物发表的信息和渠道，营造教师国际化氛围。

三、创新中外合作办学模式

高等教育中外合作办学模式的优化与创新，有赖于政府、社会及高校自身的共同作用。优化与创新目标包括：从外部环境来看，一方面，制度环境能够支撑其发展，推动办学模式的丰富和良性发展；另一方面，社会环境有利于办学规范化发展，合作办学能够在国际化人才培养、社会经济水平提升及促进我国国际化发展等方面起到推动作用。从高校自身内部环境来看，教学上，吸收国外精华，取长补短；内部管理体制上，借鉴国外大学成功的管理模式，如校董会制度、内部质量保障体系的构建等，从而引发我国对高等教育体制改革的一些思考。合作办学模式实现特色化发展，在模式选择上实现差异化，管理上实现分类指导，办学与地域特色充分结合。

（一）政府创设良好的外部环境

1. 提供政策保障

（1）政策更新要及时全面

目前，中外合作办学相关政策法规主要以《中华人民共和国中外合作办学条例》《中华人民共和国中外合作办学条例实施办法》为主。政策法规的颁发滞后于办学事实，使得我国外部监管起步较晚，缺乏政府的有力监督，在办学实践、办学效益、管理水平等方面还存在政策上的监管不足。因此，政府应及时弥补完善，对于出现的新情况和新问题第一时间做出反应，积极处理。[①] 在制定政策的过程中，应秉持维护我国教育主权的原则，借鉴国外成功经验，根据实际发展情况调整政策法规。同时，政府也要加强对办学机构与项目的财政支持，可先使公共财政惠及部分办学突出的机构或项目，再根据我国的实际逐步扩大对中外合作办学的财政资助，从而在增加中外合作办学公益性的同时，激励其他办学机构和项目的办学质量得到有效提升。

（2）适当调整政府管理职责

一方面，要以政府为主导，高校配合做好中外合作办学面向社会的信息公开，一定程度上增加学校争取资源的优势。在现有信息公布平台的基础上增加办学活动与社会互动，可由政府牵头，组织中外合办高校参加一些社会活动，加强宣传，提高学校的知名度；也可通过制作宣传片的形式来加大社会对中外合作办学的了解，消除由于学费偏高、办学频出状况等方面的原因造成的社会大众对中外合作办学产生的偏见。通过政府的带头宣传，密切中外合作办学与社会关系的同时，还有助于增进学生与家长对中外合作办学的了解，保障办学的稳定发展。

另一方面，政府要起到参谋与监督并重的作用。增加决策部门的实践活动，在充分了解办学实际的基础上为高校提供参考意见。例如：政府可发挥自身的角色优势，获取一些世界上跨国高等教育办学比较成功的国家的办学信息，为我国的合作办学提供参考；政府可通过调研、访谈和问卷发放等方式收集大数据，并及时公开调研结果，方便各参与合作办学的高

---

① 林金辉. 中外合作办学的政策目标及其实现条件 [J]. 教育研究，2018，39（10）：70-75.

校参考借鉴，从而促进办学模式的整体优化。^①同时，政府要把握纲领性的准则，监督办学，对不合规范的机构和项目进行强制整改措施，积极完善第三方监管体系的构建与运行。

2.严格管理措施

（1）主动作为

制定引进国外优质教育资源认定细则，为国内参与合作办学的院校在选择国外合作对象时提供可参照的依据与标准。"优质"的具体含义，包括国外合作高校的办学层次、师资力量、研究水平和国际排名等须达到一个什么样的标准，国外合作对象的办学理念、办学方向、专业设置等方面是否与国内合作院校相匹配，只有这样，才能在一定程度上从源头减少影响中外合作办学质量的不利因素。^②政府要提高对国内参与中外合作办学院校的要求，对其国际化水平、办学理念和合作内容等方面进行审核，确保其在硬件设施和人力资源上有足够能力进行合作办学，且合作办学内容能够产生一定的效益，如国内各行业优秀人才的培养、地方经济发展水平的提升、国家政策的响应等。^③

（2）拓宽考察内容

在严格现阶段中外合作办学行政审批的基础上，加强对国外合作对象的考察，考察期适当延长，考察内容适当增加。国外合作对象是否能够提供一支稳定的、高水平的师资团队来合办院校（项目）执教？在课程设置和教材提供等资源分配上能否合理安排合办院校（项目）的资源？以何种方式平衡分配？领导团队能否保证合办院校(项目)的管理？很多外方院校，办学实力雄厚、师资结构合理、办学发展良好，但是在开展合作办学方面，执行力不高，无法保证合作的顺利展开。例如：在师资派遣上，由于主客观原因，能够派来中国执教的教师相当有限；管理上，教学管理者对中国的教育现状和国情了解有限，导致课程设置不合理；等等。因此，政府应该在审批过程中多方面考虑影响合作办学稳定、长远发展的因素。

---

① 杨海怡.上海高等教育中外合作办学模式的研究 [D].上海：上海师范大学，2013.

② 鄢晓.中外合作办学引进国外优质教育资源的影响因素和基本原则 [J].江苏高教，2014（1）：120-122；155.

③ 谭郁.浙江高校中外合作办学模式比较研究 [D].杭州：浙江工业大学，2015.

（二）学校实现内部运行机制创新

1.优化教学管理

（1）建立先进的教学模式。中外合作办学的教学有它的特殊性，因此建立先进的、符合中外合作办学模式发展目标的教学模式是优化教学管理的关键。

①教学方法

中外合作办学的特殊性使得其教学方法不能与普通大学完全一致，但是外方的教学方法也不能生搬硬套，需要根据办学实际情况和师生条件不断改革教学方法，使其更好地适用于学生。例如，中外合作办学的专业课程必须由教师双语授课，但是对于母语为汉语的学生来说，完全听懂英文的讲授并掌握知识点存在一定的困难，在这样的情况下，就要实现双语教学的"阶梯化"使用，英语讲授的比例根据课程的进展逐渐增加。在学生对专业课程学习的入门阶段，教师的讲授应以中文为主，一些专业术语可用英文反复讲授。中间阶段增加英文讲授的比例，引导学生用英文回答问题、互相交流。还可以通过中方教师与外籍教师分工的方式完成教学，中方教师负责课程的整体讲解，外籍教师负责核心知识的讲解，双方合作解答学生的疑惑。可每周组织教学交流会，教师之间交流教学经验和方法，尤其是外教与中国教师之间的交流，对教学方法的改进能够起到很好的推动作用。教学管理者要积极征求教师和学生对课程安排、教学模式、教材使用等方面的意见和建议，采纳合理建议，帮助解决教学问题。[①]

②教学资源

课程安排上，中外合作办学的专业课程应全面而又精深，既要有国外的特色课程学习，又不能摒弃我国传统的公共基础课程的学习，应统筹考虑外方和本方课程，两方课程互为补充、互相促进。在教材的使用上，应根据学生的不同学习阶段和水平合理安排原版教材的使用比例，从学生角度出发，真正做到以学生为本。一方面可组织专业知识扎实的教学团队根据专业需求和人才培养目标、课程实际需求来编写教材，以便更好地适用于学生；另一方面，对外方提供的教材，可根据教材内容和办学实际进行

---

① 乔江艳，孙伟.融合创新特色——对高等教育中外合作办学质量提升的若干思考[J].长春工业大学学报（高教研究版），2014，135（2）：12-14.

适当调整，提高教材的普遍性和实用性。

③考核与评价方式

考核与评价，一方面能够起到总结反思的作用；另一方面，对教师和学生来说也是一种监督和激励。显然，一般大学的考核与评价方式在中外合作的办学模式教学体系下很难取得实质性效果，因此需要在一定程度上改进考核与评价方式。对教师的评价与考核应多元化，这样评价考核信息才能够反映教师真实的教学水平。首先，评价主体应该延伸到国家教育部门、家长、社会和学校、学生，多元主体的评价考核起到的监督、激励作用更强，评价考核结果也就更加全面、真实；其次，考核内容多元化，不再只是针对知识和技能的掌握情况进行考核和评价，将日常教学中各项任务的完成情况也列入考核与评价范畴，促进课堂形式的多元化发展。适当增加一定的评估频率，建立一支动态的评估体系，可对教师的每一堂课、授课的每一章节进行评价考核，或每周、每月、每学期进行教师评价考核，增加教学过程的活力和影响力[①]。

（2）加强教学团队建设。中外合作办学的教学团队既包括中方师资，也包括一定数量的外籍教师，要实现学校内部机制的创新发展，培养一支专业素质高、职业素养强且能与中外合作办学教学岗位相匹配的高水平师资队伍是关键。首先，要规范教师聘用程序，制定合理聘用标准，根据学校的实际情况聘用教师，严格考核，公平选拔。其次是针对中外方教师的不同特点进行管理。对中方教师来说，在中外合作办学教学岗位上执教，需要带给学生更多国际化的、前沿的、多元化的知识和技能。因此，参与中外合作办学的国内高校，应在对教师的培训上加大力度，利用寒暑假邀请国内外知名专家学者、优秀教师开展有关中外合作办学方面的教师培训，提升教师的执教能力，为教师出国考察、学习和交流提供条件，给予教师一个更广阔的交流平台来拓宽眼界，实地了解国外先进的教学方法，提升教育教学的综合素质，培养出一批国际视野开阔、教育理念先进、教学方法灵活的教师，从而更好地适应中外合作办学对师资的要求。

外籍教师是高等教育中外合作办学的教学中坚力量，因此外籍教师的

---

① 刘梦今，林金辉．构建中外合作办学评估制度的基本依据与原则[J]．教育研究，2015，36（11）：123-128.

专业水平和综合素质在一定程度上决定着教学成效，加强对外籍教师的管理，也是教学团队建设的重要任务。在工作上，做到外籍教师与中方教师管理标准一视同仁，严格聘用，对其学历水平、执教资格和综合素质进行多方面、全方位的考察，坚决抵制"外教乱象"。定期开展教学评估，对外教的教学水平、教学态度做出评估，适当接收学生的反馈，提出改进意见；在日常生活中，为其创设一个良好的工作环境。学校可带领外籍教师参加各种社会文化活动，增加他们与社会的联系；通过文艺活动、书画展览、智趣游戏加深外教对我国历史、政治、经济和文化的了解。通过这些活动，可逐渐缓解外教在异国工作生活的不适应，从而保障教学团队的稳定发展。

2. 调整行政管理体系

（1）领导体系的构建

在遵循《条例》对领导体系相关规定的基础上，中外合作办学领导体系中方式的选择、机构设置和组织结构应具备灵活性和适用性，根据办学机构／项目的实际情况进行构建。合作双方要充分考虑对方在管理理念、办学传统和文化思想等方面的差异，加强沟通与交流、互相理解、双方协商解决矛盾与困难。构建领导体系要把握整体结构优化，公平公正构建高质量领导层，提高工作效率。作为领导层，应谨慎细致，发展眼光长远，审时度势，充分衡量办学的内外部环境，制定出能够有效解决问题、提升办学质量、保障办学长远发展的决策。

（2）运行管理体系的构建

领导层拥有中外合作办学的最高决策权，掌握着办学发展的方向，而运行管理团队作为中外合作办学的中枢机构，是领导层各项决策的实践者，他们决定着决策的执行效率，保障机构／项目的日常办学活动顺利进行。因此，领导层要根据实际情况授予管理团队适当的权力，以保证各项工作的顺利开展。中外合作办学运行管理体系与一般教育机构一样，应包括不同的部门，如教务部门、财务部门、外事部门等。管理制度上，以国家政策法规的相关要求为基础，根据办学实际，制定适用于机构／项目的、清晰明确的、可执行性强的管理制度。管理人员的构成上，可尝试聘用优秀的国际人才。我国在引进外籍教师和专家学者的速度和规模上在不断优化，但是在高校行政管理工作中聘请国外骨干人才的做法还比较少。在我国的体育项目中，引进国外优秀教练任教的现象非常多，那么，是否可以考虑在合作办学的管理上也进行这种尝试呢？当然，这种尝试首先要面临的便是聘用经费的问题，但是应该开始初步的尝试，只有这样，才能促进教学管理的不断优化。在管理策略上，可借鉴英美等国的经验，设计清晰的工作流程图，理清各部门之间的关系和职责。不同部门之间加强沟通交流频率，可通过例会制的方式增加信息的互通，高效处理各种问题。①

（三）社会各方力量参与办学监管

一方面，社会应协同政府和高校，完善、丰富信息公开渠道，如中外合作办学发布办学信息平台的建设与运行。这一信息平台主要面向社会大众，但仅由学校来搭建并不能保证其有效性，应在政府的主导下构建，合作办学主体负责及时提供办学信息，社会和大众获取信息，并对其进行反馈。②

另一方面，在质量监管上，社会各方力量都应参与进来，如新闻媒体、专业研究机构、行业协会等。也可允许国际力量的加入，包括知名学府、教育培训机构等。教育评估机构、社会大众和新闻媒体等组成的社会团体，既是合作办学的参与者，也是监督者。他们可以站在不同角度和立场对合作办学活动进行考察和评价，并给予管理层和办学层适当的反馈，使得合作办学的评估体系更加立体、多元。同样，社会也是合作办学模式中资源的主要来源方。例如，校企合作，为公共财政尚未大范围覆盖的合作办学提供资金和设备上的支持，同时也能提升办学声誉和社会影响力。

合作办学的主要办学目标之一就是培养符合时代发展需求的人才，服务于社会发展。办学资源来自社会，培养人才服务于社会，因此合作办学模式的优化不能缺少社会的监督与支持。

（四）三方合力推动办学模式特色化发展

当前，我国高等教育中外合作办学模式类型多元，多样性、开放性和灵活性兼具，办学模式走特色发展道路，一方面符合高等教育发展的基本规律和高等教育国际化的内在要求，另一方面也是缓解目前办学发展活力不足带来的一系列问题的有效途径。要实现办学模式的特色化发展，需从

---

① 迟海涛.高校中外合作办学如何实现突破发展 [J].中国成人教育，2018（9）：72-74.

② 郭莹.中外高等教育合作创新模式及策略研究 [D].南京：东南大学，2015.

以下几个方面着手。

1. 分类管理

中外合作办学实行分类管理，可以借鉴英国的分类管理经验。英国对国内跨国高等教育项目的分类管理以其办学性质为标准进行划分，分为营利性办学项目和慈善性办学项目，从而实行分类管理策略。对两类办学项目的相关管理问题，如税收、评估等分门别类进行管理，最大程度保护国家利益的同时激发外资办学的积极性。[①]

我国的高等教育中外合作办学，可以在现有的独立机构、二级学院和项目的基础上再做进一步的分类，从而实现更高效的管理。可根据颁发学位证书的不同，对办学进行分类管理。例如，在管理团队的构成上，颁发中方学位证书的团队人员应以中方人员为主，外方人员为辅，管理体系借鉴国内大学体系模式颁发外方学位证书的团队人员应在保证比例要求的基础上适当向外方倾斜，管理体系的构建在考虑实际的基础上尽量多融入外方的管理理念、方法和模式。也可根据中方合作高校的办学水平进行分类管理。例如：对整体办学实力较强的高校，应对其在合作方的选择和合作办学层次上进行高要求，合作对象必须是国外一流大学、合作办学层次优先考虑硕博层次的合作等；对普通高校而言，在合作对象的选择上不必局限于一流大学，应注重合作对象与自身学科、专业发展的契合度。

无论是以什么为依据进行分类，办学模式要实现发展突破，有分类管理的意识很重要，管理效率提高了，办学模式才能有优化发展的空间。

2. "走出去"发展

高等教育国际化应为输入与输出发展逐渐均衡的动态发展过程，单向的教育输入只会导致越来越大的教育贸易逆差。因此，中外合作办学应加快"走出去"的发展速度。一方面，考虑到地域、文化等因素，政府可将"一带一路"沿线国家作为我国高等教育中外合作"走出去"办学目前的首要合作伙伴，鼓励我国高校、教育机构走到这些发展前景广阔的国家开展办学实践活动，借鉴办学经验的同时提升我国的教育影响力。[②]

① 王剑波.跨国高等教育与中外合作办学 [M].济南：山东教育出版社，2005.

② 郭强."一带一路"视阈下的高等教育中外合作办学思考 [J].高校教育管理，2017，11（6）：83-88.

另一方面，高校要借鉴英国、马来西亚等国家跨境教育的经验，找准合作目标，做好合作规划。"一带一路"沿线国家部分地区，由于经济发展水平、教育观念等因素的影响，教育水平还比较落后，应作为我国"走出去"发展合作办学的重要区域，国内有条件的高校综合自身条件与地方实际需求选择合作内容，输出优质教育资源，从而为沿线各国的教育发展提供支持，这也是缓解国内教育贸易逆差的重要举措。[①]

3. 突出特色

（1）办学定位要与地方发展相契合

高等教育中外合作办学应将"服务社会"作为其重要职能之一，办学模式紧紧围绕地方社会发展需求，从而实现合作办学为地方发展提供服务，地方在政策、资源上为合作办学提供扶持，反哺合作办学的良性发展态势。合作办学可从两方面着手实现与地方发展的契合点：一是政策响应；二是人才培养。

政策响应上，合作办学应准确把握地方发展战略，争取办学与地方发展战略协同发展，理论上可通过咨询服务的方式密切与地方政府的联系，实践上通过办学活动推动地方发展。例如，目前苏州的中外合作办学模式，就是在响应苏州"国家创新型"城市的过程中发展起来的。苏州要发展国家创新型城市，面临的主要挑战便是智力支撑薄弱，高水平大学与国家级研究机构少，创新载体与人才缺乏。这种情况下，苏州的中外合作办学选择了建立创新区的办学模式，以独墅湖科教创新区的建设为工作重点推动发展。该区是我国目前高等教育国际化合作模式种类最齐全、中外合作高等教育心理体系最完整的区域，[②]为城市的发展提供了重要的智力支撑。

人才培养上，成为高质量的人才库，为地方经济社会发展做贡献。例如，上海的高等教育中外合作办学，上海是我国经济产业发展的"龙头"，其对人才需求度非常大，在这种现实需要下，上海大多数的合作办学均采用"4+0"模式，即学生不出国，学业全部在国内完成，人才培养"落地生根"，为上海经济发展方式与产业模式转型升级提供国际化创新型人才，

① 王海超.一带一路沿线参与的中外合作办学：现状、问题与对策 [J].教育与考试，2017（3）：86-91.

② 唐闻佳.一颗"闲子"何以催生教育国际化示范区 [N].光明日报，2015-10-26.

推动上海经济社会的发展。

（2）发挥自身优势的带动作用

高等教育中外合作办学要培育自己的优势，并将优势扩大化，提升办学吸引力，从而增强办学竞争力。可从学科建设上着手，发挥优势学科带动作用，也可借助地理位置、地方资源培育自身优势。例如，云南的中外合作办学就抓住了地理位置优势，发展势头良好。云南位于我国西南边陲地区，周边毗邻国家众多，虽然云南的高等教育水平在我国并不突出，但是省内高校却凭借地缘优势成为我国中外合作办学"走出去"的领头军，在周边南亚、东南亚国家开展合作，办学涵盖了专科、本科、硕士三个层次，云南师范大学和昆明理工大学还分别在马来西亚和老挝开设了境外项目，充分发挥了"国门窗口"的地理位置优势。

（3）办学模式选择差异化

高等教育中外合作办学应根据自身实际与发展目标选择办学模式，实现办学模式差异化发展。例如，宁波诺丁汉大学的中方合作院校浙江万里学院是一所普通的二本院校，办学实力与办学条件一般。因此，其与英国诺丁汉大学的合作是在借鉴英方高校行政管理体制机制的基础上，以现代大学制度为指导设计的新型组织架构模式，而在教学上，则整体引用英国诺丁汉大学的教学资源。事实证明，这种办学模式的选择是成功的，宁波诺丁汉大学经过十多年的发展，办学效果有目共睹。再如，马来西亚的跨国高等教育合作。马来西亚自身的高等教育水平并不高，在与国外大学的合作中，它选择以国际课程合作与国外大学在本国设立分校的模式发展跨国高等教育，在提升本国教育实力的同时增加教育资源供给，高效利用一流大学的教育资源，缓解教育资源不足的同时带动了本国跨国高等教育的发展。目前，马来西亚的跨国高等教育发展前景良好，已逐渐由跨国高等教育输入国向输出国转变。因此，在高等教育领域，要开展合作办学，办学模式的选择应避免单一性与效仿性，在充分考虑自身实际的基础上选择办学模式，实现差异化发展，提升优质资源的利用效率，推动高等教育中外合作办学高质高效的长远发展。

四、创新国际化课程体系

课程是学校教育的核心，国际化课程体系是高等教育国际化的重要组成部分。国际化的课程体系能够拓宽学生的国际视野，提高学生分析和解决国际问题的能力，帮助学生及时了解重大的国际事务，使之成为具备国际知识和国际视野的综合型人才。

中外合作办学是中国高等教育国际化的重要形式，在中国高等教育国际化进程中具有举足轻重的地位。中外合作办学实质上与跨国高等教育是一脉相承的，跨国高等教育主要研究的是西方发达国家在教育国际化进程中的办学理论与实践，而中外合作办学则是中国在跨国高等教育理论与实践发展路途上的全新尝试。无论是跨国高等教育也好，还是中外合作办学也罢，从"跨国"与"中外合作"可以看出二者在本质属性上的共同点，那就是办学的主体是多元的，且多元主体之间的基本关系是合作的，而非对抗的。多元主体肩负的是多元理念，心怀的是多元思维，来自多元环境，携带的是多元课程。因而，人作为主体，是多元存在的根本，所有的多元都是因主体的多元而起。而中外合作办学的课程实施皆有赖于主体的行为，多元的主体必然导致多元的课程实施文化，多元的课程实施文化是中外合作办学人才培养目标的多维性的保障，也是中外合作办学国际化人才培养的主要凭借。简而言之，课程实施主体的多元产生着课程实施的多元，课程实施的多元承载的是课程实施文化的多元，课程实施文化的多元对于中外合作办学的国际化人才的培养至关重要。在中外合作办学过程中，中方以引进、吸收、消化、利用为主要目的，对外方的优质教育资源视若珍宝，但是优质的资源进入中国以后，所面临的又是截然不同的国情、社情及校情。因而，对优质教育资源的最终利用则主要在于课程实施这一环节，通过适当的、正确的课程实施，才能避免"南橘北枳"的尴尬。

中外合作办学课程实施的文化多元性意味着在课程实施过程中，既不能对外方文化充耳不闻，又不能照单全收。必须正视中外合作课程实施的多元文化生态，避免非此即彼或顾此失彼，要兼收并蓄地吸收中外文化的精髓，去除双方文化中的糟粕，使中外文化在交互中共生共长、相互融合，进而生成中外合作办学课程实施的特殊文化体。

（一）各美其美

第一，从古至今，中国教育尤为关注对受教育者的品行的培养，主张"德才兼备、以德为先"，而西方则是理性主义教育的发源地，主张理性至上。因而，在中外合作办学课程实施中，要将学生的人格教育与理性教育有机统一起来，从德行、理性两个层面关注学生的成长，二者不可偏废其一。德性教育与理性教育本不是对立之物，无论中外两方谁更侧重其一，只要是精华的、优秀的都应保留和发扬。在合作办学中，为更好地体现"中外合作"之属性，对中外教育的优秀文化传统完整加以保留，并且要将二者兼收并蓄起来，统一于中外合作办学的课程实施文化中，为培养德才兼备、德才并重的国际化人才打下坚实基础。

第二，中国将人与自然的关系定位为："人法地、地法天、天法道、道法自然"。因而，"人""地""天""道""自然"组成了一个有机联系的系统，最后呈现出的是"天人合一"。因此，中方的传统课程实施文化把天、地、大道视为不二准则，无论是课程实施的主体还是办学的主体都不得有丝毫违背。在天人合一思想的影响下，自然不再是人类意图征服和改造的客体，而是与人类平等和谐相处的主体，人与自然的关系实质上是两个主体之间平等对话、和谐共生的关系。而外方文化在工业革命的背景下，逐渐走上了科学至上、人定胜天的发展道路。在此背景下，外方的课程实施文化专注于对科学和自然规律的探索，目标是征服自然、改造自然，为人类的发展服务，自然是人类主体的行为客体，是人的作用对象。在这种课程实施文化的影响下，西方的科技走向昌明，生产力得到前所未有的发展，但是也逐渐引起部分人文学者的反思，即在科学技术条件下对科学技术的人文反思浪潮。

第三，在西方的传统文化中，个体意识是"我之为我"区别与"他"的主要特征。"我"是"我的世界"中的唯一存在，"我"是"我的世界"的绝对主导。这就是西方个体意识的核心。在这种个体意识的影响下，个体之间看重的是自我利益，崇尚的是竞争文化，主张"物竞天择，适者生存"。因此，外方的课程实施文化对于学生个体意识、竞争意识的培养尤为看重，认为这是事关学生未来生存和发展的根本。而中国文化中却将"修身、齐家"的个体意识和行为作为起点，目的是过渡到"治国、平天下"的大道与理想，认为"修齐"是"治平"的条件和基础，也就意味着，个体的意识和行为主要是为国家和天下的兴盛服务的。这就是中国传统文化中的集体意识和社会担当。因而，在中国的课程实施文化中，把"为天地立心，为生民立命，为往圣继绝学，为万世开太平"作为课程实施的终极关怀。这些都强调国家、集体意识和社会担当，而很少专注个体的意识。

以上是中西文化的简要对比，可以说各有所长。而中外合作办学能够顺利进行并持续发展的重要前提，就是了解中西文化的上述差别，尊重中西文化的上述差别，理解中西文化的上述差别，欣赏中西文化的上述差别，从而在实际办学过程中，能够选择其优势所在，为我所用，并有效体现在办学的方方面面和各个环节，做到真正的"各美其美"。

（二）美美与共

在中外合作办学中，中外双方文化的差异是明显的，中外双方各自都有其优秀的传统文化，这些传统文化是深入双方原有课程体系中的。当中外合作办学引入外方课程时，中外双方多元文化之间的碰撞与冲突是在所难免的。面对双方的差异、冲突，中外合作办学主体该秉持怎样的态度，是其课程文化发展的基本脉络和走向的主观决定性因素，而这种主观意识将在课程实施文化中得以体现，并通过课程实施贯彻落实到中外合作办学人才培养目标中去。前文已述，中外双方都有其优秀的传统文化，这是文化的"各美其美"。而面对"各美其美"，办学主体的态度则应该由正确认识转到欣赏，再转向包容理解与"美美与共"。中外合作办学中课程实施文化的"美美与共"主要体现在以下层面。

1.建构共美的课程目标

课程目标是课程实施的行动指南。在中外合作办学的课程实施文化建构中，对于课程目标的设定是理所当然的首要环节。如前所述，中外文化的侧重点各有不同，而怎样将这些差异通盘考虑，去粗存精，使之兼收并蓄于中外合作办学的课程目标中，实现不同的优秀文化在课程目标中"美美与共"，是设定中外合作办学课程目标所必须关注的核心问题。因为只有有了共美的课程目标，课程的其他环节，如教学方式、教学内容等才有了主心骨。同时，还要注意的是，教育的政治属性决定了课程目标的价值选择性，课程目标是带有一定国家意识的为国家政治经济社会发展服务的，是经过文化的过滤和筛选的。中外合作办学中，中外双方各自原有的课程目标都是在自身特定文化的影响下生成的，如外方强调的个人意识和科学精神，中方重视的德性教育和社会担当，等等。中外双方的课程目标都有其价值和优势，使其课程目标的精华都能"美美与共"地体现在中外合作办学的课程目标中，对于中外合作办学的人才培养而言，确是一件美事。

2. 选择共美的课程内容

中外合作办学中，中方不遗余力地引进外方先进的课程，与中方的原有课程结合生成中外合作办学的课程体系。无疑，外方的课程在一定程度上是国际先进理论和技术的代表，这是其先进性的主要表征。但是，在看到外方课程的先进性的同时，还需注意到外方课程与外方社会市场的本土适切性，否则再先进的理论与技术，都是无用武之地的。而外方课程与其本土市场的适切性是否就意味着外方课程引入中国后就与中国的本土市场具有同样的适切性？这是值得办学者慎思和深思的问题。无论哪一门课程，无论谁的课程，其是否先进，不光要看其客观内容，还要看其能否适应和服务并引领社会经济的发展。因而，在中外合作办学中，要将外方课程的客观先进性与中方本土市场的需要结合起来，才能发挥其优势。也就是说，在中外合作办学中，要保留外方课程内容的先进性；同时，不要简单粗暴地否认中方原有课程，要认识到，中方课程与中国本土市场的较高适切性。综上所述，就是把外方课程的客观先进性之美，与中方课程同本土市场的适切性之美统一起来，"美美与共"，才能生成中外合作办学的大美课程。

3. 开展共美的课程实施

在课程实施中，中外双方各有其传统。从中国传统教学思想的精华"传道、受业、解惑"中的三个动词"传""受""解"可以看出，教师在教学中的绝对主导地位。这是传统教学思想赋予教师的重大历史责任，是对教师的绝对信赖和期许。实践证明，在这种教学思想的影响下，知识的传递在中国无比的顺畅，五千年悠悠文明史的繁衍不息就是明证，也实现着学子们"为往圣继绝学"的宏图大愿。外方的教学则在"吾爱吾师，但吾更爱真理"的思想影响下，更加重视课堂教学的怀疑与思辨，更加倡导教学过程中的平等和对话，更加注重教学氛围的民主与自由。也因为此，工业革命、信息革命等都率先在西方资本主义国家爆发，证明了其课堂教学中怀疑、探究、科学理性教育的成功。因而，在课程实施中，中国学生要充分认知外方教师的课程与教学理念，努力适应；外方教师也要充分了解中国的国情、校情、学情；双方都不要上无准备的课。在课程实施中完整保留双方的"美"，以至"共美"。

（三）多元融合

文化的基质是价值观和思维方式。中外文化的巨大差异实质上也是中外双方所持的不同的价值观和思维方式的差异。这种差异对于中外合作办学而言，既是一个艰巨的挑战，也是一个良好的机遇。挑战在于，不能很好地调和这种深层次的文化的对立和碰撞，中外合作办学难免走向流于形式的末路；机遇在于，一旦双方的文化精髓得以深度融合，进而创生出中西合璧的中外合作办学的课程文化，不仅对于中外合作办学而言，而且对于整个中国的高等教育系统都将具有积极意义。故而，在中外合作办学中，认识到了文化的"各美其美"，包容了文化的"美美与共"，关键一环就在于多元融合了。在论及"各美其美"时，我们提出了中外文化差异主要反映在以下几对范畴中：德性与理性；人与自然；个体意识与社会担当。

1. 怀柔自然，敬畏生命

"天人合一"是中国哲学的核心思想之一。在其影响下，千百年来，人们都本着尊重自然、敬畏自然的思想来看待人与自然的关系。"天人合一"即人与自然都是相互的主体，而非互为客体，把对方当作征服和改造的对象。因此，中国的课程与教学思想以此为基础，以怀柔自然作为基本指导思想。而在科学主义和功利主义的影响下，西方把征服自然和改造自然作为教育的基本目的，从而更好地为人类的"美好"生活服务。中外合作办学中，两种思想和文化的融合意味着在课程与教学中本着对自然的敬畏心理，利用当代发达的科学与技术，实现人与自然的和谐发展，而不是索取式的掠夺发展。科学是人类文明的结晶，是人类文化中的精华部分。科学本身是客观的，它是一把双刃剑，科学之用关键要看使用科学的主体。因而，在中外合作办学的课程中，不仅要重视科学知识的掌握和运用、发明和创造，更要重视如何正确地运用科学，为什么要运用科学。只有如此，才能打破科学至上的人与自然的二元对立思维，从人与自然的亲近和整体性来思考科学、人、自然的关系。

2. 尊重个性，勇于担当

在人本主义思潮的影响下，西方教育将人的个体意识推崇到了极致；而中华文化则将"家国天下"视作读书人的基本情怀，"家"是小集体，"国天下"则是大社会，因而中国教育很少直接关照个体的意识和生活。在中外合作办学中，必须将个体、家、国、天下看作一个整体，以"尊重个性，勇于担当"为课程的基本出发点。个体是"家国天下"的基本单元，个体的发展与"大社会"的发展本不是对立的，而是方向一致的。因而，在中外合作办学的课程中，要将个体的健康成长与发展视作人才培养的基本目标；同时，要极力倡导受教者的良心和公心，对社会和国家要有赤子之心。不能以牺牲社会和国家的利益来满足个体的欲望；当然，也不提倡一味地大公无私，这本身是违反人之本性的。

3. 重视德性，发扬理性

中国的德性教育关注的是人的内心的成长，是"教人做人"的教育；西方的理性教育则强调知识能力的重要性，是"教人做事"的教育。其实，做人与做事是人之为人的基本两翼，二者缺一不可，应该是完美统一起来的。因此，在中外合作办学的课程中，要将"人与事"作为教育教学的基本内容，同时并举。在"为人"的教育中贯穿"做事"；在"做事"的教育中不忘"成人"。在中外合作办学课程中，正确认识和理解中国的德性教育和外方的理性智慧的价值和作用，经由二者之间的冲突与碰撞走向双方文化的对话、理解和融合，这也是中外合作办学课程文化再生和创造的必然经历，是文化创生的生命过程。不能将中外合作的方式简单定位为叠加或删减，而是要从整体、系统、生态的原则下，去建构中外合作办学的课程文化。

五、创新国际化管理体系与协同机制

（一）构建与国际接轨的大学管理体制

我国的大学由政府主导，为政府服务，校长采用选拔制，导致大学行政化严重，效率低下。为此，我国需进行高等教育管理体制改革，建立现代大学制度。主要从以下方面入手：一是转变政府行为，赋予大学更多的自主权；二是改革大学筹资机制，建立多元的高等教育融资体制；三是改革校长的任命制度；四是去行政化，让大学回归学术研究；五是精简机构，行政人员实行任期制，民主选拔考核，增强办事效率；六是淡化行政权力，实行导师负责制。

在国际化的大学管理体制下，努力加强国际化校园建设，主要可以从以下方面入手：营造国际化语言环境、文化交流及国际化的校园活动和环境等。充分利用学校现有的国际学生资源，组织本国学生与以英语为母语的国外学生组成语言伙伴，共同学习、共同进步，以及鼓励、提倡部分学院学生用外语写作毕业论文等方式来营造一个国际化的语言环境，帮助培养国际化人才。学校也可以通过鼓励学生参与境外文化交流、赴国外参加国际性会议等方式为学生提供各种接触国际社会、认识国际社会的机会。

对于国际化的校园活动和环境建设可以通过建设双语路标、举行各种国际文化节等方式进行，文化节可以包括语言文化节、美食节、异国文化节等方式充分展示各种文化，在相互交流碰撞中共同进步。

积极鼓励留学生加入学校的各种社团，增进本国学生和国际学生的互助交流，在展示中国文化的同时了解外国文化，推动中外学生融合，通过各种文化节、国际会议、国际课题等方式，建立国际学生文化交流和学术合作的平台，深化各国间的交流合作。

（二）完善国际化管理体系

随着"双一流"建设工作的启动，越来越多的大学把国际化作为学校的发展战略，并在人力和财力方面给予支持。除了要增加学校国际交流工作团队人数，还应加强管理人员队伍建设，培养各院系领导的国际化意识，定期选拔管理干部赴海外学习培训或跟岗研修，培养各院系具有国际视野的管理干部队伍。

在机构设置方面，国内高校的国际交流管理部门以国际交流与合作处及港澳台办公室为主，部分学校还设有孔子学院办公室等科室。北京大学更是设立国际合作部来负责国际交流、港澳台交流和汉语国际推广三大工作，完善的机构设置及工作团队建设为北京大学的国际化路径提供了坚实的后备力量。

除了国际交流工作体系的完善，学校还应从文化传播的角度完善管理体系。英文网站是一所学校对外展示的主要窗口，互联网时代，无论是学生还是教师，在希望了解一所学校的信息时都会自然地搜索其网站，因此在招生和招聘方面，互联网都发挥着举足轻重的作用。学校应充分利用现代高技术信息资源，除了认真完善中文网站外，也应注意丰富英文网站的资源信息，并安排专人管理，尽量做到与中文网站同步更新，及时公布学校的招生、招聘、科研等各方面信息及必要的新闻动态。各高校还应积极组织以"国际化"为主题的校园文化活动。例如，定期开展英语演讲比赛等活动，提升学生的英语交流能力，营造学习氛围。同时，要注意校园国际化环境建设。例如，设置中英文路标、国际教室等，不仅方便留学生和外籍专家来学校交流，也能使本土学生处于国际化氛围中，在环境影响中提升国际化素养。

在财政支持方面，通过学校增加财政预算、争取政府支持、吸收社会捐赠、整合校内相关资源等途径，为推进国际化建设筹措资金，保证人才队伍国际化建设、学科国际化发展、学生国际交流、来华留学生教育发展等各项工作的顺利实施。

（三）强化日常运行管理机制

经过调研，中外合作办学几乎都成立了中外双方联合成立的管理委员会。但是，长久以来，由于各种各样的原因，管理委员会的职能很少落到实处，或者完全发挥出来，这就为中外合作办学的课程管理机制埋下了一定隐患。因此，有必要进一步明确中外双方的权责关系，落实联合管理委员会的沟通协调职能。具体来说，中外双方应该明确以下责任。

1. 中方学校责任

中外合作办学的办学主场在中国，因此中方学校有责任和义务做好招生和学生学籍管理工作，并且负责提供办学所需所有设施。另外，中外合作办学的课程体系是由中外双方共同组建的，因此原属于中方的教学计划部分的工作任由中方负责，如课程大纲、授课计划、教材建设、教师聘请、教学、考务等工作。为有效监管中外合作办学的正常运转，中方对于办学的日常管理和教学管理负主体责任。指派老师，联合乙方工作人员对项目质量进行监督；在实习期间，协助落实学生实习培训单位；协助乙方来华人员办理入境签证；对于符合毕业条件的学生，发给本科毕业证书；符合学位授予条件的，授予学士学位。

2.外方学校责任

中外合作办学中，外方主要以其先进的教育资源作为投入而与中方联合办学。因此，外方有义务在协议范围内向中外合作办学开放其现代化的教学理念和教学管理方法，并参与项目的管理。同时，外方负责对其输出课程的相关课程、授课计划、教材样本、教案、考试样卷等教学资源的管理与更新工作。为了保证双方合作的紧密度，外方还应该指导和参与监督教学和教学管理，负责派遣合格的教师，完成教学计划中由外方负责课程的教学、考核工作，并确保教学质量。并为中方提供课程的教学大纲与教材样本，并在实施课程教学的规定时间前提供给中外合作办学教学管理机构。在双方合作期间，外方学校有义务应中方学校发的要求对中方的教师进行培训，等等。

3.联合管理委员会责任

为保证中外合作办学的各项工作得到圆满落实，及时沟通协调解决双方在合作过程中遇到的各种问题和困难，合作双方有必要成立负责合作事宜的联合管理委员会专司中外合作办学日常沟通协调和重大问题的及时上报，为决策的做出给出正确的评估和分析及建议。联合管理委员会一般组成人数是单数，其中中方占据主导，在联合管理委员会中占据多数。通常情况下，由中方代表担任组长，外方代表担任副组长。该管理委员会的主要职责是负责项目的管理。具体职责包括但不仅限于：制定和修改项目管理章程和规章制度、制定发展规划、审批工作计划、审核预算与决算、决定项目的终止等办学重大事宜。联合管理委员会负责沟通协调的主要事项包括：外方教师的评聘及签证相关资料的提供；双方校领导及相关管理人员、课程教师、学生的互访和交流等；双方学生的学分互认事宜及双学位颁发的具体条件等问题。

六、创新人才培养模式，促进学生多元发展

（一）提高高等教育中外合作办学项目的广度和深度

学生国际化素养及各维度水平要实现重大突破，必须从广度和深度上着手。广度上实施更大范围的中外合作办学项目，瞄准世界一流，使更多

学生从合作办学中受益；深度上追求中外合作办学的质量，确保国际化教育资源的优质，以实现国际化人才培养目标。根据研究结论，中外合作办学的本科生国际化素养要显著高于其他类型的高校学生，意味着中外合作办学在学生国际化素养的提升方面能够发挥显著作用。但需注意的是，中外合作办学的本科生在国际化知识和技能方面与其他类型高校一样，低于对应的内部平均值，这说明中外合作办学在学生国际化素养培养上需加大力量，注重挖掘合作办学的优势，在加强学生国际化价值认同及意识塑造时，更应该向学生普及有关国际化的知识及技能，从而提升学生的整体国际化素养水平。

中外合作办学发展迅速，我国已有多数高校与外国高校就本科相关专业开展合作。例如：浙江大学城市学院与澳大利亚南昆士兰大学合作举办国际商务专业；浙江师范大学与澳大利亚伊迪斯·科文大学合作举办广告学专业、中国计量大学与英国安格利亚鲁斯金大学合作举办金融工程专业；等等。整体观之，中外合作办学已成为高等教育的重要补充，①但现阶段我国与他国高校合作办学力度还不够，本科专业合作项目仍较少。鉴于此，以知名高校为龙头，通过网络、电视媒体等各种信息传播媒介积极开展我国高等教育的宣传和推介工作，并积极向全世界开放，提供各种优惠政策和配套措施，吸引国外知名高校在省域内独立建校，或与省内高校合作设立分校，抑或增加本科专业项目的合作，以扩大高等教育中外合作办学的广度，让更多学生能够在多元化、国际化的校园环境中培养跨文化沟通技能，学习国际化知识。

在扩大中外合作办学项目的广度时，落实合作办学质量更是重中之重。林金辉指出中外合作办学过程中，常见的问题是外方高校并不实质地输出核心课程，涉及国际化教育的资源较少，从而导致中外合作办学的质量与社会对其的期待和需要存在较多不相适应的地方。②据此，我国高校应与合作的他国高校实行教育资源上的充分对接，并努力实现教育资源本土化，

① 马健生等.教育国际化政策及其实施效果的国际比较研究[M].北京：北京师范大学出版社，2018.

② 林金辉.中外合作办学中引进优质教育资源问题研究[J].教育研究，2012，33（10）：34-38；68.

使学生能够在异文化及本国文化间自由切换，从而让学生更深入地了解他国。因教育资源是开展课程及教学的基础，也是提高办学深度的前提，在对接教育资源过程中，需注意的是未经辨别和筛选的教育资源可能会使学生的价值观受到较大的冲击，故我国高校在引进他国教育资源时需慎重选择，从而确保资源的优质。此外，应建立严格的外国合作高校筛选机制，以保证所合作的高校其水平和质量符合社会需求，同时能够满足学生学习、能力发展及国际化素养的养成。

（二）加强弱势家庭学生国际化素养培育的扶持

家庭资本量的高低代表学生家庭所处社会的阶层，现如今家庭资本量差异已成为社会普遍的现实。为缩小家庭资本量差异对本科生国际化素养的影响，尤其需关照处于弱势地位的学生，高校作为承担高等教育的主体，必须给予并不断加强相应的政策扶持，提供多类型经济资助，实施教育补偿，削弱家庭资本量因代际传递而产生的恶性循环，从而提升弱势家庭学生国际化素养水平。

一般而言，出国留学是提高学生国际化素养的最佳途径，但除特别优秀的学生可以申请国家基金委所提供的留学奖学金资助外，多数学生留学需承担一部分的费用，且不同国家的留学费用差异较大。而弱势家庭学生由于无法负担昂贵的留学费用，故能够出国留学交换的概率较小。为使更多学生不受家庭条件限制而有机会去国外学习，切身感知他国文化，高校应为弱势家庭学生提供多类型的留学交换经济资助。国际上已有多数高校采取这种措施，例如芝加哥大学针对出国留学的本科生提供各种各样的奖学金，如夏季国际旅游津贴、外语习得津贴、关键语言奖学金、朱丽安娜·考尔德伍德奖学金、博伦奖学金等。① 而我国多数高校针对弱势家庭学生出国留学的经济资助项目较少，且资金资助幅度较小、类型单一。在借鉴芝加哥大学做法的基础上，我国高校应丰富弱势家庭学生的经济资助项目，提高资助金额，从而使弱势家庭学生获得更多出国交换的机会，通过国外学习以扩大自身国际化视野、丰富学识，从而缩小不同家庭资本量学生的国际化素养差距。

---

① 钱小龙，孟克. 美国高等教育国际化概论：进展分析与经验借鉴 [M]. 南京：南京大学出版社，2017.

此外，可通过教育支持弥补弱势家庭学生国际化素养发展的不足。学生国际化素养的形成不全是个体自致的结果，形成初期受到父母的思想观念和价值取向的深刻影响，若想消除弱势家庭资本量对本科生国际化素养形成的负面消极影响，需要高校充分发挥后天教育的干预作用，从思想源头纠正错误的认知，并建立起学生对于培养自身国际化素养的认同感。具体的教育支持手段可以通过显性的教育课程呈现，如小语种课程；也可以通过受众较广的集体性活动形式开展，如举办与国外学生对话活动、全球化议题讲座；也可以面向特定个体实施针对性教育活动，如心理辅导。教育支持对于弱势家庭学生国际化素养的培育优势是多方面的，不仅使受益群体范围最广，也是帮助学生了解国际化知识、技能，培养国际化价值观和意识的最易实施手段。

（三）强化"教师＋课程"相结合的学校支持程度

高校学生国际化素养的发展与学校提供的各类、各层次支撑密切相关。研究结论表明，当前高校学生的国际化知识及技能水平较为薄弱，国际化价值观及意识虽处于内部平均值以上水平，但离高水准的国际化素养还有较大距离。而学校支持度对学生国际化素养具有显著的正向影响作用，且对国际化素养的解释力最大，为解决如上问题，强化学校支持度已成为提升学生国际化素养的不二选择。根据学生发展理论，高校应将学生发展作为各项政策制定的落脚点，着重培养学生的能力及人为素养，为学生提供强大的师资、增设国际化课程、建设多元校园环境、改变学生构成比例。但学生最易接受、常接触的方式是教师引导及课程培育，因此高校支撑学生国际化素养发展的措施中需着重强化"教师＋课程"相结合的模式，推动师资的国际互动，系统开设国际化课程。师资的国际互动从表面上看是提高教师自身的国际化素养水平，但实质是更好地长期服务于学生的国际化素养培育。国际互动使得教师更愿意用国际视野看待所从事的学科，推动其与国外同行保持密切联系，如此便能在课堂中向学生传递国际的先进理念，同时也在"润物细无声中"影响学生的国际化价值观建立。普林斯顿大学在其国际化发展进程中，非常重视教师国际互动，该校每年都会聘请知名学府的教师任教，或是在全球范围内吸收国外访学者；宾夕法尼亚大学在坚持与普林斯顿同样的做法之外，不断派出本校教师前往各个国家访学。[①]我国高校可借鉴上述两所大学的做法，与国外相关高校建立紧密合作的战略伙伴关系，以交换学者的形式邀请、聘请国外优秀教师与专家，加强国外学者与本校教师的交流，鼓励教师充分学习国外学者的人文精神、教育理念、学术思想等；同时，有计划地选派教师去国外任职和访学，搭建起与国外知名高校研究交流的桥梁，从而使本国教师及时获取国外最新的资源，紧跟世界学科发展的前沿。

国际化课程的开设既能让本国学生了解世界知识、政治、经济等，同时也能吸引外国学生到本国高校学习，改变学生构成比例。OECD 指出，国际化课程不单为本国学生设置，还应为国外学生服务，故内容设计上应更贴合国际化，课程效果应以学生是否拥有在复杂国际化环境中生存和发展的能力为目标。[②]国外已有高校在课程设置中增添国际化内容。耶鲁大学将国际化理念融入 1600 多门课程和实践项目之中；哥伦比亚大学开设了涵盖 37 个国家和地区的文化课程；普林斯顿大学打造"全球课堂"，设置 20 门现代语言教学课程。[③]然而我国高校在课程体系和教学内容上还未成体系，在课程实施过程中所具备的国际视野、课程改革过程中开展的国际交流、课程资源挖掘的国际化等方面存在较多不足。因此，我国高校可借鉴前述大学的做法，首先增设着眼于国际社会的国际化课程，如非洲文化、国际关系、语言教学课程等，以满足学生同各国人民交往的需要。其次，设置全球讨论课堂，引导学生就环境问题、和平问题等具有全球意义的话题开展讨论和研究，以培养学生的全球视野；最后，挖掘并建设面向全球的开放课程资源，将全球各个学科优秀教师录制的播客、讲座视频等数字化学习资源纳入高校开放网站上，从而推动本国师生同全球范围内的学者、教师、学生共同学习、交流互鉴。

（四）搭建"宽领域、多层次"的学生国际参与平台

大学生作为高校的核心利益主体，在国际活动中的参与情况影响高校

① 钱小龙，孟克.美国高等教育国际化概论：进展分析与经验借鉴 [M].南京：南京大学出版社，2017.

② 黄建如.加入 WTO 后中国高校课程国际化问题 [J].集美大学学报（教育科学版），2004（1）：22-26.

③ 钱小龙，孟克.美国高等教育国际化概论：进展分析与经验借鉴 [M].南京：南京大学出版社，2017.

国际化的政策制定及高校的国际化水平。然而当前我国多数高校为学生所设计的国际化活动较少，且针对各领域、各专业所开设的活动并不具有鲜明特色，这使得学生对于国际化活动并没有强烈的兴趣，继而引发学生在已有国际化活动中参与不足的问题，导致学生的国际化素养无法实现质的提升，为此搭建"宽领域、多层次"的学生国际参与平台意义重大。其中，"宽领域"表示在不同专业领域开展丰富多彩的国际化活动，也指打破不同专业领域间的隔阂，开展融汇多领域知识的国际化活动；"多层次"则表现为校内到校外、课堂上到课堂下的不同形式的国际化活动，既包括严肃认真的学术性活动，也包括轻松愉悦的文娱性活动。

因不同专业领域的学生国际化素养水平存在差异，人文社科类和理学类的国际化素养显著高于工科类学生，故要提升高校学生整体国际化素养的水平，需使不同专业领域的学生国际化素养均衡发展。一方面可分别结合专业特色，开展各类学术活动，如邀请国外专家来本校作讲座，引领学生掌握该领域的国际前沿知识，展开与国外专家的交流；开展各领域的国际特色论坛，引导学生就不同课题进行研究与讨论；鼓励学生摆脱自身专业限制，积极与不同专业的学生合作创新，从而了解不同专业领域，以更好地在参与国际进程中处理好国际关系及国际事务。另一方面可立足本校，联合国外高校，共同开展多领域性的国际化活动，如航模大赛、机器人大赛、电子设计大赛等。学生在活动参与中不仅可强化所学知识，同时培养自身的跨文化沟通能力，以更好地应对国际竞争。

然而国际化参与平台若缺乏足够的吸引力，学生参与不足，则与设计初衷背道而驰。为此，构建从课堂上到课堂下、校内到校外相互衔接的全方位、多形式国际化平台，增强平台吸引力，是高校需要思考的重要议题。课堂上主要以教师引导学生为主，开展独具一格的课堂教学活动，如讲解他国文化、邀请学生分享国外经典书籍等，课堂下鼓励学生参与多种形式的学术性活动。校内以丰富的文娱性国际活动缓解学生学习压力，同时促进学生在参与中不自觉提高自身国际化价值观和意识水平，如"西方文化日""中外学生辩论赛""中外足球赛"等。校外主要以实践活动为主，如开展以项目为依托的访学、异文化实地调研。不同形式的国际化活动满足不同学生的需求，同时促进学生在多层次国际平台中快速提高自身的国际化素养水平。

（五）评估学生国际化素养的阶段性发展水平

国际化素养的养成，是一个丰富知识、培养技能、构建价值观及树立意识的过程，是本科生各项国际化素质不断丰富发展的过程，培养的效果虽多难以简单测量，但为了对素养养成过程进行及时评价、及时反馈、及时纠偏，协同培育外显和内隐两类素养，高校应采取形成性评价和终结性评价方式对本科生的阶段性国际化素养表现进行综合评估，用评估结果来反馈以上措施实施的效果，从而促进上述针对学生国际化素养提高的措施不断改进，推动本科生国际化素养水平不断提升。鉴于此，构建本科生国际化素养评价体系保证评估过程科学客观，是应有之义。而科学评价体系要求评价内容的多元化，学生国际化素养的形成应从外显和内隐两个部分考察，国际化知识及国际化技能的掌握程度可采用具体指标进行衡量，而国际化素养维度则难以简单量化测量，在评估过程中，还需要进行更细致的质性考察。

此外，科学评价体系要求评估过程的科学性。首先，要求评估指标体系的客观性，评估指标体系可借鉴本研究所开发的"本科生国际化素养量表"，这样既可以保证评估结果客观可信，也使得评估结果可比较，从而使得学生可以根据评估结果知晓自身在国际化素养某方面的不足及他人的优势所在，并通过课程学习和国际参与，取他人之长，弥补自身之短。其次，要求评估实施主体的多元性，评估过程中，主体可包含任课教师、班主任、辅导员、家长及学生自身。评估主体的多元化可以突破任何一方单方面评价的局限，最大限度地测评出学生国际化素养的阶段性水平。最后，评估全程应贯彻以学生为中心，坚持以学生为本的原则，使评估结果最终服务学生，只有如此，才能够促进学生国际化素养的实质性提升，从而推动高等教育国际化的发展。

参 考 文 献

[1] 唐闻佳.一颗"闲子"何以催生教育国际化示范区[N].光明日报，2015-
    10-26.

[2] 永井道雄.日本的大学[M].李永连，李夏青，译.北京：教育科学出版社，
    1981.

[3] 中国大百科全书出版社《简明不列颠百科全书》编辑部. 简明不列颠百
    科全书[M]. 北京：中国大百科全书出版社，1985.

[4] 王桂.日本教育史[M].长春：吉林教育出版，1987.

[5] 钟启泉.现代课程论[M]. 上海：上海教育出版社，1989.

[6] 睦依凡.师范教育国际化：人类未来利益的需要[J].未来与发展，1990
    （1）：21-24.

[7] A.V.菲根堡姆.全面质量管理[M].杨文士，等，译，北京：机械工业出版
    社，1991.

[8] 约瑟夫·奈.美国定能领导世界吗[M].何小东，盖玉云，译. 北京：军事译
    文出版社，1992.

[9] 陈洪捷.德国高等教育的国际化趋势[J].欧洲，1994（1）65-69.

[10] 王伟廉. 对高校课程与社会发展需要之间关系的认识[J]. 高等教育研
    究，1995（4）：64-67.

[11] 陈学飞. 当代美国高等教育思想研究[M]. 大连：辽宁师范大学出版社，
    1996.

[12] 顾明远，薛理银.比较教育导论[M].北京：人民教育出版社，1996.

[13] 吴霓.中国古代私学发展诸问题研究[M]. 北京：中国社会科学出版社，
    1996.

[14] 杨布生，彭定国.中国书院文化[M].台北：云龙出版社，1997.

[15] 张光.日本高等教育国际化的进程[J].比较教育研究，1997（2）：12-15.

[16] 陈学飞.谈谈美国高等教育国际化的若干基本要素[J].比较教育研究，1997（2）：8-11.

[17] 冯军，褚晓丽.澳大利亚积极推进本国高等教育国际化的启示[J].吉林教育科学，1997（9）：36-39.

[18] 陈学飞.高等教育国际化——从历史到理论到策略[J].上海高教研究，1997（11）：59-63.

[19] 卫道治.中外教育交流史[M].长沙：湖南教育出版社，1998.

[20] 任达.新政革命与日本[M].南京：江苏人民出版社，1998.

[21] 赵中建.全球教育发展的历史轨迹——国际教育大会60年建议书[M].教育科学出版社，1999.

[22] 顾明远.教育大辞典（简编本）[Z].上海：上海教育出版社，1999.

[23] 霍益萍.近代中国的高等教育[M].上海：华东师范大学出版社，1999.

[24] 叶澜.教育研究方法论初探[M].上海：上海教育出版社，1999.

[25] 王韵秋.洋务教育对中国教育近代化的贡献[J].西北师范大学学报（社会科学版），1999（6）：87-91.

[26] 孙培青.中国教育史[M].上海：华东师范大学出版社，1992.

[27] 张友谊.全球化视野下的文化冲突与融合[J].西南师范大学学报（人文社会科学版），2001（1）：23-31.

[28] 董秀华.从国家化走向国际化——21世纪中国教育发展的一大趋势[J].全球教育展望，2001（6）：64-70；44.

[29] 陈学飞.高等教育国际化：跨世纪的大趋势[M].福州：福建教育出版社，2002.

[30] 约翰·S.布鲁贝克.高等教育哲学[M].王承绪，郑继伟，张维平，等，译.杭州：浙江教育出版社，1987.

[31] 菲利普·G.阿特巴赫，蒋凯.全球化驱动下的高等教育与WTO[J].比较教育研究，2002（11）：1-4.

[32] 李新华，孙琦.美国高等教育国际化的现状[J].湖南医科大学学报（社会科学版），2002（4）：50-57.

[33] 高明士.东亚教育圈形成史论[M].上海：上海古籍出版社，2003.

[34] 范伟，唐拥军.广西—东盟高等教育国际化战略思路[J].东南亚纵横，
     2003（11）：19-22.

[35] 陈学飞.关于高等教育国际化的若干基本问题[C].北京高校引进国外智
     力工作文集（第一辑）.北京大学，2004.

[36] 邓洪波.中国书院史[M].上海：东方出版社，2004.

[37] 中国教育年鉴编辑部.中国教育年鉴[M].北京：中国大百科全书出版
     社，1984.

[38] 吕达，周满生.当代外国教育改革著名文献（日本、澳大利亚卷）.北
     京：人民教育出版社，2004.

[39] 黄建如.加入 WTO 后中国高校课程国际化问题[J].集美大学学报（教育
     科学版），2004（1）：22-26.

[40] 叶隽.德国学术交流中心与高等教育国际化[J].全球教育展望，2004，33
     （10）：77-80.

[41] 勒希斌.教育经济学[M].北京：人民教育出版社，2009.

[42] 熊川武，江玲.理解教育论[M].北京：教育科学出版社，2005.

[43] 王剑波.跨国高等教育与中外合作办学[M].济南：山东教育出版社，
     2005.

[44] 张芹.高等教育国际化的内涵、标准与实施对策[J].继续教育研究，2005
     （1）：86-89.

[45] 林元旦.经济全球化与高等教育国际化[J].广西社会科学，2005（1）：
     184-186.

[46] 陈向阳.京师同文馆组织分析[J].福建论坛（人文社会科学版），2005
     （10）：67-72.

[47] 菲利普·G·阿特巴赫，简·莱特，别敦荣，等.高等教育国际化的前景展
     望：动因与现实[J].高等教育研究，2006，27（1）：12-21.

[48] 李炳煌.基于教育国际化的教师教育探略[J].南华大学学报（社会科学
     版），2006（2）：101-103；107.

[49] 刘自忍.美国高等教育国际化初探[D].重庆：西南大学，2007.

[50] 张芹，朱莉英，高等教育国际化的内涵、标准与实施对策[J].科教文
     汇，2007（2）：1；5.

[51] 林金辉，刘志平.中外合作办学中优质高等教育资源的合理引进与有效利用[J].教育研究，2007（5）：36-39；50.

[52] 金柄珉、朴泰洙.教师教育国际化的几点思考——以中国朝鲜族教师教育为中心[J].东疆学刊，2007（3）：80-85.

[53] 周采.外国教育史[M].上海：华东师范大学出版社，2008.

[54] 刘健.高等教育的依附发展与学术殖民[J].高等教育研究，2008，29（12）：8-11.

[55] 胡亦武.中国大学国际化评价及其机制研究[M].广州：华南理工大学出版社，2009.

[56] 吴坚.当代高等教育国际化发展[M].北京：人民出版社，2009.

[57] 皮特·斯科特.高等教育全球化理论与政策[M].周倩，高耀丽，译.北京：北京大学出版社，2009.

[58] 菲利普·G.阿特巴赫，佩蒂·M.彼得森.新世纪高等教育全球化挑战与创新理念[M].陈艺波，别敦荣，译.青岛：中国海洋大学出版社，2009.

[59] 王立科.我国教师教育政策发展三十年回顾与展望[J].国家教育行政学院学报，2009（1）：30-35.

[60] 杨福玲，刘金兰，蔡晓军.大学发展的国际化辨析[J].天津大学学报（社会科学版）.2009，11（6）：551-554.

[61] 贺继军.地方高校留学生教育的问题及对策[J].浙江万里学院学报，2009，22（6）：61-65.

[62] 袁本涛，潘一林.高等教育国际化与世界一流大学建设：清华大学的案例[J].高等教育研究，2009，30（9）：23-28.

[63] 陈昌贵，曾满超，文东茅，等.中国研究型大学国际化调查及评估指标构建[J].北京大学教育评论，2009，（4）：116-135；190-191.

[64] 陈昌贵，谢练高.走向国际化：中外教育交流与合作研究[M].广州：广东教育出版社，2010.

[65] 席酉民，郭菊娥，李怀祖.中国大学国际化发展特色与策略研究[M].北京：中国人民大学出版社，2010.

[66] 姜燕媛.上海地区中外合作办学体制模式研究[D].上海：上海交通大学，2010.

[67] 张婕.地方高校发展：现实与理想[M].武汉：华中师范大学出版社，
2010.

[68] 郭德红，袁东.美国大学本科课程管理运行机制分析[J].国家教育行政学
院学报，2010（2）：86-91.

[69] 赵一标，单强，赵一强.江苏高职院校国际化的现状与路径研究[J].高等
工程教育研究，2010（2）：97：100.

[70] 王子悦.拿大教师教育国际化对我国地方师范院校的启示[J].天津市教科
院学报，2010（1）：44-46.

[71] 王硕旺，洪成文.德国 CHE 大学国际性与国际化排名指标体系述评[J].中
国高教研究，2010（4）：55-58；81.

[72] 汪霞，钱小龙.美国高等教育国际化的现状、经验及中国对策[J].全球教
育展望，2010，39（11）：57-64.

[73] 简.奈特.激流中的高等教育：国际化变革与发展[M].刘东风、陈巧云，
译.北京：北京大学出版社，2011.

[74] 杨启光.教育国际化进程与发展模式[M].北京：社会科学文献出版社，
2011.

[75] 杨福玲.大学国际化发展与管理研究[D].天津：天津大学.2011.

[76] 王文.我国大学国际化评价研究[D].北京：中国矿业大学，2011.

[77] 天野郁夫.大学的诞生[M].黄丹青，窦心浩，译.南京：南京大学出版
社，2011.

[78] 杨启光.教育国际化进程与发展模式[M].北京：社会科学文献出版社，
2011.

[79] 王若梅.解析高等教育课程国际化[J].江苏高教，2011（2）：74-77.

[80] 聂名华，付红，徐田柏.中国高等教育国际化风险及其对策研究[J].河北
学刊，2011，31（3）：187-190.

[81] 刘江南.美国高等教育国际化动向及其战略意图[J].中国高等教育，2011
（9）：60-62.

[82] 鲁思·本尼迪克特.菊与刀[M].吕万和，熊达云，王智新，译.北京：商
务印书馆，2009.

[83] 李云梅.中美大学工商管理本科课程比较研究[D].武汉：华中科技大学，

2010.

[84] 樊文强.基于关联主义的大规模网络开放课程（MOOC）及其学习支持[J].远程教育杂志，2012，30（3）：31-36.

[85] 杨宏丽，田立君，陈旭远.论跨文化教学的文化冲突与文化融合[J].教育研究，2012，33（5）：102-106.

[86] 张宁，连进军.多元文化视角：中外合作办学批判性课程文化的生成与构建[J].江苏高教，2012（6）：78-81.

[87] 张志宏.政府—企业—高校合作创新的博弈分析[J].民营科技，2012（10）：195.

[88] 林金辉.中外合作办学中引进优质教育资源问题研究[J].教育研究，2012，33（10）：34-38；68.

[89] 余学锋，王芳，赵京慧，等.高等体育院校国际化评价指标体系构建研究[J].北京体育大学学报，2013，36（6）：17-21.

[90] 张艳芳.山东高等教育国际化问题研究[D].济南：山东师范大学，2013.

[91] 胡莎莎.区域高等教育国际化策略研究——以宁波市为例[D].宁波：宁波大学，2013.

[92] 孟越，刘红，佟晓丽.辽宁省高等教育国际化问题研究[M].沈阳：辽宁教育出版社，2013.

[93] 陈昌贵，曾满超，文东茅.研究型大学国际化研究[M].广州：世界图书出版广东有限公司，2014.

[94] 杨海怡.上海高等教育中外合作办学模式的研究[D].上海：上海师范大学，2013.

[95] 王文礼.哥伦比亚大学教师学院学术卓越的生成逻辑和启示[J].学术论坛，2013，36（9）：203-207.

[96] 翟研宁.我国农业高等教育国际化的现状及实现策略[J].高等农业教育，2013（11）：29-31.

[97] 李盛兵，刘冬莲.高等教育国际化动因理论的演变与新构想[J].高等教育研究，2013，34（12）：29-34.

[98] 丁钢，李梅.中国高等师范院校师范生培养状况调查与政策分析报告[J].教育研究，2014，35（11）：95-106.

[99] 王晓，柳长安.关于高校教师队伍国际化建设的思考[J].北华航天工业学院学报，2014，24（6）：53-55.

[100] 马万华，李岩松.首都高等教育国际化发展现状研究[M].北京：北京大学出版社，2014.

[101] 金英.东盟一体化进程中高等师范教育的国际化研究[D].桂林：广西师范大学，2014.

[102] 晏国祯.云南省高等师范院校教师教育国际化策略研究[D].昆明：云南师范大学，2014.

[103] 天野郁夫.日本高等教育改革：现实与课题[M].陈武元，等，译.厦门：厦门大学出版社，2014.

[104] 邱超.中国教师教育的过去、现在和未来——顾明远教授访谈[J].教师教育研究，2014（1）：81-85.

[105] 鄢晓.中外合作办学引进国外优质教育资源的影响因素和基本原则[J].江苏高教，2014（1）：120-122；155.

[106] 申超.高等教育国际化概念辨析[J].全球教育展望，2014，43（6）：45-53.

[107] 乔江艳，孙伟.融合创新特色——对高等教育中外合作办学质量提升的若干思考[J].长春工业大学学报（高教研究版），2014，35（2）：12-14.

[108] 廖海蕾.日本军国主义的历史考察（1868—1945）[D].武汉：华中师范大学，2015.

[109] 郭莹.中外高等教育合作创新模式及策略研究[D].南京：东南大学，2015.

[110] 谭郁.浙江高校中外合作办学模式比较研究[D].杭州：浙江工业大学，2015.

[111] 帅欢欢，郭伟.以国际化推进地方师范院校发展——访乐山师范学院副院长杜学元[J].世界教育信息，2015，28（8）：55-61.

[112] 刘梦今，林金辉.构建中外合作办学评估制度的基本依据与原则[J].教育研究，2015，36（11）：123-128.

[113] 李星云."一带一路"战略背景下我国高等教育的困境及发展路径[J].

南京理工大学学报（社会科学版），2016，29（5）：1-5.

[114] 朱宁洁，朱俊生，陈蕾等．美国密歇根州立大学"全面国际化"发展战略的经验及启示[J]．教育探索，2016（10）：134-138.

[115] 勾宇威．论占领期美国对日本政治经济民主化改革基础上的教育政策[J]，中国市场，2017（24）：215-216；240.

[116] 钱小龙，孟克．美国高等教育国际化概论：进展分析与经验借鉴[M].南京：南京大学出版社，2017.

[117] 陈丽萍．"一带一路"激活中外合作办学大市场[J].中国外资，2017（1）：44-46.

[118] 王海超．"一带一路"沿线参与的中外合作办学：现状、问题及对策[J].教育与考试，2017（3）：86-91.

[119] 郭强．"一带一路"视阈下的高等教育中外合作办学思考[J].高校教育管理，2017，11（6）：83-88.

[120] 马健生等.教育国际化政策及其实施效果的国际比较研究[M].北京：北京师范大学出版社，2018.

[121] 迟海涛.高校中外合作办学如何实现突破发展[J].中国成人教育，2018（9）：72-74.

[122] 林金辉.中外合作办学的政策目标及其实现条件[J].教育研究，2018，39（10）：70-75.

[123] 姚勇强，何丽芬.比较优势理论视角下的薄弱学校改造[J].当代教育科学，2018（12）：35-38.

[124] 汤婷．"一带一路"视阈下重庆市高等职业教育国际化现状与思考[J].品牌研究，2018（7）：191；193.